DER TOD VON CAPTAIN AMERICA

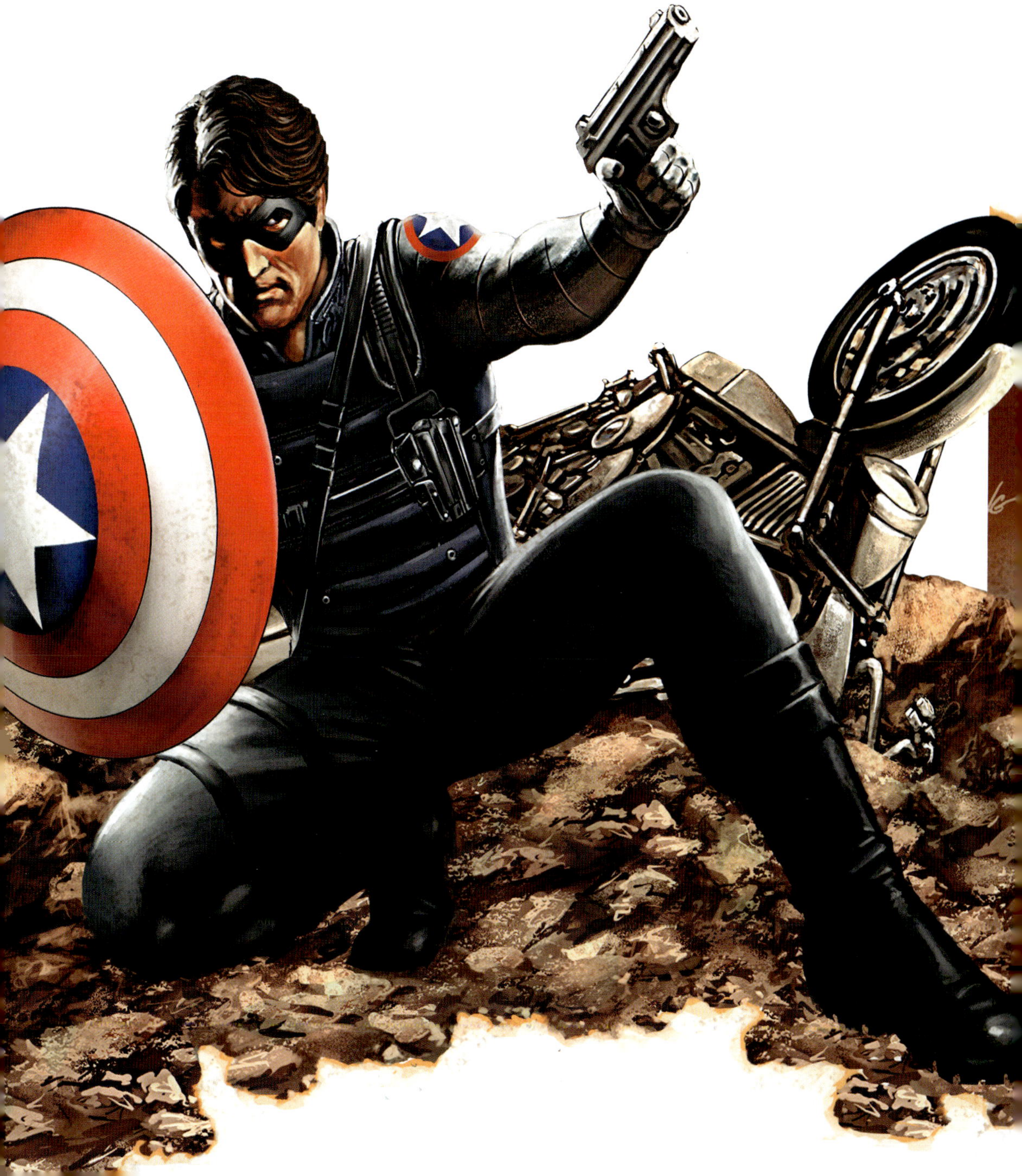

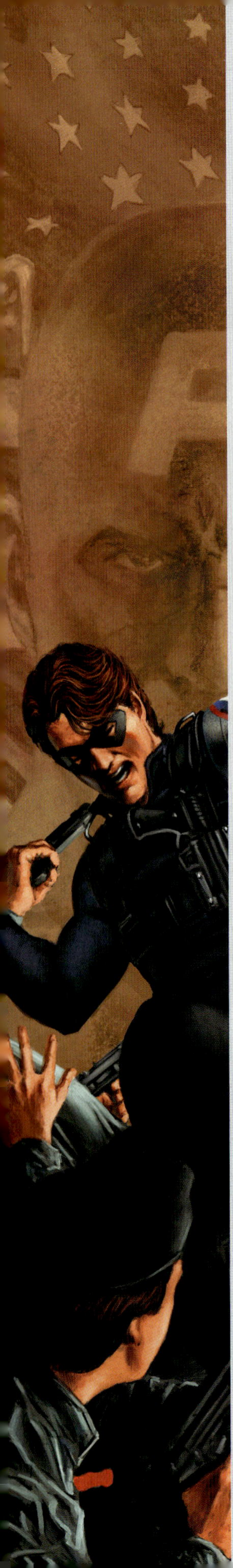

INHALT

MARVEL

MIX
Paper from responsible sources
FSC® C115044
FSC www.fsc.org

DER TOD VON CAPTAIN AMERICA

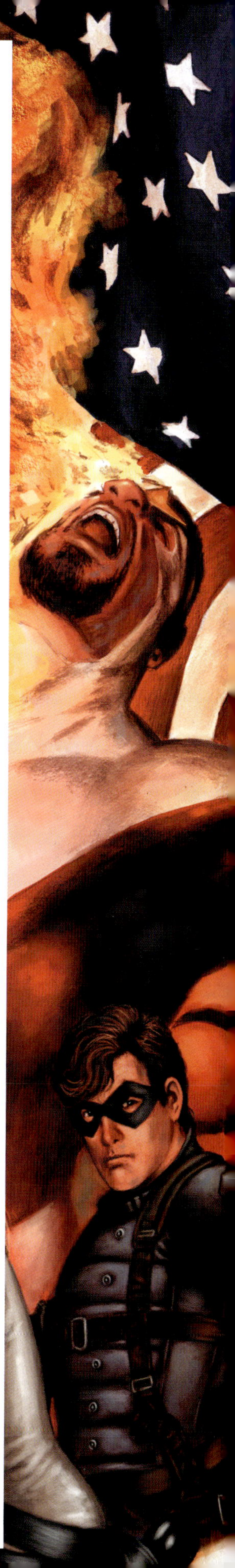

ED BRUBAKER
STORY

STEVE EPTING
MIKE PERKINS (28)
ZEICHNUNGEN

STEVE EPTING (25-26, 28)
MIKE PERKINS (27-30)
TUSCHE

FRANK D'ARMATA
FARBEN

ASTARTE DESIGN
WALPROJECT
LETTERING

REINHARD SCHWEIZER
MICHAEL STRITTMATTER
ÜBERSETZUNG

TOM BREVOORT
MOLLY LAZER
AUBREY SITTERSON
REDAKTION USA

C. B. CEBULSKI
CHEFREDAKTEUR USA

MARVEL MUST-HAVE: DER TOD VON CAPTAIN AMERICA erscheint bei **PANINI COMICS**, Schloßstraße 76, D-70176 Stuttgart. Druck: Lito Terrazzi Industria Grafica. Pressevertrieb: Stella Distribution GmbH, D-22297 Hamburg. Direkt-Abos auf **www.paninicomics.de.** Anzeigenverkauf: BLAUFEUER VERLAGSVERTRETUNGEN GmbH, info@blaufeuer.com. Es gilt die Anzeigenpreisliste Nr. 18 vom 01.10.2020. Geschäftsführer **Hermann Paul**, Publishing Director Europe **Marco M. Lupoi**, Finanzen **Felix Bauer**, Marketing Director **Holger Wiest**, Marketing **Fabio Cunetto**, Vertrieb **Alexander Bubenheimer**, Logistik **Ronald Schäffer**, PR/Presse **Steffen Volkmer**, Publishing Manager **Lisa Pancaldi**, Redaktion **Harald Gantzberg**, **Matthias Korn**, **Anja Seiffert**, **Kristina Starschinski**, **Ilaria Tavoni**, **Daniela Uhlmann**, **Thomas Witzler**, Übersetzung **Bernd Kronsbein**, **Reinhard Schweizer**, **Michael Strittmatter**, Proofreading **Anja Seiffert**, Lettering **Astarte Design**, **Walproject**, grafische Gestaltung **Marco Paroli**, **Barbara Sarti**, Art Director **Mario Corticelli**, Redaktion Panini Comics **Annalisa Califano**, **Beatrice Doti**, Prepress **Cristina Bedini**, **Andrea Lusoli**, **Nicola Soressi**, Repro/Packager **Alessandro Nalli** (coordinator), **Mario Da Rin Zanco**, **Valentina Esposito**, **Luca Ficarelli**, **Linda Leporati**. Deutsche Edition bei Panini Verlags-GmbH unter Lizenz von Marvel Characters B.V. Cover von **Steve Epting**, *Captain America: The Death of Captain America Vol. 1: Death of the Dream* TPB (2008).

Bibliografische Information der Deutschen Nationalbibliothek
Die Deutsche Nationalbibliothek verzeichnet diese Publikation in der Deutschen Nationalbibliografie; detaillierte bibliografische Daten sind im Internet über dnb.d-nb.de abrufbar.

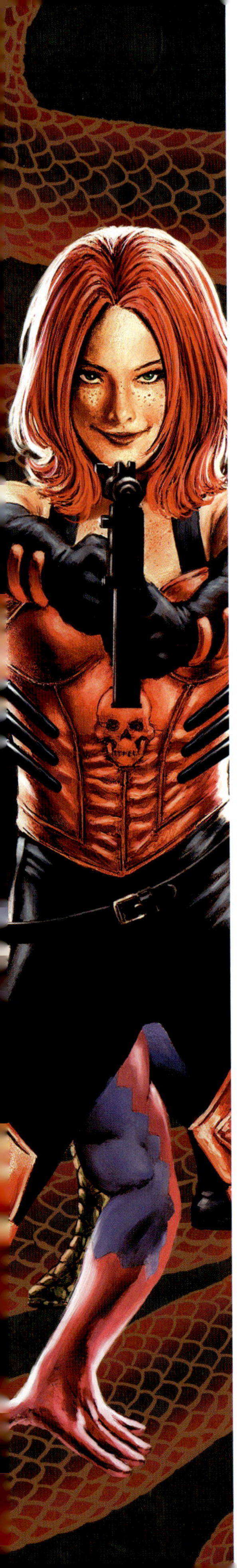

AUF WELCHER SEITE STANDEST DU?

Zwei konträre Lebensanschauungen … unversöhnlich und doch vereinbar. Zum einen das hohe Ideal der Freiheit, zum anderen das beruhigende Gefühl von Sicherheit. Je dominanter das eine, desto mehr weicht das andere zurück. Auf welcher Seite stehst du und wo stehe ich? Für zahlreiche kostümierte Abenteurer aus dem Hause der Ideen stellte sich die Frage lange nicht. Doch das sollte sich ändern, und zwar besonders für einen.

Captain America trat Anfang 1941 ins Rampenlicht. Er war die Antwort zweier Schneidersöhne auf den Terror, mit dem ein autokratisches deutsches Regime die halbe Welt in Atem hielt. Die Eltern von **Joe Simon** und **Jack Kirby** waren mittellose, europäische Immigranten jüdischer Herkunft. Sicherheit gab es für die jungen Comic-Künstler in der neuen Heimat nicht. Aber sie schätzten ihre Freiheit und die Chance auf ein besseres Leben. Beide hofften, dass die Vereinigten Staaten die Dinge in Übersee bald geraderücken würden. Doch nicht jeder teilte ihre Sicht, die Mehrheit der US-Bürger präferierte den sicheren Weg und scheute den fälligen Schritt. Und so schufen Simon und Kirby einen Helden, der im Comic voranging und die höheren Werte des Landes vertrat.

Mit seinem jugendlichen Partner **James Buchanan Barnes** kämpfte der Hüter der Freiheit an der Seite der Alliierten und einer Heldengruppe namens **Invaders** erbittert gegen die feindlichen Achsenmächte. Am Ende des Krieges glaubte man, **Cap** und **Bucky** wären in einer Explosion über dem Ärmelkanal gefallen. Doch Jahrzehnte später wurde in einem Eisblock eine menschliche Gestalt entdeckt und Captain America wieder zum Leben erweckt. Im Kampf gegen Unrecht und Tyrannei fand Rogers in den **Avengers** und **Falcon** neue Verbündete. Die **SHIELD**-Agentin **Sharon Carter** wurde seine große Liebe. Aber auch seinem Erzfeind **Red Skull** war der Sprung in die Gegenwart gelungen. Nur Bucky blieb verschollen – bis sich herausstellte, dass ihn die Sowjets aus den eisigen Gewässern gefischt, einer Hirnwäsche unterzogen und zum berüchtigten Killeragenten **Winter Soldier** gedrillt hatten. Mithilfe von Cap überwand Barnes seine Konditionierung.

Dann forderte ein Einsatz der **New Warriors** in einem Wohngebiet über 600 Opfer, darunter zahlreiche Schulkinder und fast alle Mitglieder des Teams. Der öffentliche Aufschrei war groß. Die Regierung erließ ein Gesetz, das alle Individuen mit übernatürlichen Kräften zwang, sich staatlich registrieren zu lassen. Captain America sollte die Initiative anführen und notfalls mit Gewalt durchsetzen. Doch Rogers weigerte sich und formierte den Widerstand. Barnes hielt sich eher raus. Als er erkannte, welchen Schaden der Konflikt anrichtete, ergab sich Cap den regierungstreuen Truppen um **Iron Man** und beendete den Heldenkrieg. Nun steht er unter Anklage, aber er ist noch immer entschlossen, den Erlass auf legalem Wege zu kippen. Derweil ist der tot geglaubte Red Skull im Bewusstsein des früheren Sowjetgenerals **Aleksander Lukin** zurückgekehrt. Mit **Arnim Zola** und **Dr. Faustus**, der sich als Psychologe von Sharon Carter ausgibt, will er Amerikas Symbol von Recht und Freiheit ein für alle Mal zu Fall bringen.

Thomas Witzler

DER TOD EINES TRAUMS, TEIL 1

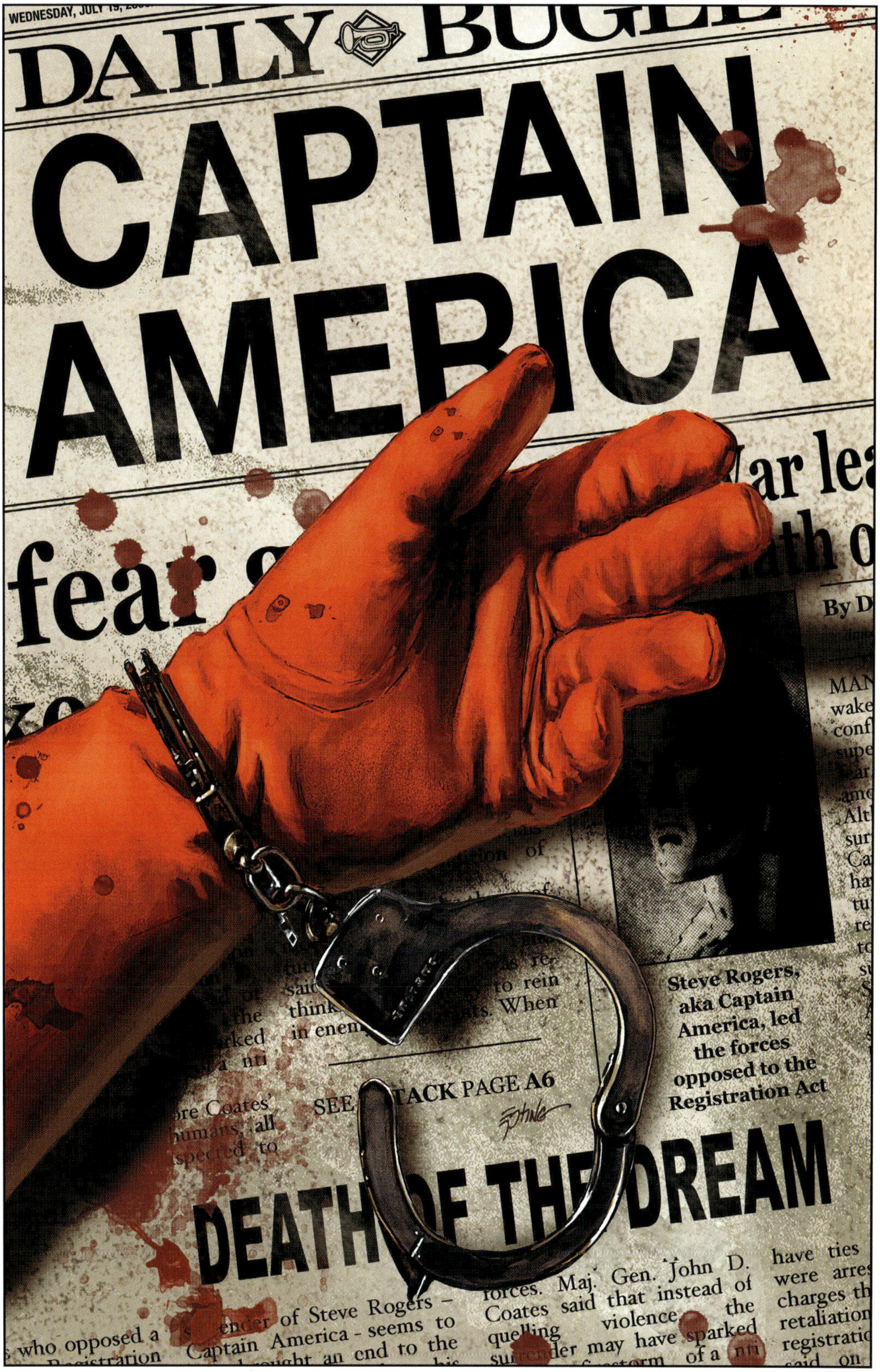

Captain America (2005) 25
Cover von **STEVE EPTING**

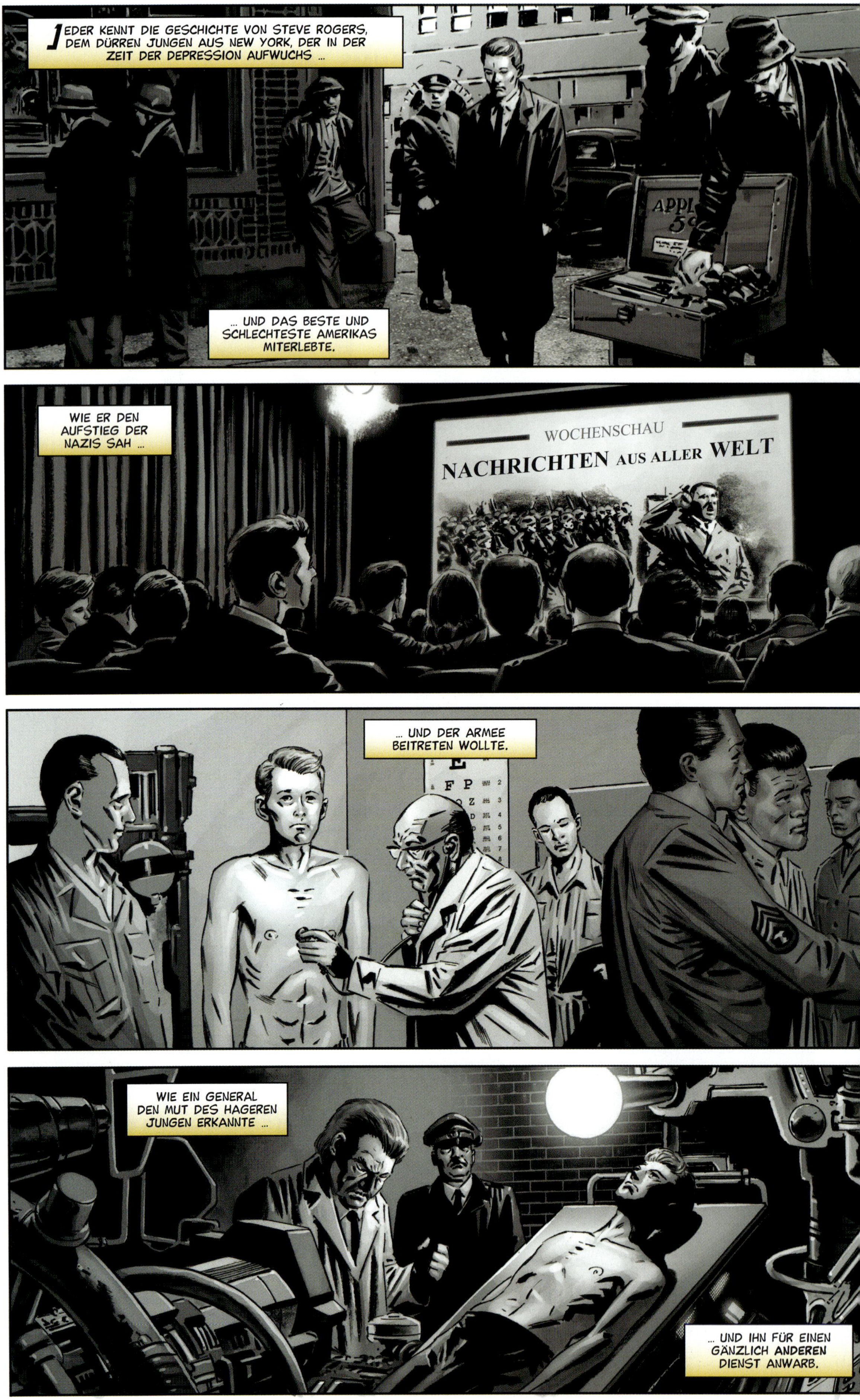
JEDER KENNT DIE GESCHICHTE VON STEVE ROGERS, DEM DÜRREN JUNGEN AUS NEW YORK, DER IN DER ZEIT DER DEPRESSION AUFWUCHS ...
... UND DAS BESTE UND SCHLECHTESTE AMERIKAS MITERLEBTE.
WIE ER DEN AUFSTIEG DER NAZIS SAH ...
WOCHENSCHAU
NACHRICHTEN AUS ALLER WELT
... UND DER ARMEE BEITRETEN WOLLTE.
WIE EIN GENERAL DEN MUT DES HAGEREN JUNGEN ERKANNTE ...
... UND IHN FÜR EINEN GÄNZLICH ANDEREN DIENST ANWARB.

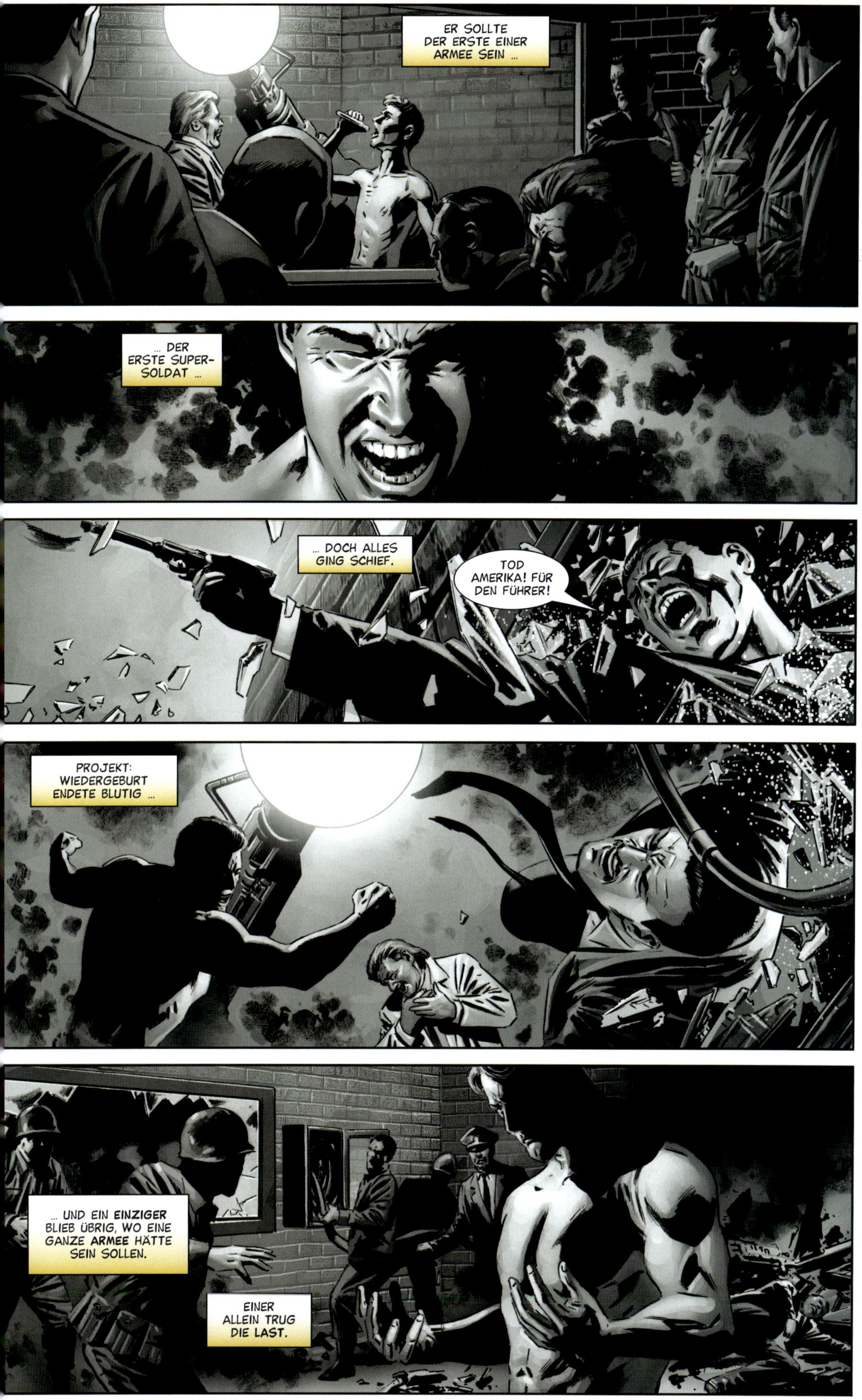

ER SOLLTE DER ERSTE EINER ARMEE SEIN ...
... DER ERSTE SUPER-SOLDAT ...
... DOCH ALLES GING SCHIEF.
TOD AMERIKA! FÜR DEN FÜHRER!
PROJEKT: WIEDERGEBURT ENDETE BLUTIG ...
... UND EIN EINZIGER BLIEB ÜBRIG, WO EINE GANZE ARMEE HÄTTE SEIN SOLLEN.
EINER ALLEIN TRUG DIE LAST.

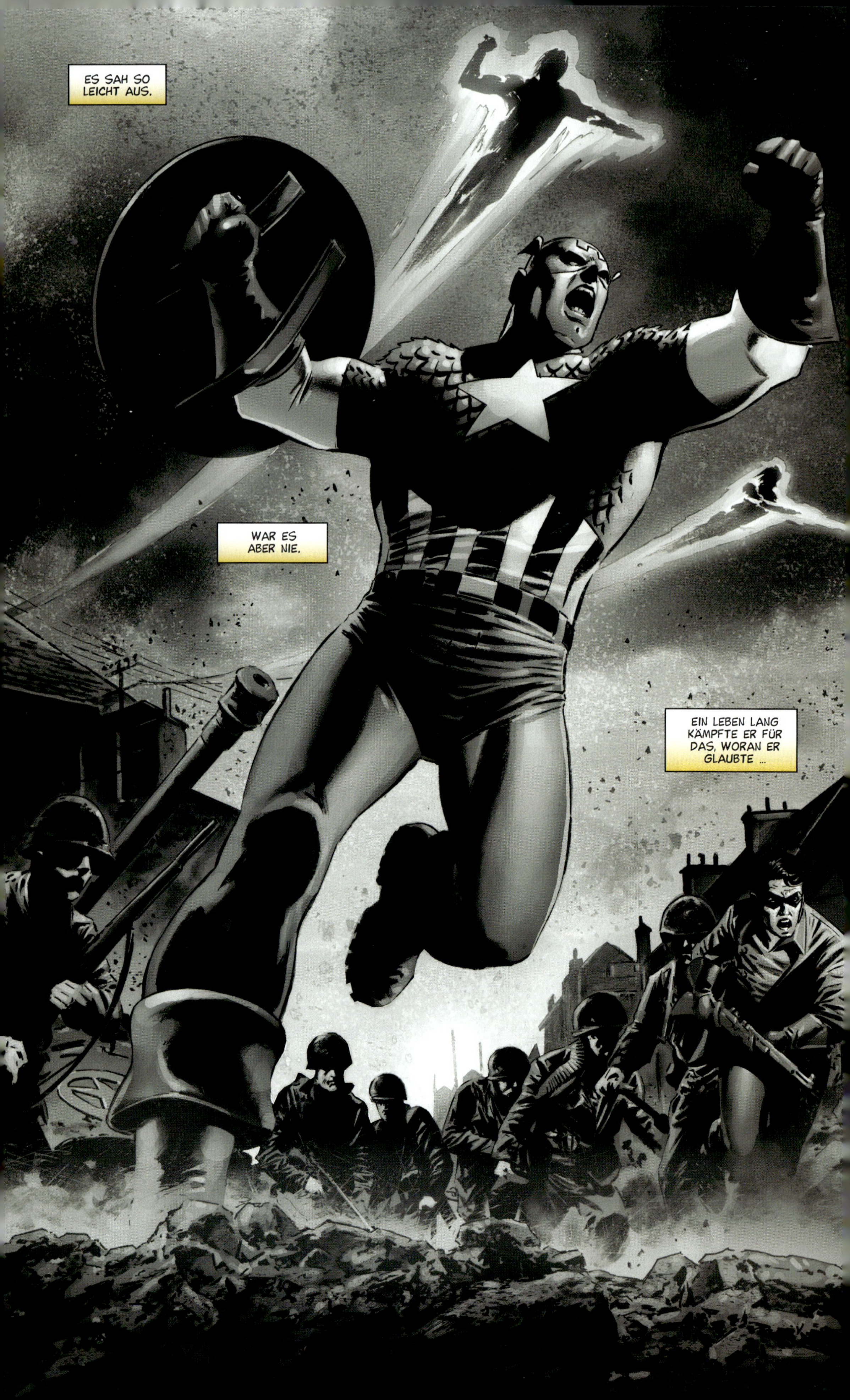
ES SAH SO LEICHT AUS.
WAR ES ABER NIE.
EIN LEBEN LANG KÄMPFTE ER FÜR DAS, WORAN ER GLAUBTE ...

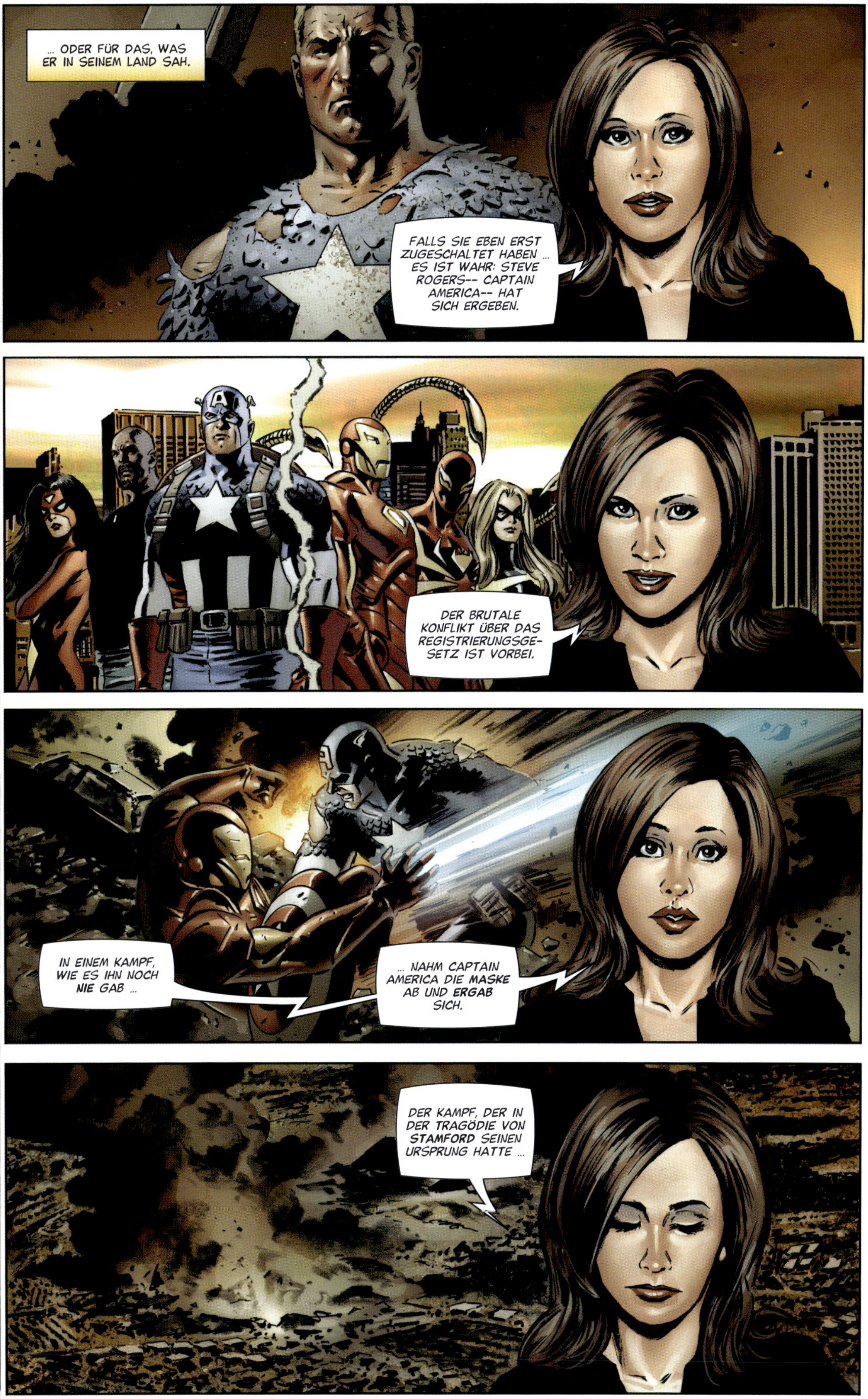
... ODER FÜR DAS, WAS ER IN SEINEM LAND SAH.
FALLS SIE EBEN ERST ZUGESCHALTET HABEN ... ES IST WAHR: STEVE ROGERS-- CAPTAIN AMERICA-- HAT SICH ERGEBEN.
DER BRUTALE KONFLIKT ÜBER DAS REGISTRIERUNGSGE-SETZ IST VORBEI.
IN EINEM KAMPF, WIE ES IHN NOCH NIE GAB ...
... NAHM CAPTAIN AMERICA DIE MASKE AB UND ERGAB SICH.
DER KAMPF, DER IN DER TRAGÖDIE VON STAMFORD SEINEN URSPRUNG HATTE ...

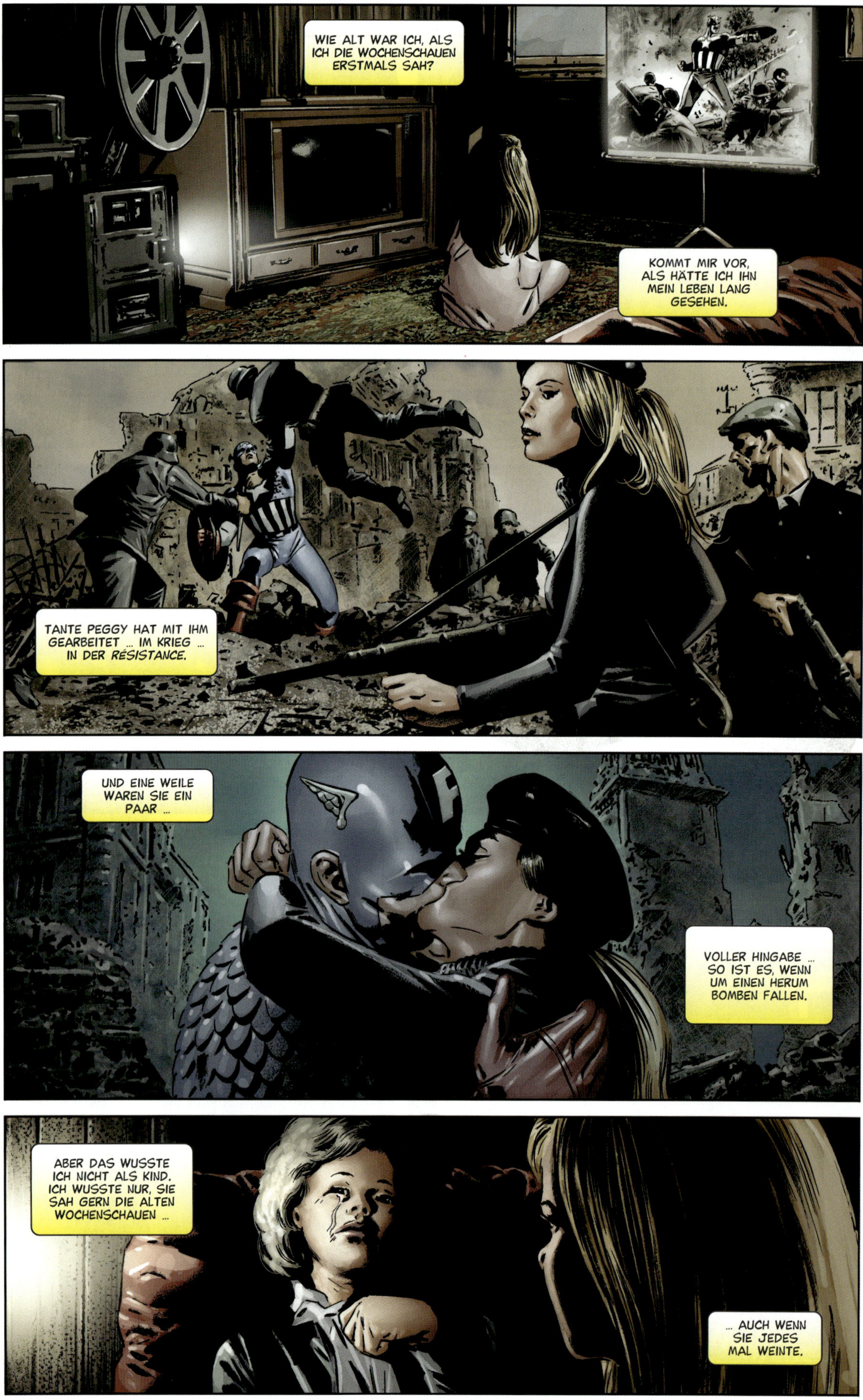
WIE ALT WAR ICH, ALS ICH DIE WOCHENSCHAUEN ERSTMALS SAH?
KOMMT MIR VOR, ALS HÄTTE ICH IHN MEIN LEBEN LANG GESEHEN.
TANTE PEGGY HAT MIT IHM GEARBEITET ... IM KRIEG ... IN DER *RÉSISTANCE*.
UND EINE WEILE WAREN SIE EIN PAAR ...
VOLLER HINGABE ... SO IST ES, WENN UM EINEN HERUM BOMBEN FALLEN.
ABER DAS WUSSTE ICH NICHT ALS KIND. ICH WUSSTE NUR, SIE SAH GERN DIE ALTEN WOCHENSCHAUEN ...
... AUCH WENN SIE JEDES MAL WEINTE.

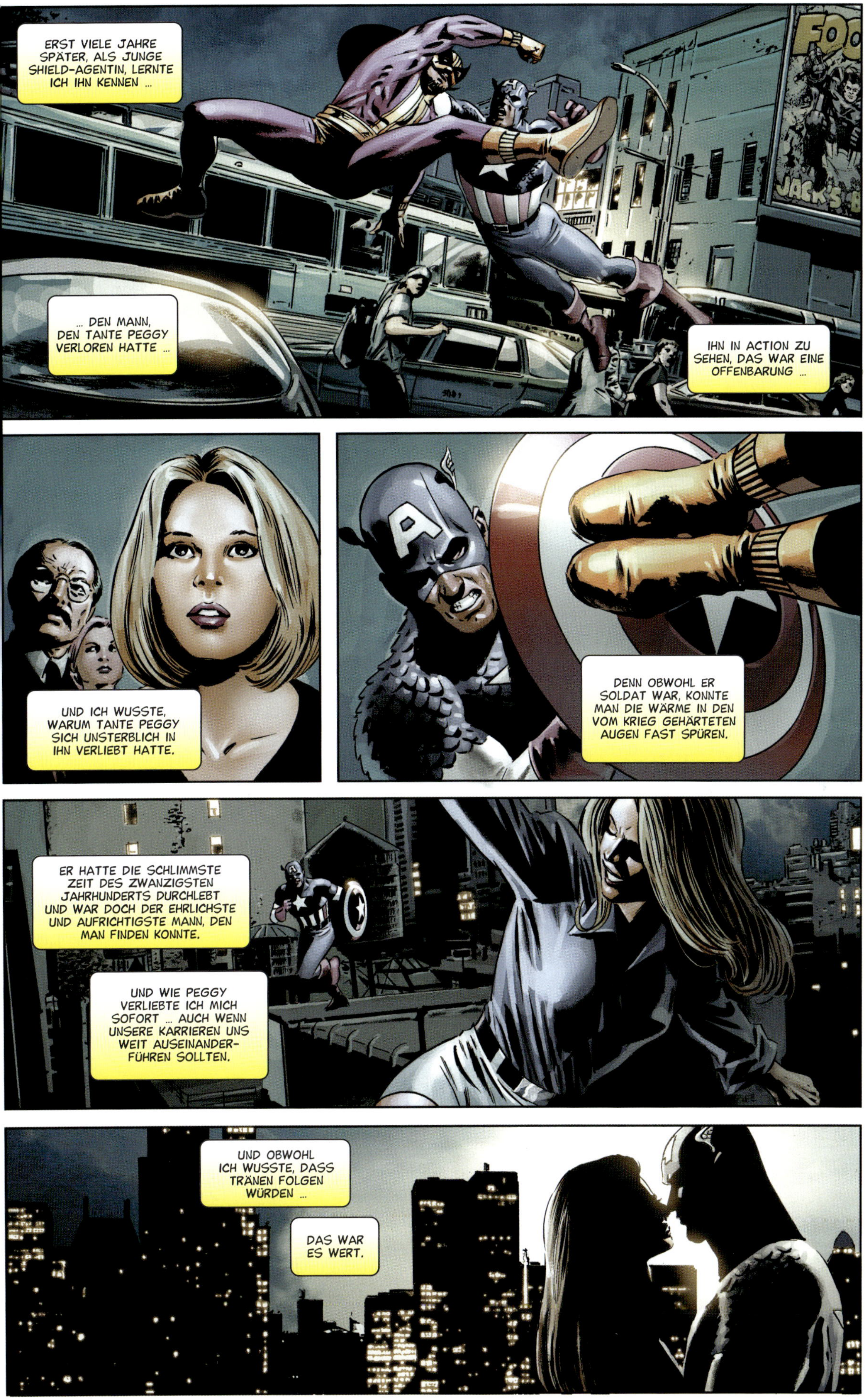
ERST VIELE JAHRE SPÄTER, ALS JUNGE SHIELD-AGENTIN, LERNTE ICH IHN KENNEN ...
... DEN MANN, DEN TANTE PEGGY VERLOREN HATTE ...
IHN IN ACTION ZU SEHEN, DAS WAR EINE OFFENBARUNG ...
UND ICH WUSSTE, WARUM TANTE PEGGY SICH UNSTERBLICH IN IHN VERLIEBT HATTE.
DENN OBWOHL ER SOLDAT WAR, KONNTE MAN DIE WÄRME IN DEN VOM KRIEG GEHÄRTETEN AUGEN FAST SPÜREN.
ER HATTE DIE SCHLIMMSTE ZEIT DES ZWANZIGSTEN JAHRHUNDERTS DURCHLEBT UND WAR DOCH DER EHRLICHSTE UND AUFRICHTIGSTE MANN, DEN MAN FINDEN KONNTE.
UND WIE PEGGY VERLIEBTE ICH MICH SOFORT ... AUCH WENN UNSERE KARRIEREN UNS WEIT AUSEINANDER-FÜHREN SOLLTEN.
UND OBWOHL ICH WUSSTE, DASS TRÄNEN FOLGEN WÜRDEN ...
DAS WAR ES WERT.

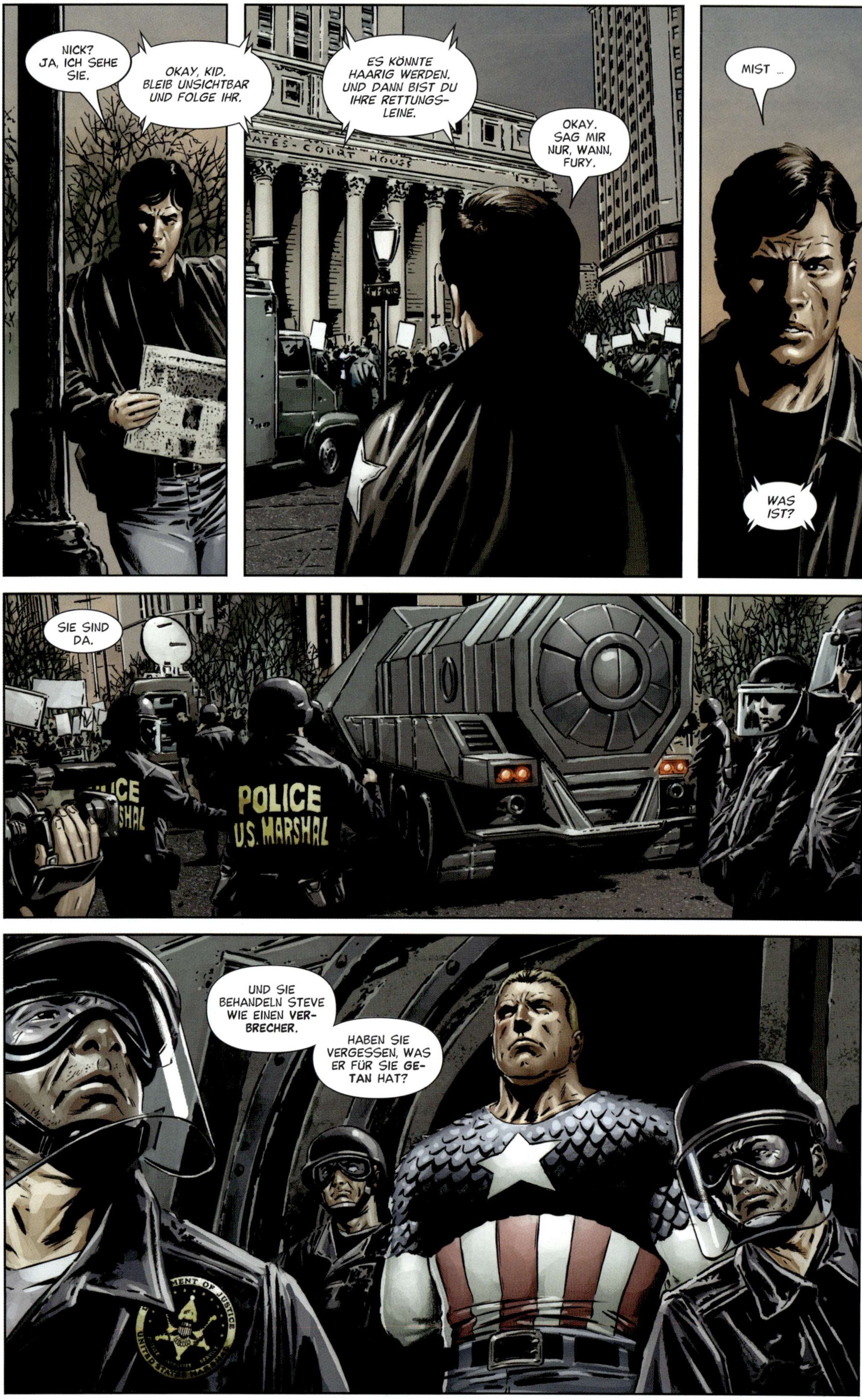
NICK? JA, ICH SEHE SIE.
OKAY, KID. BLEIB UNSICHTBAR UND FOLGE IHR.
ES KÖNNTE HAARIG WERDEN. UND DANN BIST DU IHRE RETTUNGS-LEINE.
OKAY. SAG MIR NUR, WANN, FURY.
MIST ...
WAS IST?
SIE SIND DA.
POLICE
POLICE U.S. MARSHAL
UND SIE BEHANDELN STEVE WIE EINEN **VER-BRECHER.**
HABEN SIE VERGESSEN, WAS ER FÜR SIE **GE-TAN** HAT?

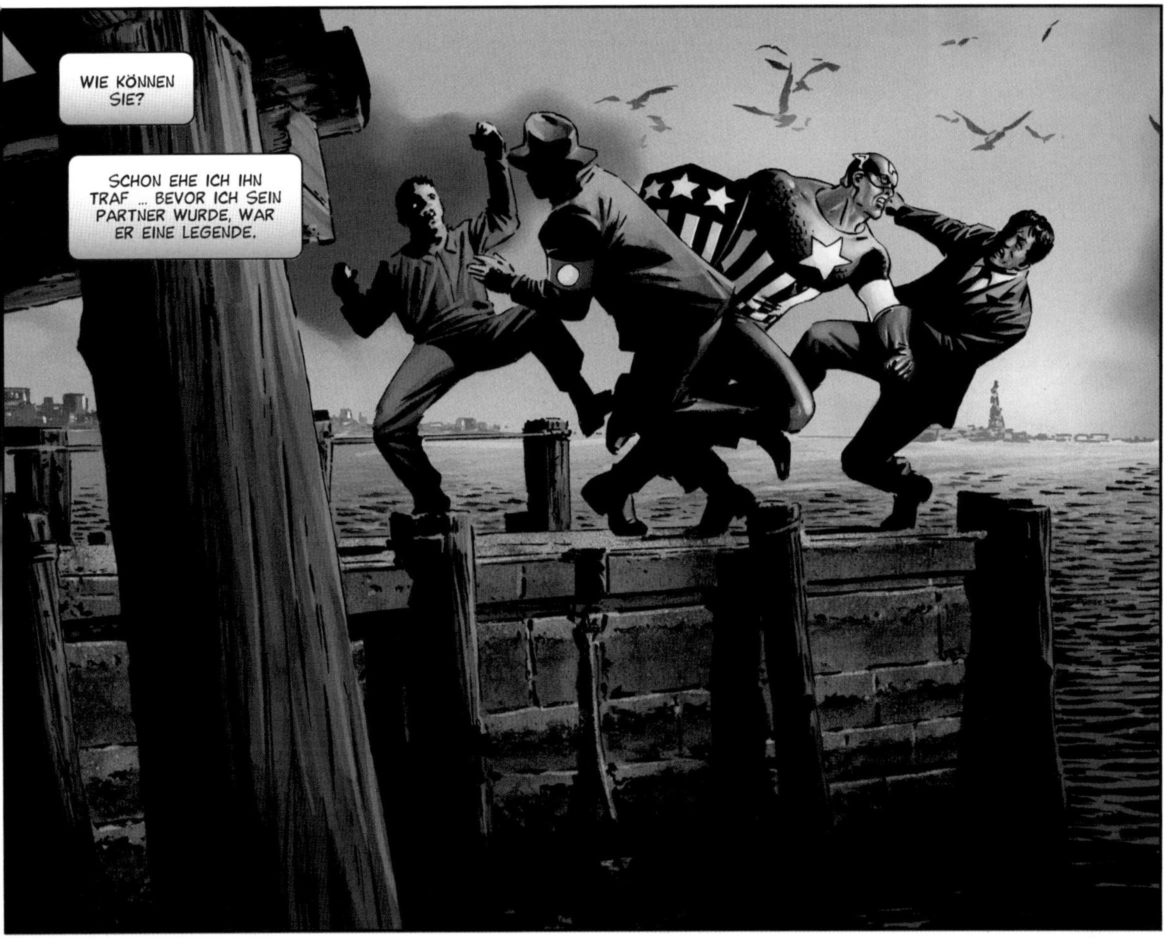
WIE KÖNNEN SIE?
SCHON EHE ICH IHN TRAF ... BEVOR ICH SEIN PARTNER WURDE, WAR ER EINE LEGENDE.

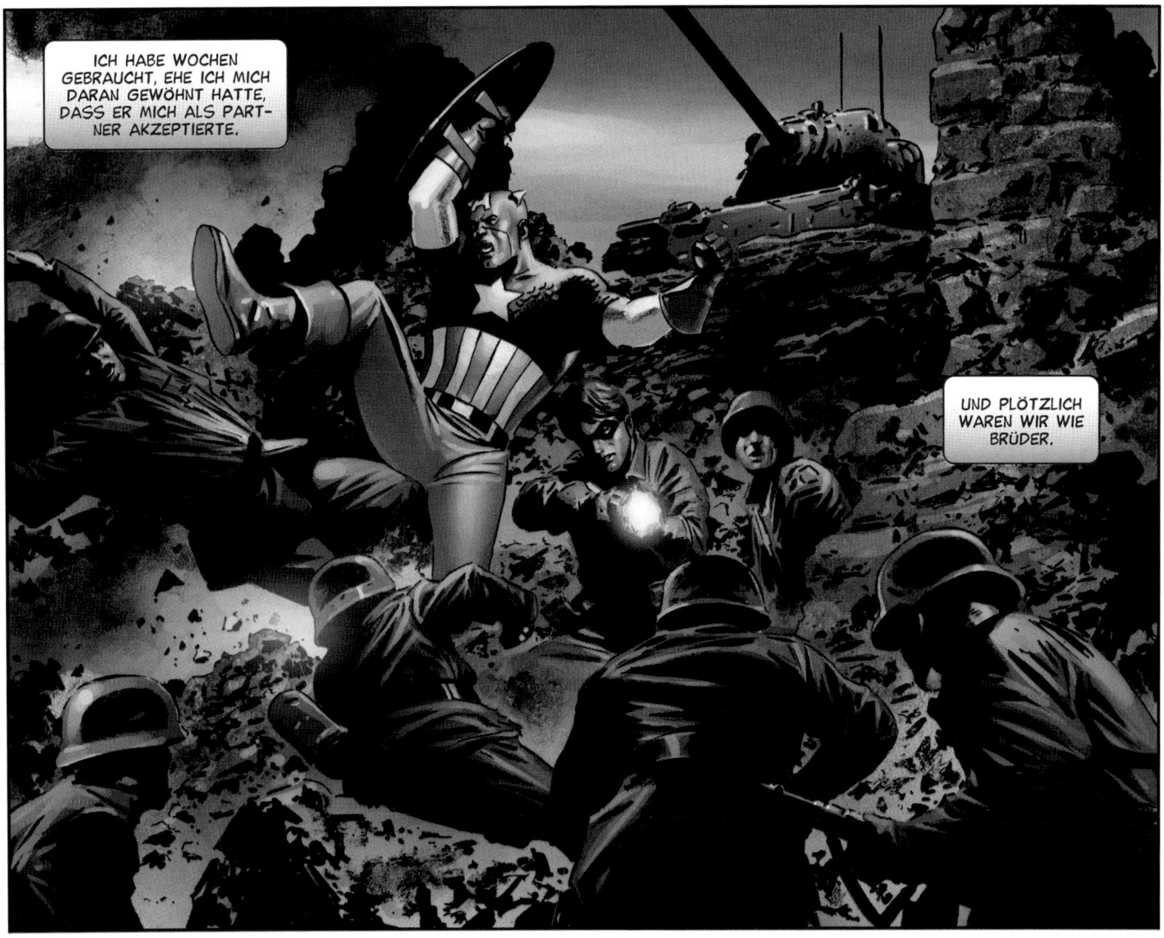
ICH HABE WOCHEN GEBRAUCHT, EHE ICH MICH DARAN GEWÖHNT HATTE, DASS ER MICH ALS PARTNER AKZEPTIERTE.
UND PLÖTZLICH WAREN WIR WIE BRÜDER.

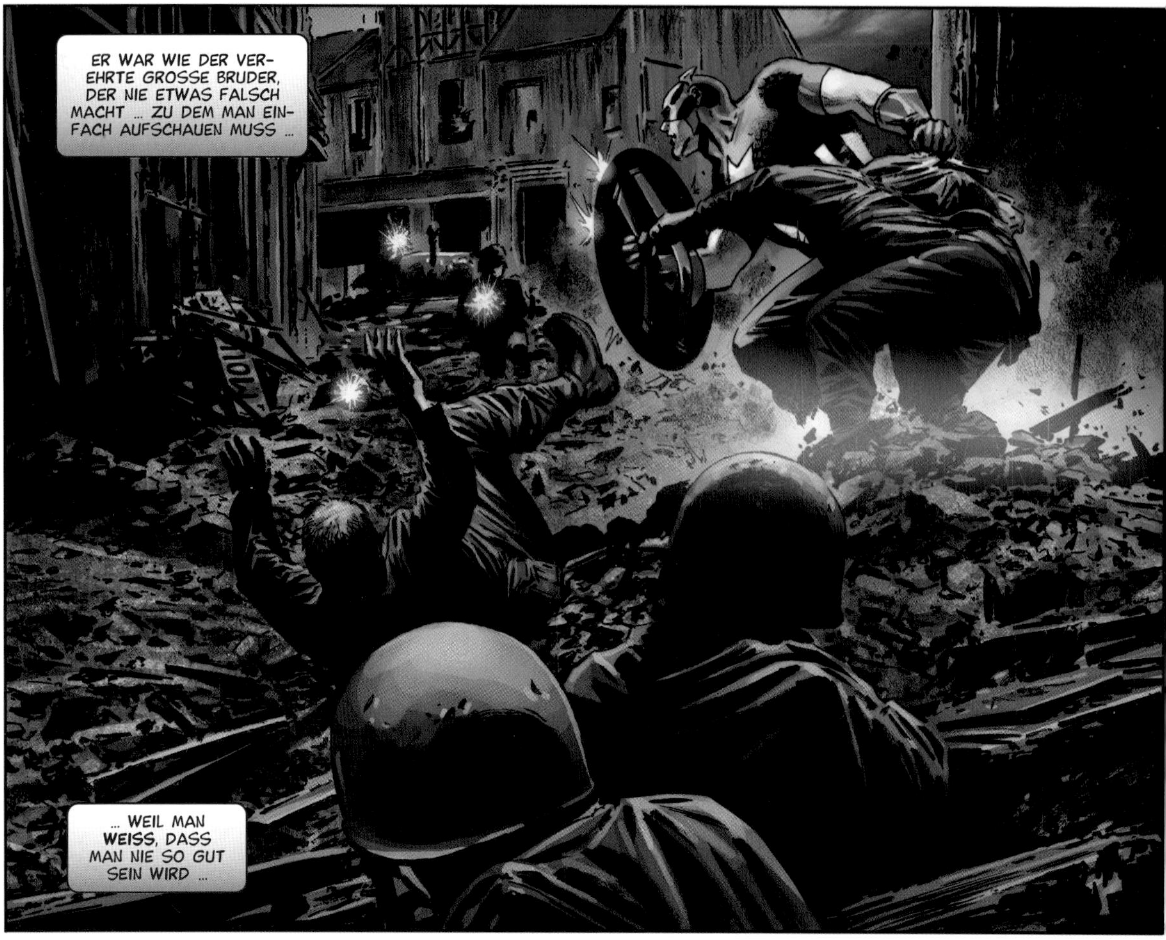
ER WAR WIE DER VER-
EHRTE GROSSE BRUDER,
DER NIE ETWAS FALSCH
MACHT ... ZU DEM MAN EIN-
FACH AUFSCHAUEN MUSS ...
... WEIL MAN
WEISS, DASS
MAN NIE SO GUT
SEIN WIRD ...

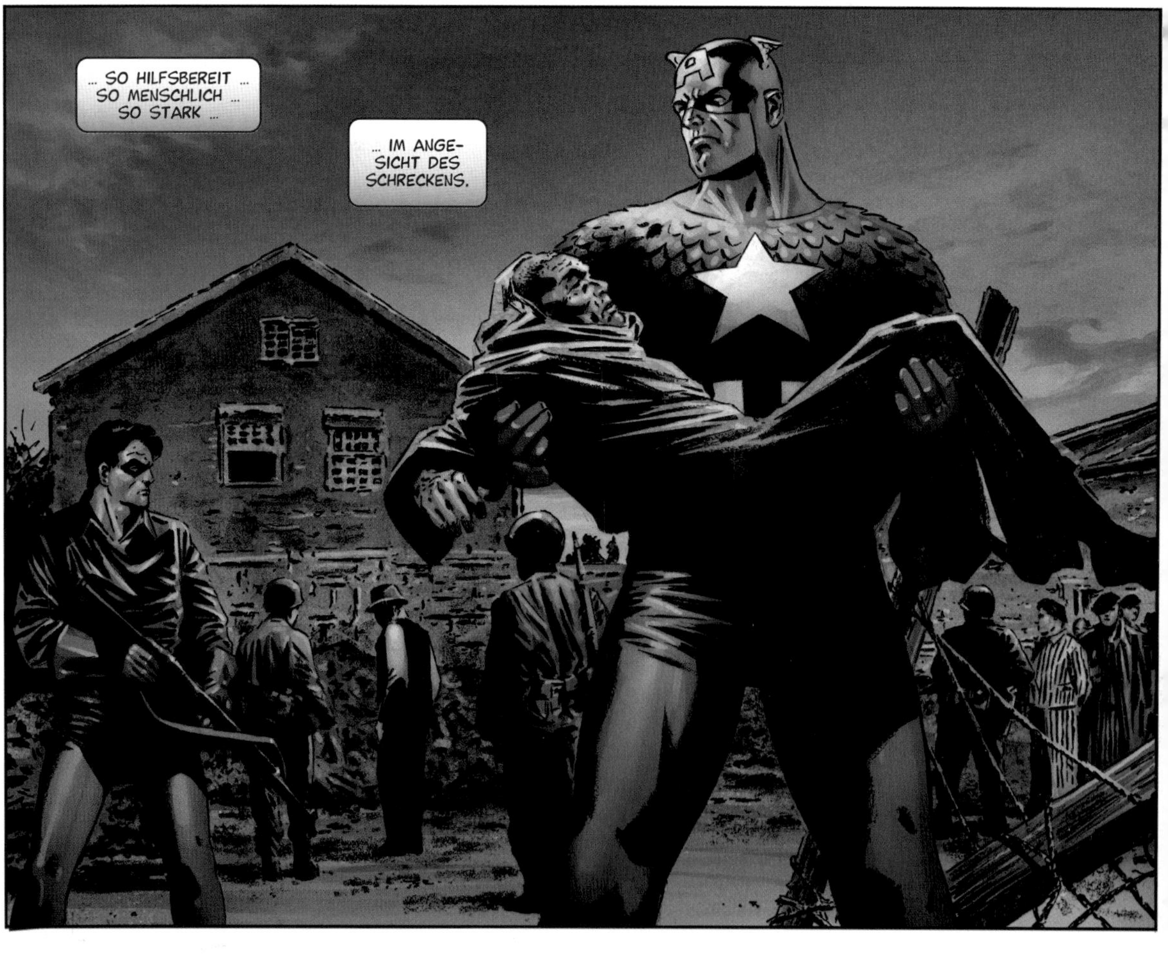
... SO HILFSBEREIT ...
SO MENSCHLICH ...
SO STARK ...
... IM ANGE-
SICHT DES
SCHRECKENS.

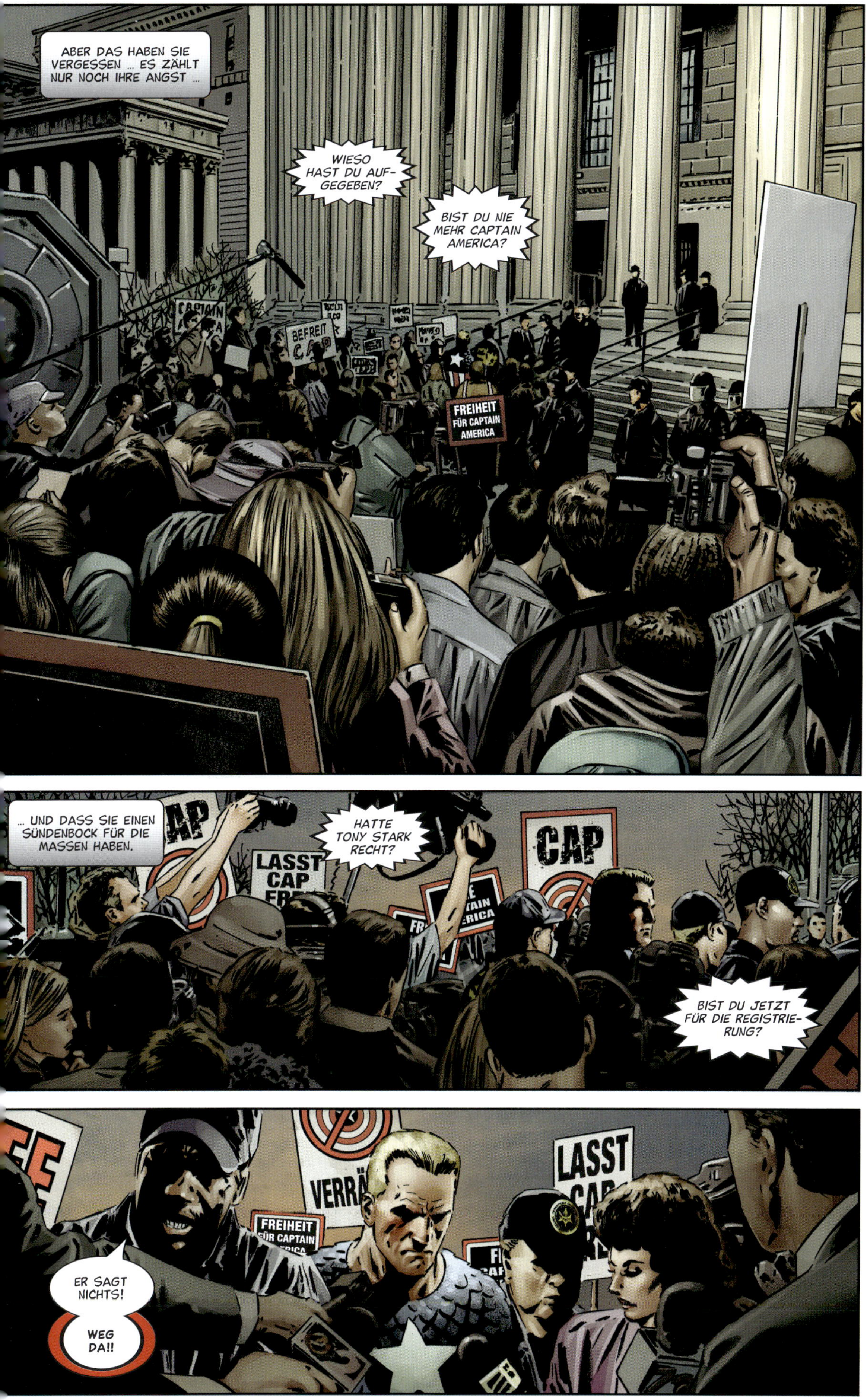
ABER DAS HABEN SIE VERGESSEN ... ES ZÄHLT NUR NOCH IHRE ANGST ...
WIESO HAST DU AUF-GEGEBEN?
BIST DU NIE MEHR CAPTAIN AMERICA?
BEFREIT CAP
FREIHEIT FÜR CAPTAIN AMERICA
... UND DASS SIE EINEN SÜNDENBOCK FÜR DIE MASSEN HABEN.
HATTE TONY STARK RECHT?
CAP
BIST DU JETZT FÜR DIE REGISTRIE-RUNG?
ER SAGT NICHTS!
WEG DA!!

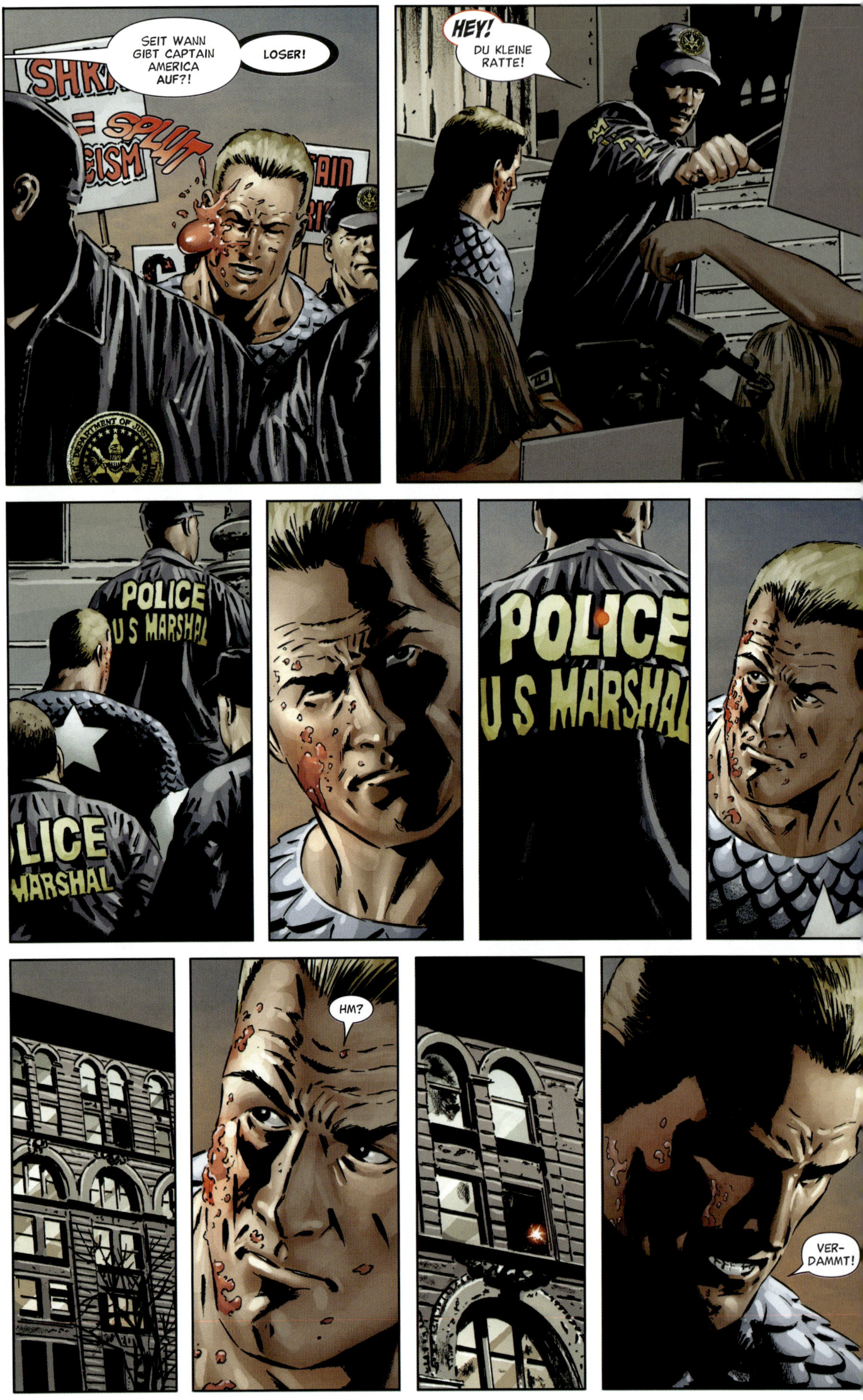
SEIT WANN GIBT CAPTAIN AMERICA AUF?!
LOSER!
SPLUT
HEY! DU KLEINE RATTE!
POLICE
U S MARSHAL
HM?
VER-DAMMT!

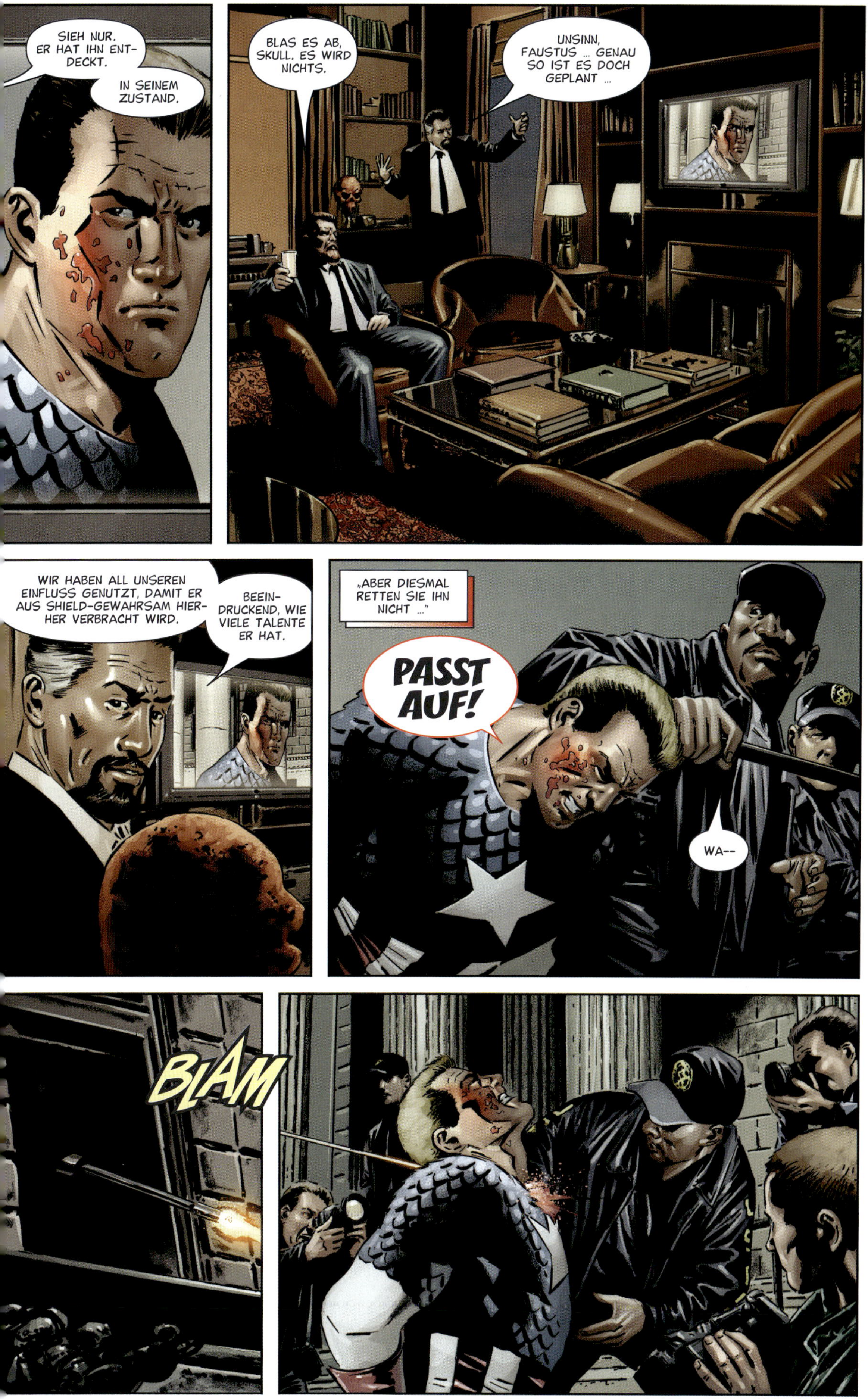
SIEH NUR. ER HAT IHN ENTDECKT.
IN SEINEM ZUSTAND.
BLAS ES AB, SKULL. ES WIRD NICHTS.
UNSINN, FAUSTUS ... GENAU SO IST ES DOCH GEPLANT ...
WIR HABEN ALL UNSEREN EINFLUSS GENUTZT, DAMIT ER AUS SHIELD-GEWAHRSAM HIERHER VERBRACHT WIRD.
BEEINDRUCKEND, WIE VIELE TALENTE ER HAT.
„ABER DIESMAL RETTEN SIE IHN NICHT ...“
PASST AUF!
WA--
BLAM

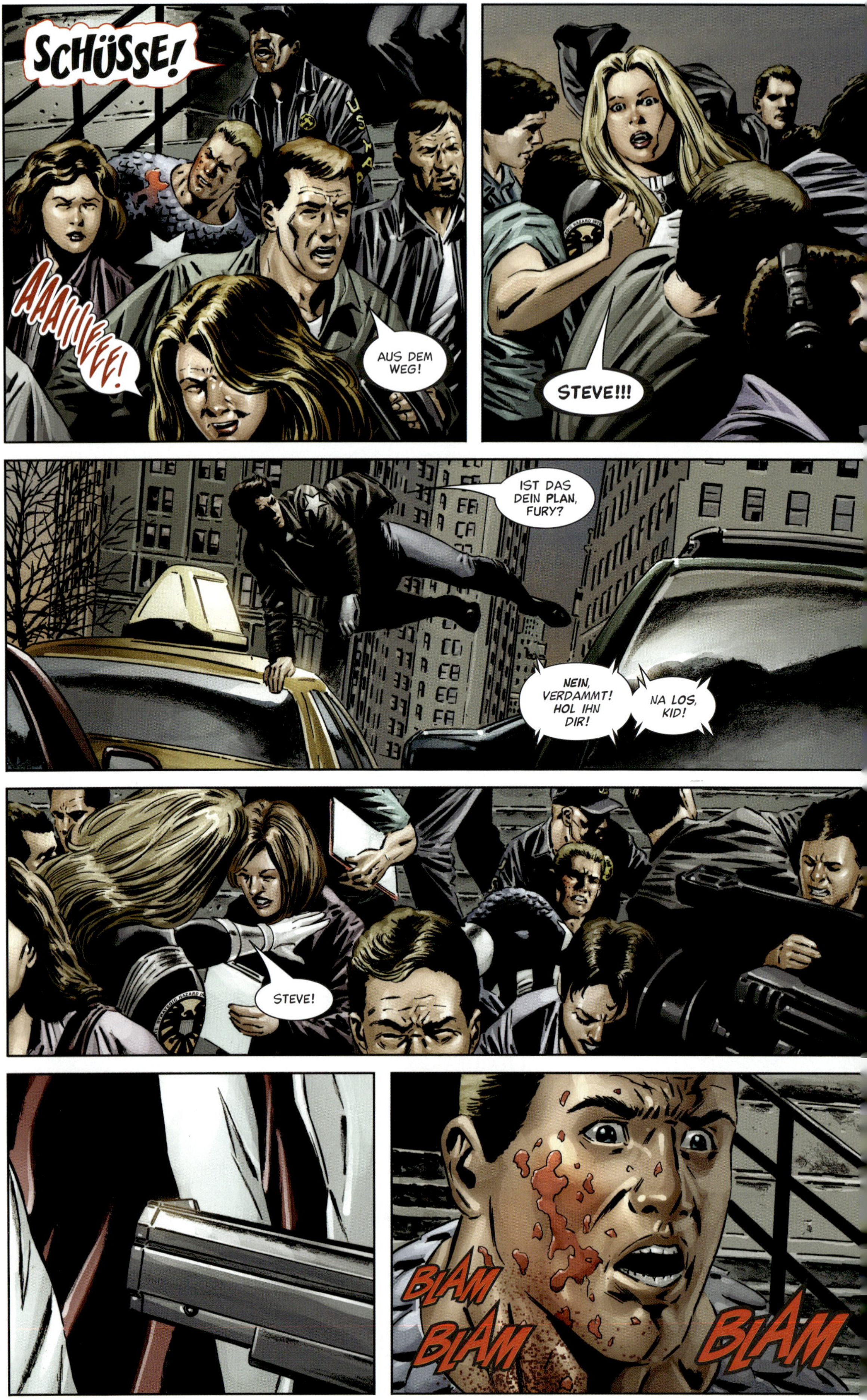
SCHÜSSE!
AAAIIIEEEE!
AUS DEM WEG!
STEVE!!!
IST DAS DEIN PLAN, FURY?
NEIN, VERDAMMT! HOL IHN DIR!
NA LOS, KID!
STEVE!
BLAM
BLAM
BLAM

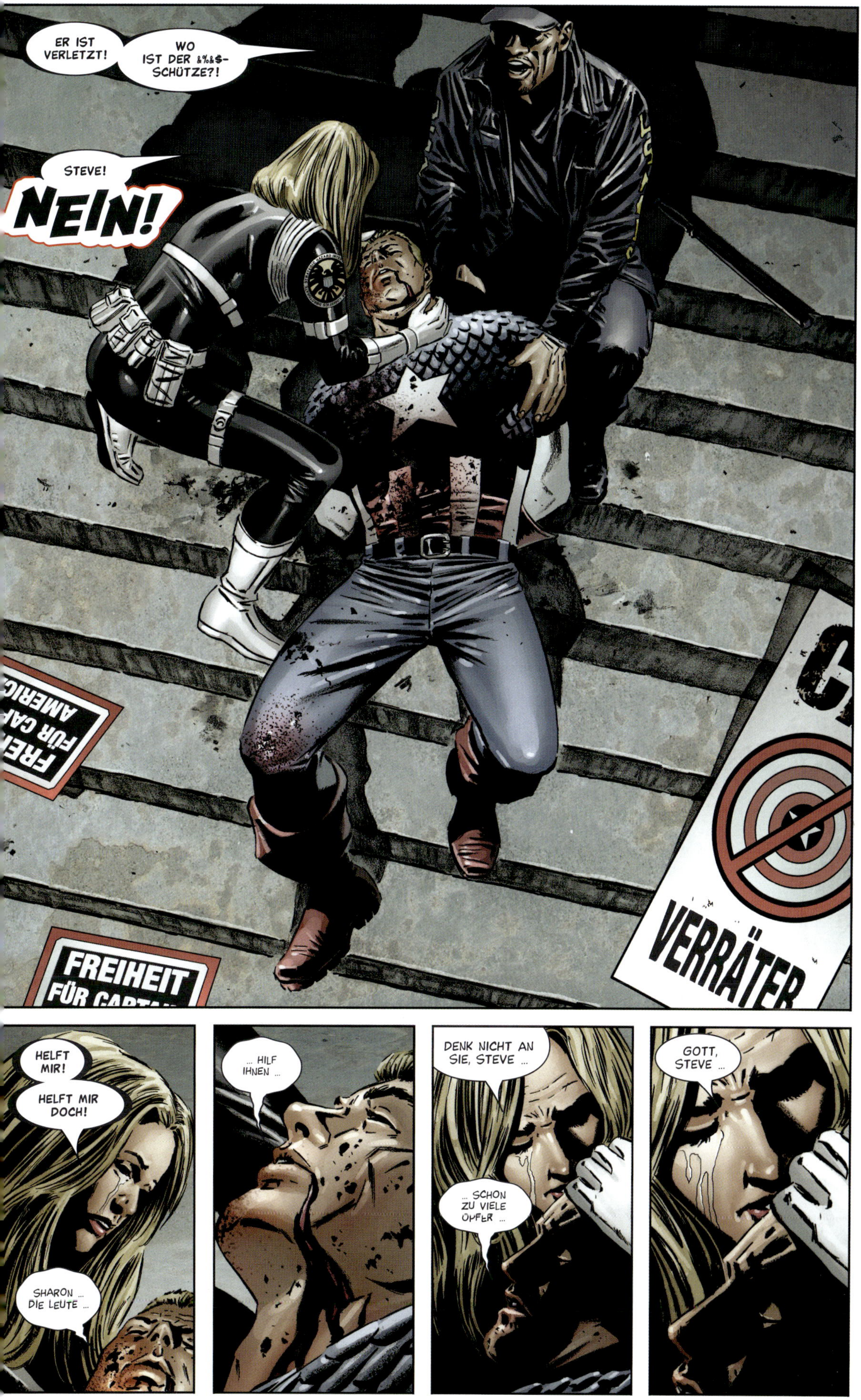
ER IST VERLETZT!
WO IST DER &%&$-SCHÜTZE?!
STEVE!
NEIN!
FREIHEIT
VERRÄTER
HELFT MIR!
HELFT MIR DOCH!
SHARON ... DIE LEUTE ...
... HILF IHNEN ...
DENK NICHT AN SIE, STEVE ...
... SCHON ZU VIELE OPFER ...
GOTT, STEVE ...

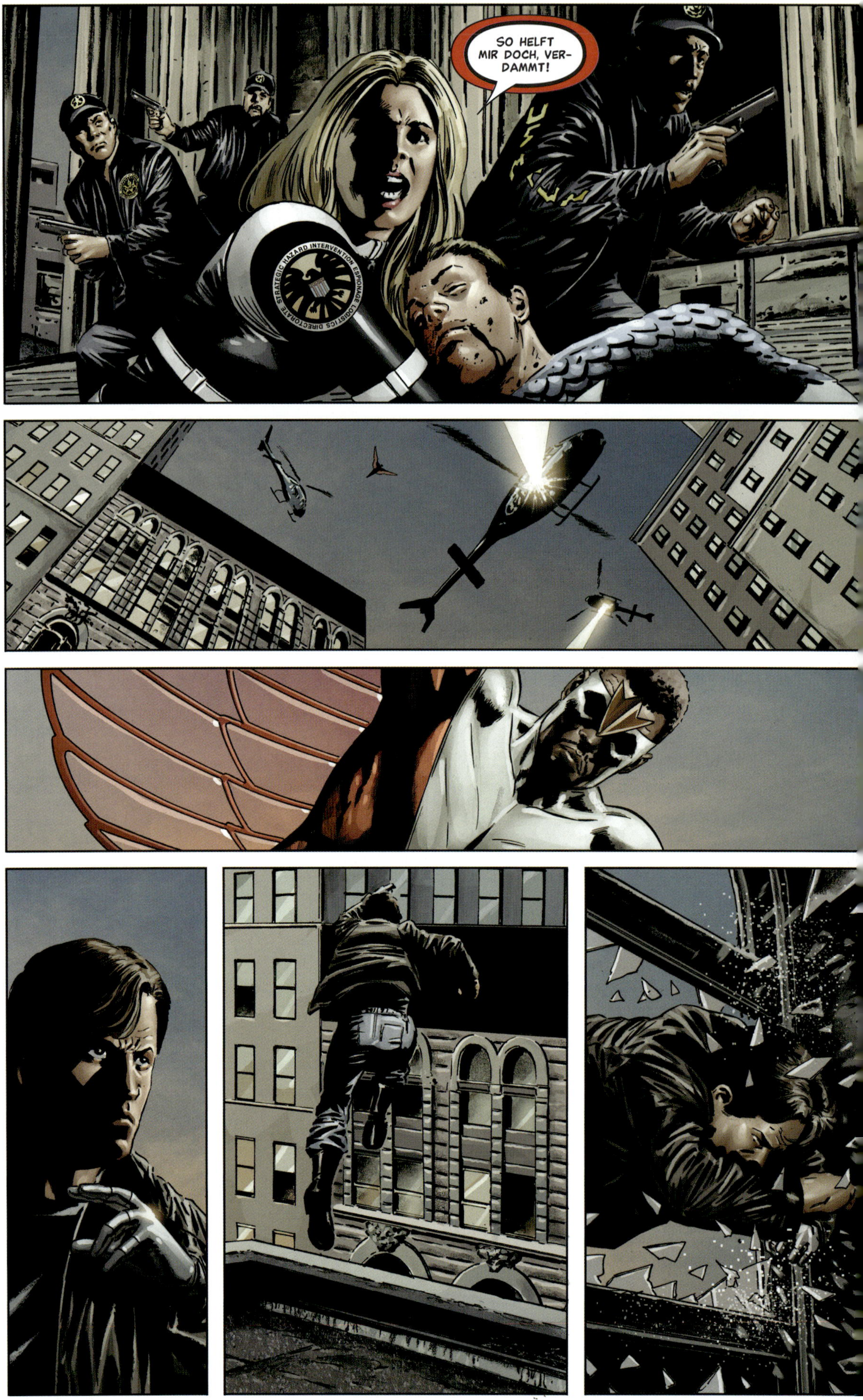
SO HELFT MIR DOCH, VER-DAMMT!
STRATEGIC HAZARD INTERVENTION ESPIONAGE LOGISTICS DIRECTORATE

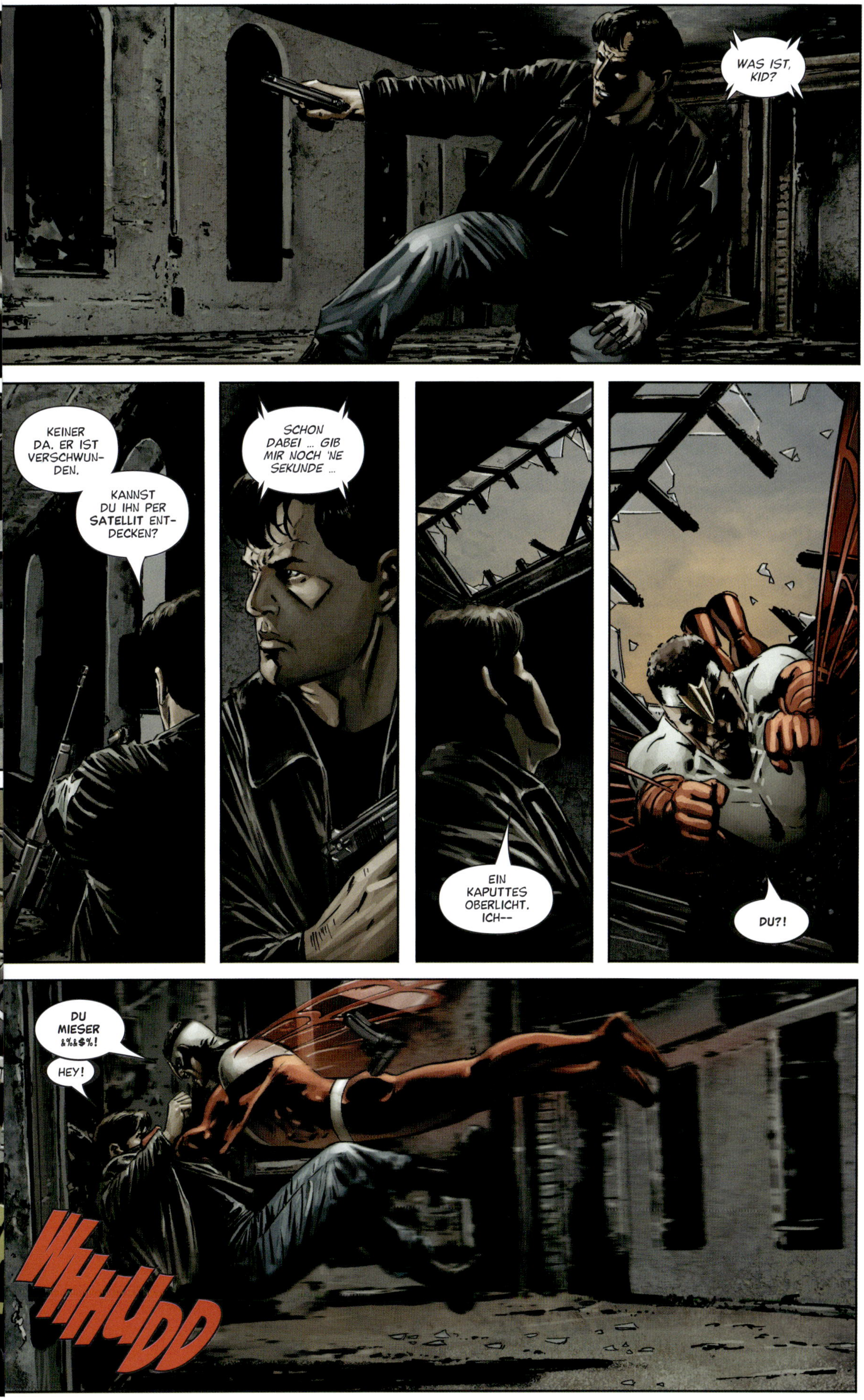
WAS IST, KID?
KEINER DA. ER IST VERSCHWUN-DEN.
KANNST DU IHN PER SATELLIT ENT-DECKEN?
SCHON DABEI ... GIB MIR NOCH 'NE SEKUNDE ...
EIN KAPUTTES OBERLICHT. ICH--
DU?!
DU MIESER &%&$%!
HEY!
WHHUDD

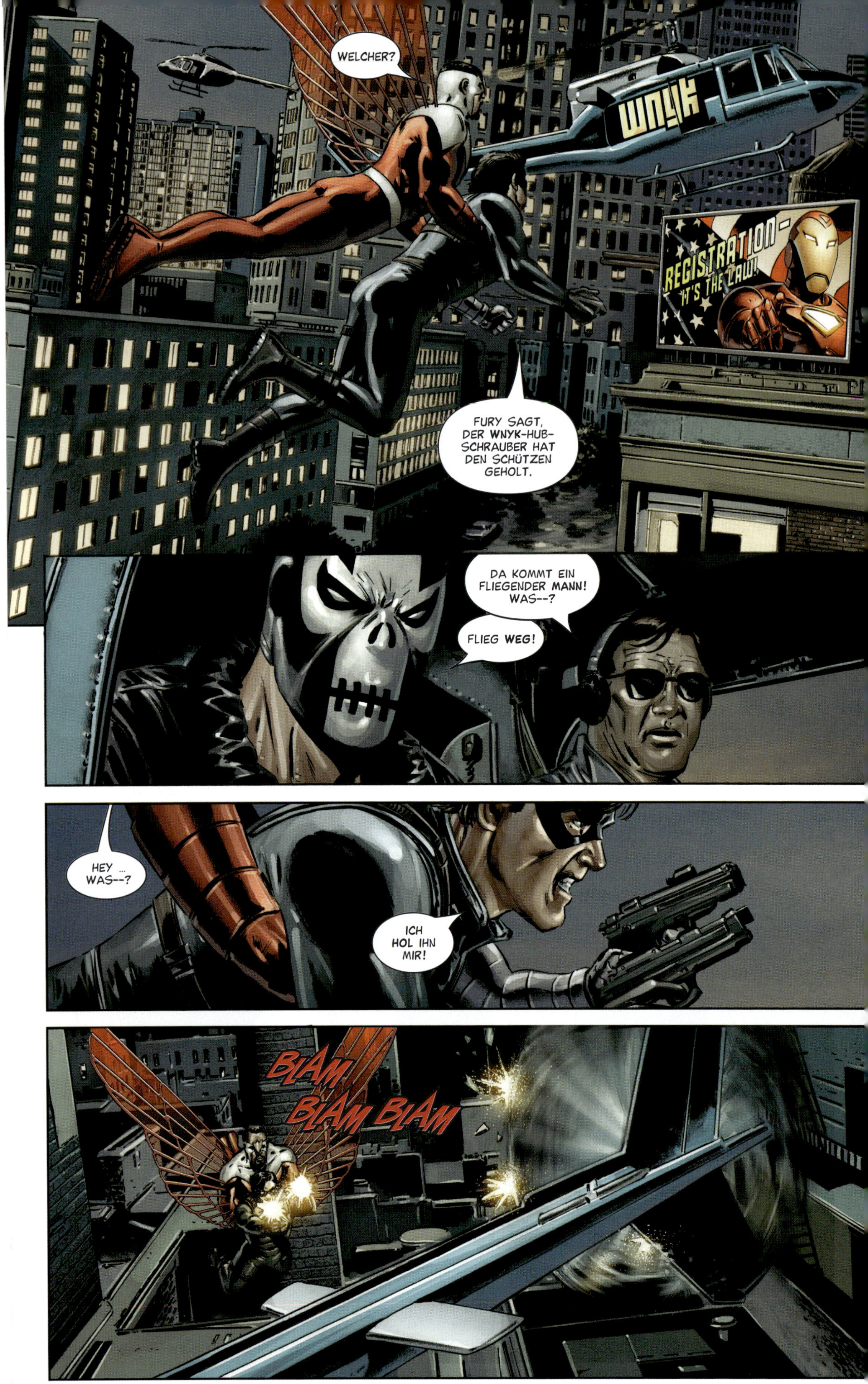
WELCHER?
REGISTRATION—
IT'S THE LAW!
FURY SAGT, DER WNYK-HUBSCHRAUBER HAT DEN SCHÜTZEN GEHOLT.
DA KOMMT EIN FLIEGENDER MANN! WAS--?
FLIEG WEG!
HEY ... WAS--?
ICH HOL IHN MIR!
BLAM
BLAM BLAM

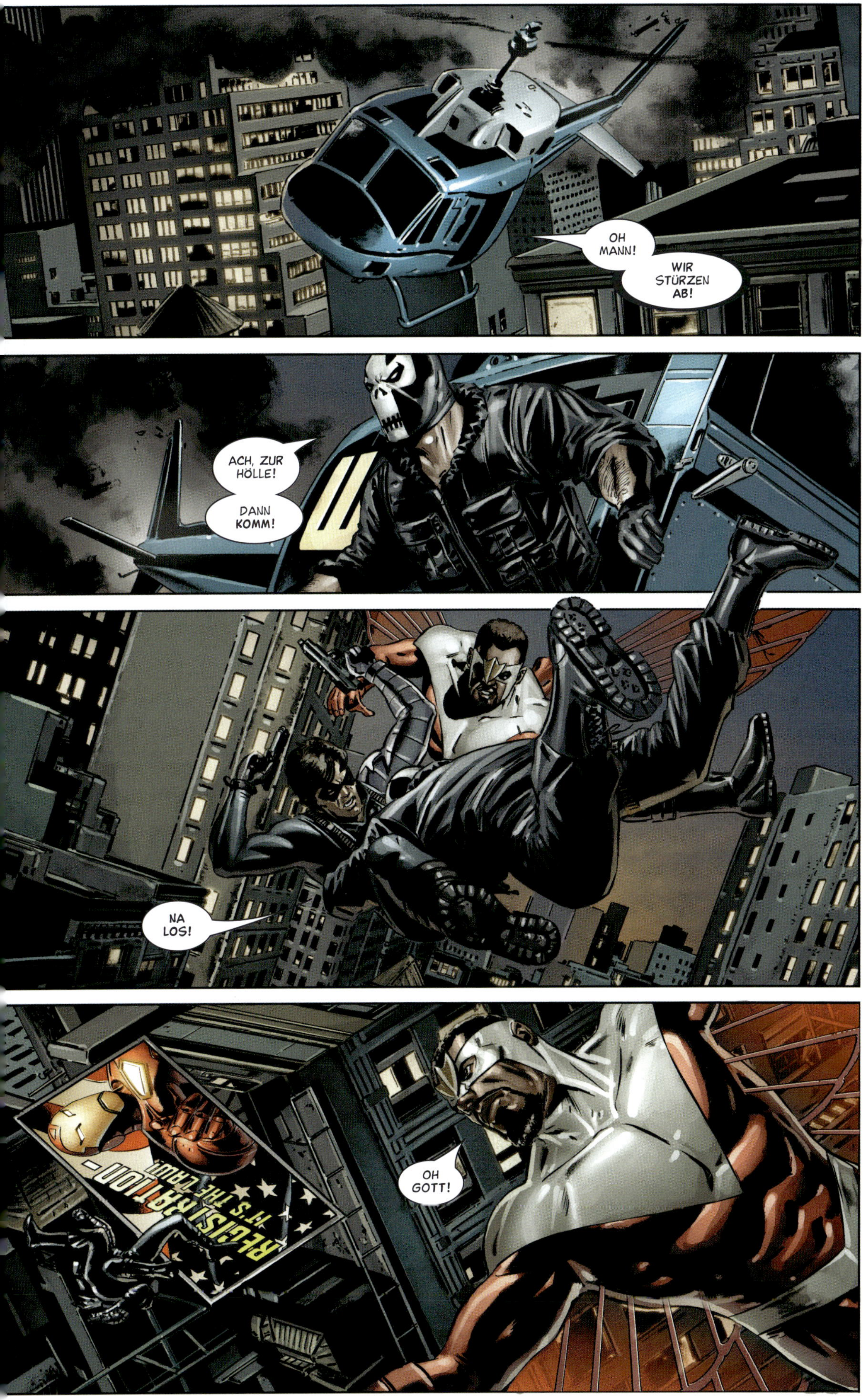
OH MANN!
WIR STÜRZEN AB!
ACH, ZUR HÖLLE!
DANN KOMM!
NA LOS!
REGISTRATION - IT'S THE LAW
OH GOTT!

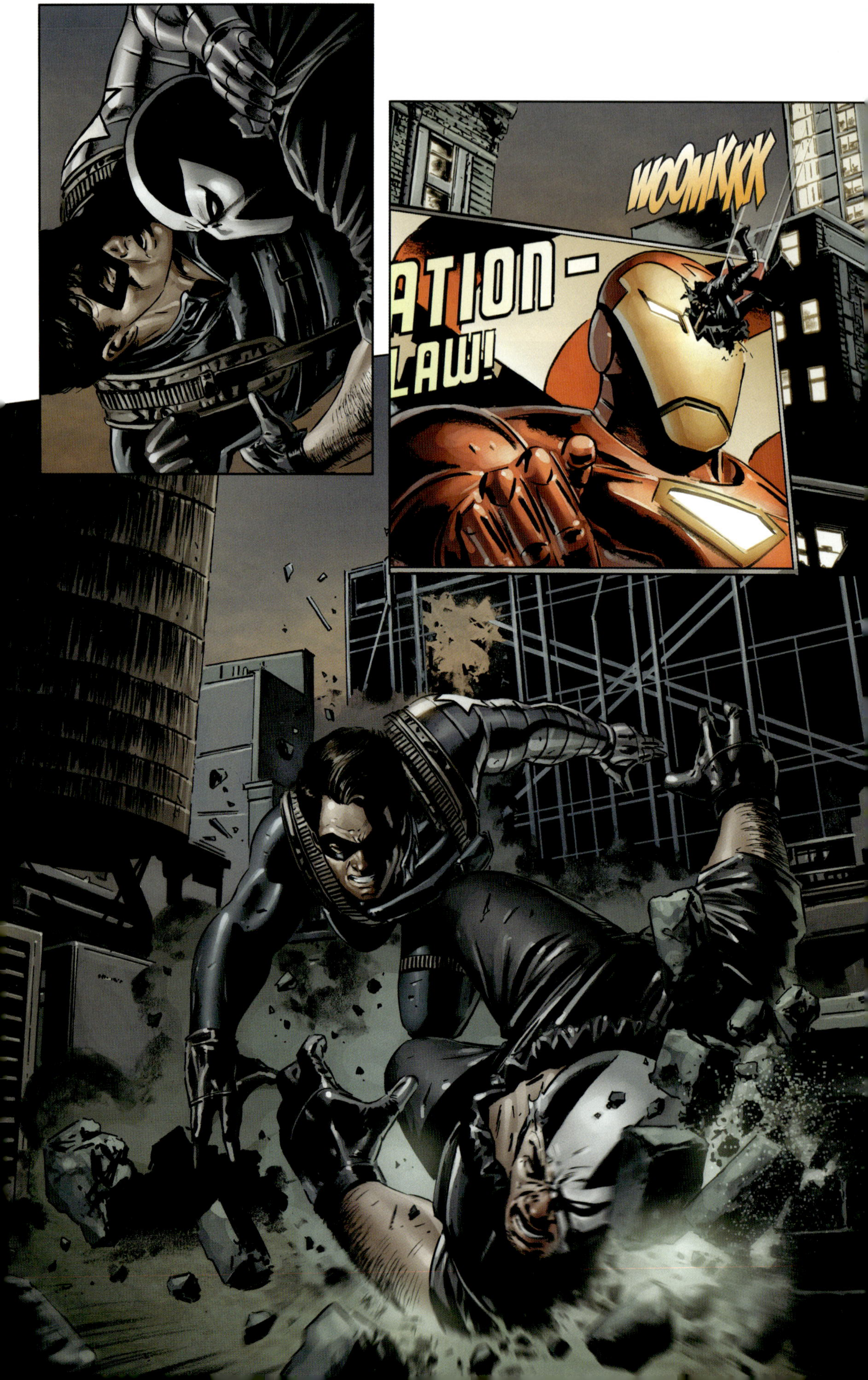
WOOMKKK
ATION-
LAW!

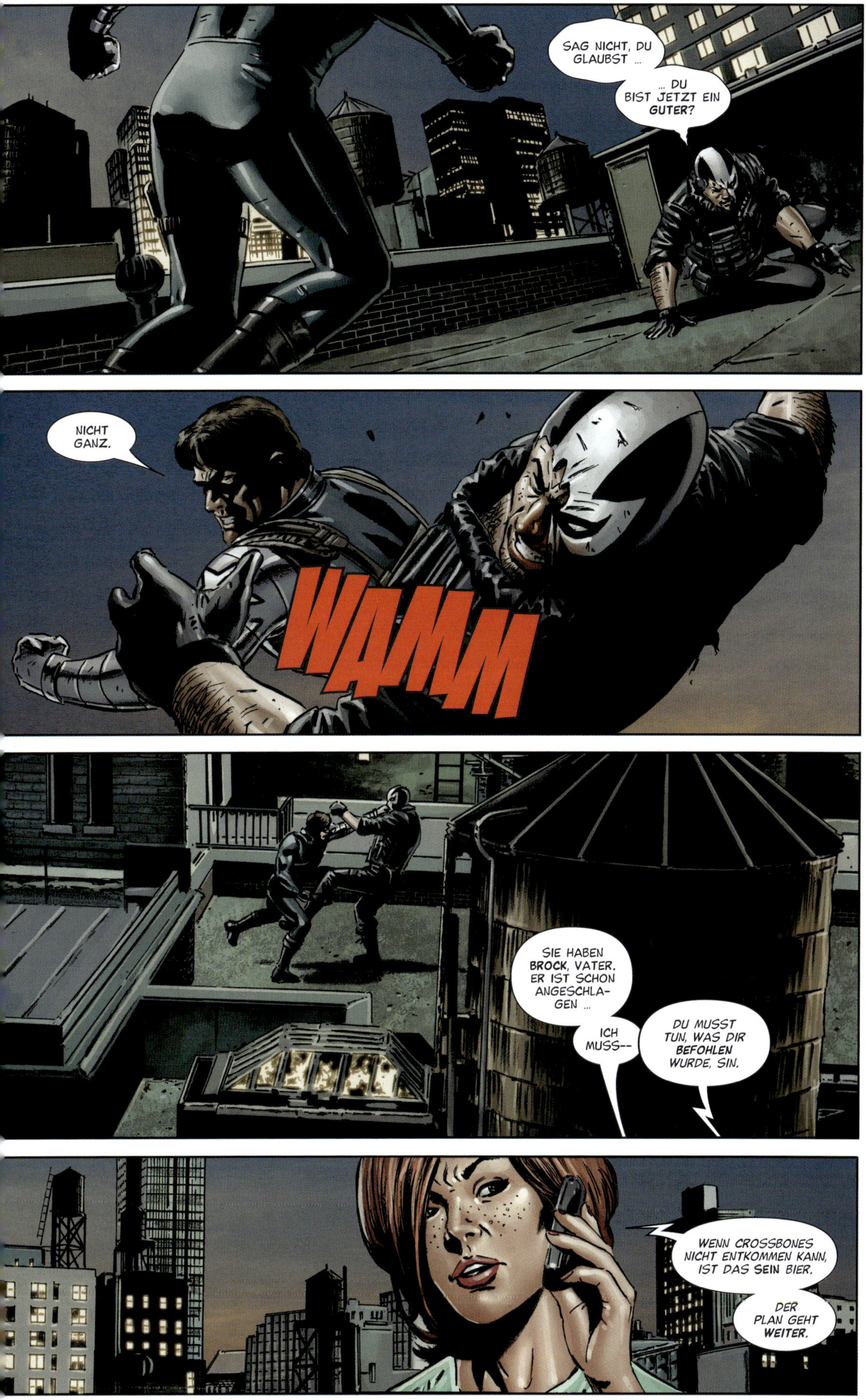
SAG NICHT, DU GLAUBST ...
... DU BIST JETZT EIN GUTER?
NICHT GANZ.
WAMM
SIE HABEN BROCK, VATER. ER IST SCHON ANGESCHLA-GEN ...
ICH MUSS--
DU MUSST TUN, WAS DIR BEFOHLEN WURDE, SIN.
WENN CROSSBONES NICHT ENTKOMMEN KANN, IST DAS SEIN BIER.
DER PLAN GEHT WEITER.

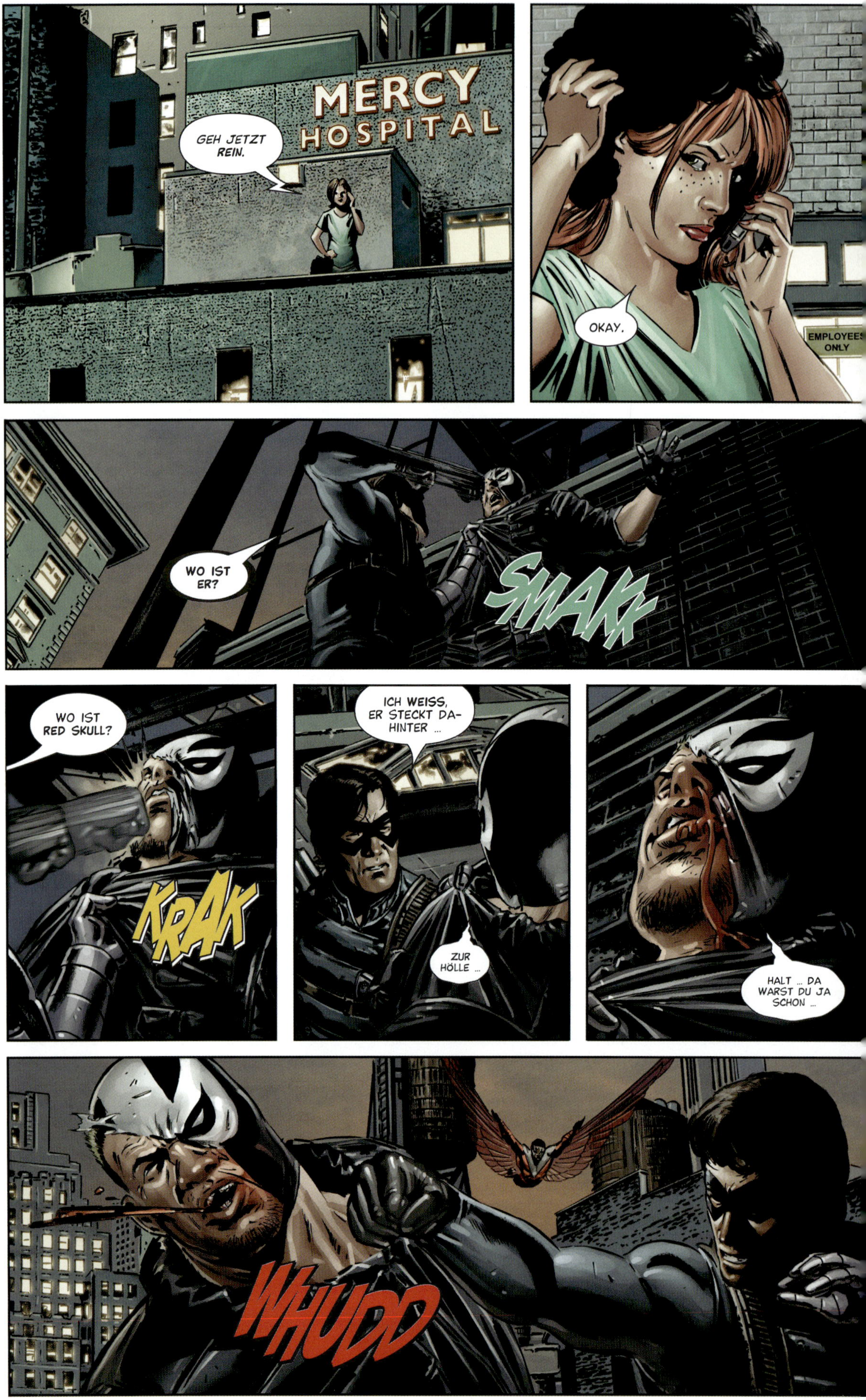
MERCY HOSPITAL
GEH JETZT REIN.
OKAY.
EMPLOYEES ONLY
WO IST ER?
SMAKK
WO IST RED SKULL?
KRAK
ICH WEISS, ER STECKT DAHINTER ...
ZUR HÖLLE ...
HALT ... DA WARST DU JA SCHON ...
WHUDD

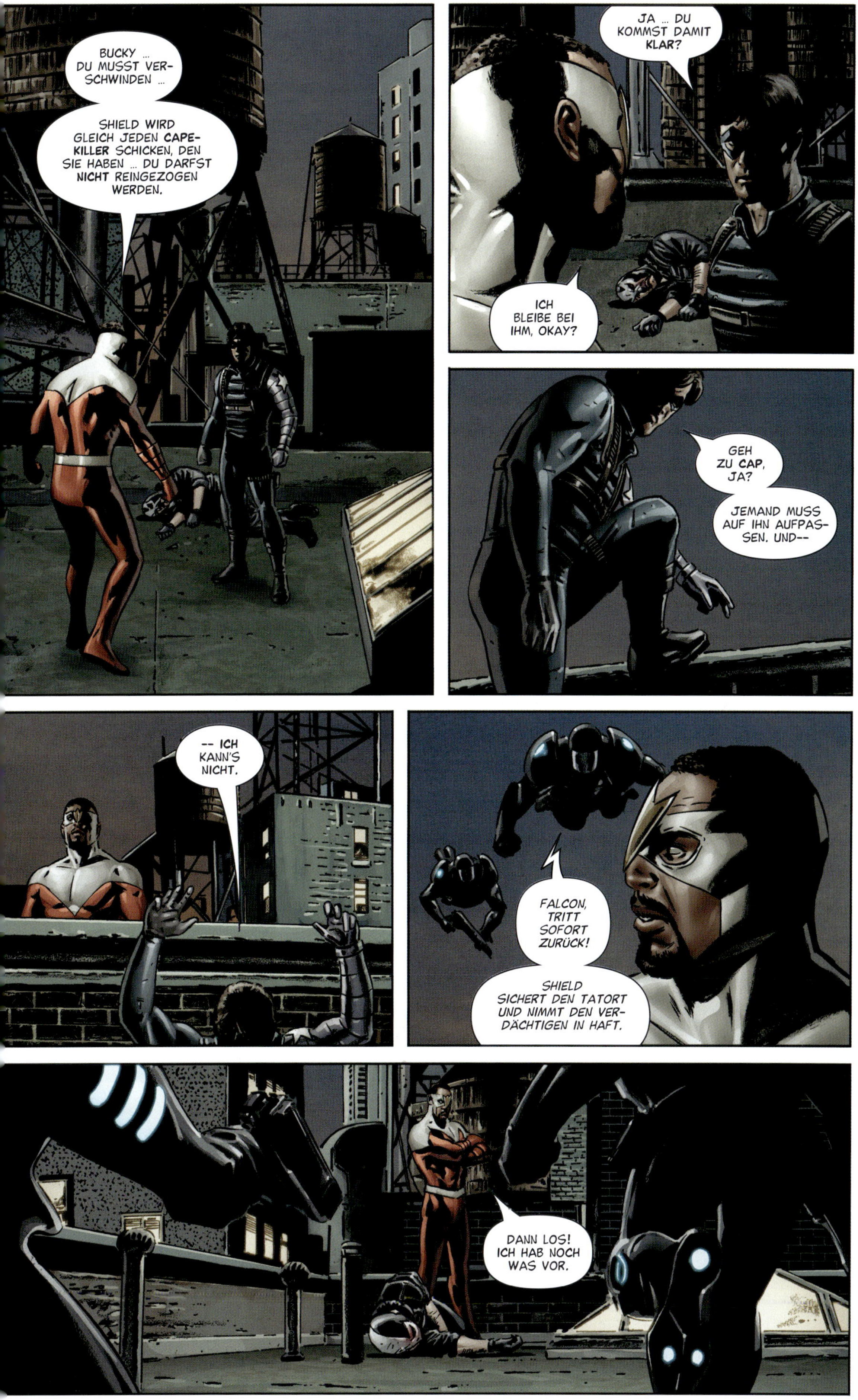
BUCKY ... DU MUSST VERSCHWINDEN ...
SHIELD WIRD GLEICH JEDEN CAPE-KILLER SCHICKEN, DEN SIE HABEN ... DU DARFST NICHT REINGEZOGEN WERDEN.
JA ... DU KOMMST DAMIT KLAR?
ICH BLEIBE BEI IHM, OKAY?
GEH ZU CAP, JA?
JEMAND MUSS AUF IHN AUFPASSEN. UND--
-- ICH KANN'S NICHT.
FALCON, TRITT SOFORT ZURÜCK!
SHIELD SICHERT DEN TATORT UND NIMMT DEN VERDÄCHTIGEN IN HAFT.
DANN LOS! ICH HAB NOCH WAS VOR.

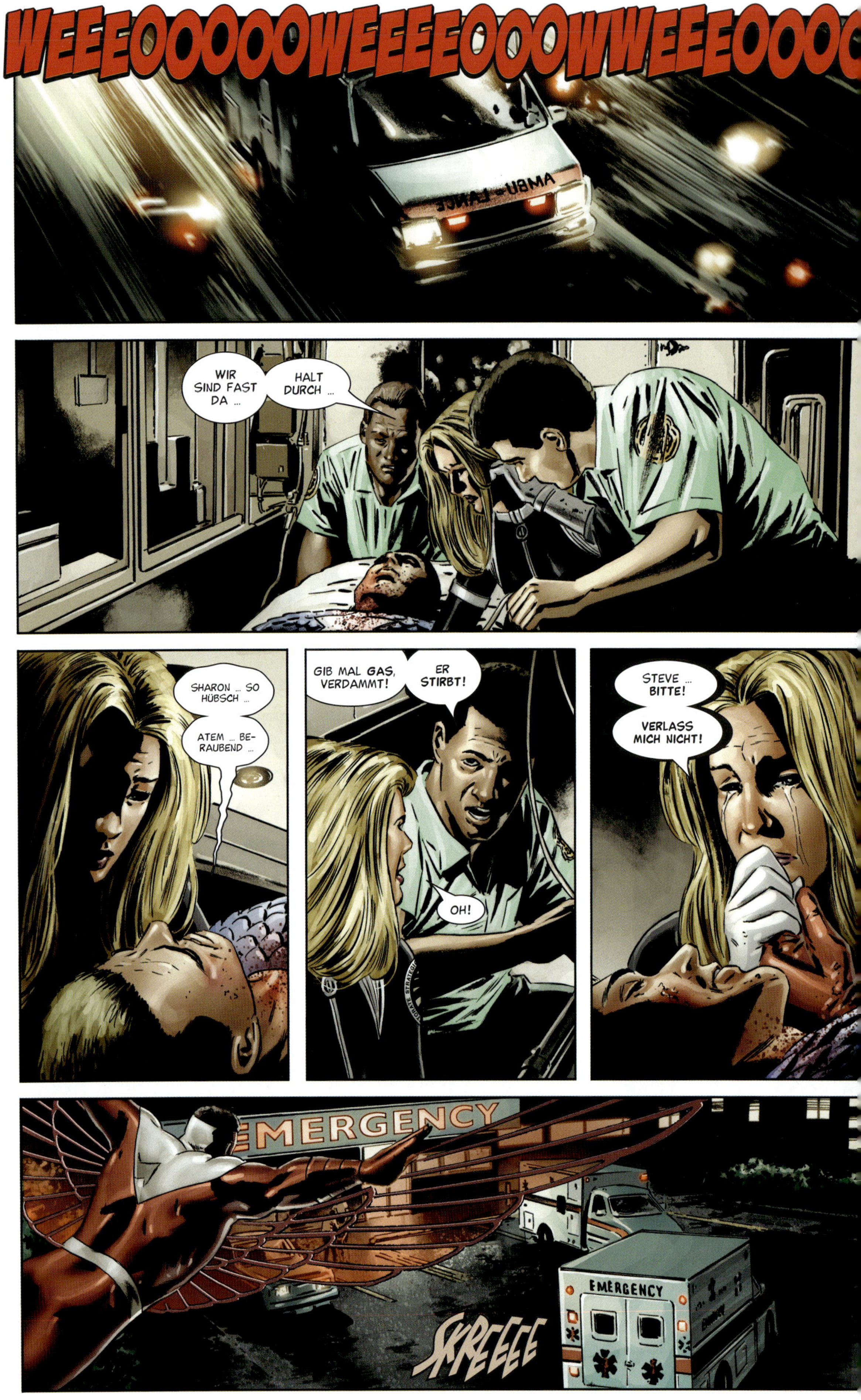
WEEEOOOOOWEEEEOOOWWEEEOOOO
AMBU-LANCE
WIR SIND FAST DA ...
HALT DURCH ...
SHARON ... SO HÜBSCH ...
ATEM ... BE-RAUBEND ...
GIB MAL GAS, VERDAMMT!
ER STIRBT!
OH!
STEVE ... BITTE!
VERLASS MICH NICHT!
EMERGENCY
EMERGENCY
SKREEEE

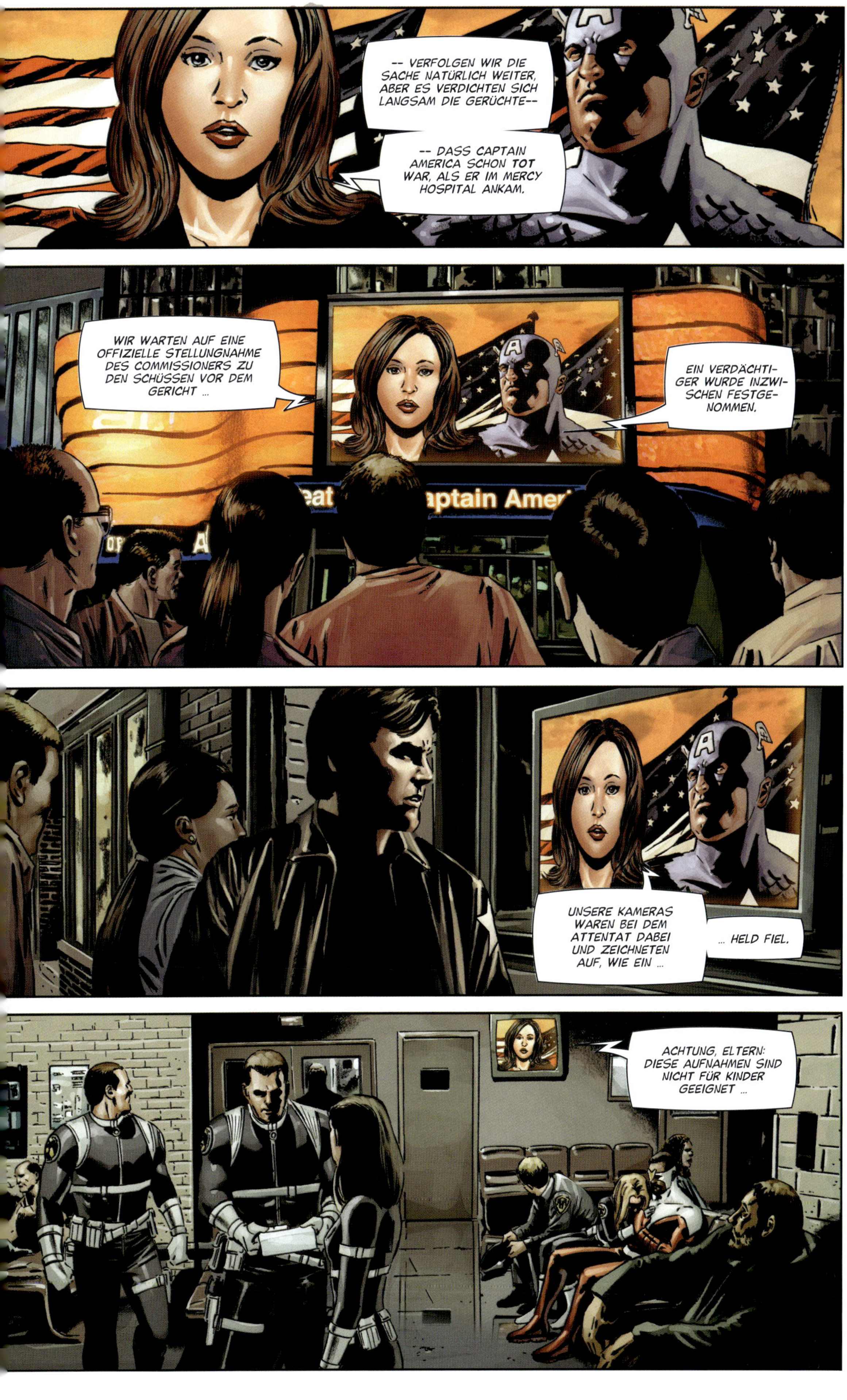
-- VERFOLGEN WIR DIE SACHE NATÜRLICH WEITER, ABER ES VERDICHTEN SICH LANGSAM DIE GERÜCHTE--
-- DASS CAPTAIN AMERICA SCHON TOT WAR, ALS ER IM MERCY HOSPITAL ANKAM.
WIR WARTEN AUF EINE OFFIZIELLE STELLUNGNAHME DES COMMISSIONERS ZU DEN SCHÜSSEN VOR DEM GERICHT ...
EIN VERDÄCHTIGER WURDE INZWISCHEN FESTGENOMMEN.
UNSERE KAMERAS WAREN BEI DEM ATTENTAT DABEI UND ZEICHNETEN AUF, WIE EIN ...
... HELD FIEL.
ACHTUNG, ELTERN: DIESE AUFNAHMEN SIND NICHT FÜR KINDER GEEIGNET ...

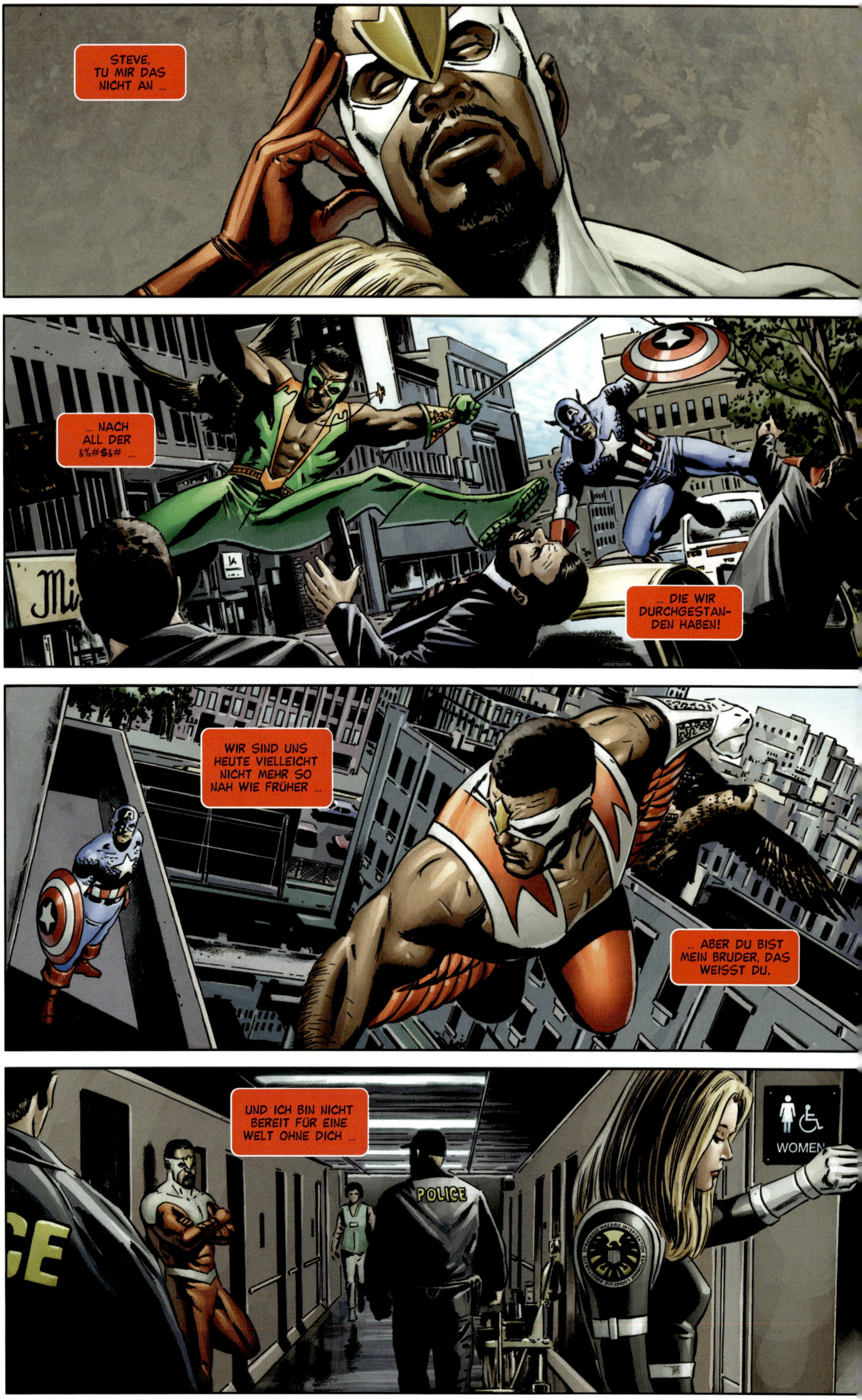
STEVE, TU MIR DAS NICHT AN ...
... NACH ALL DER &%#$&# ...
... DIE WIR DURCHGESTANDEN HABEN!
WIR SIND UNS HEUTE VIELLEICHT NICHT MEHR SO NAH WIE FRÜHER ...
... ABER DU BIST MEIN BRUDER, DAS WEISST DU.
UND ICH BIN NICHT BEREIT FÜR EINE WELT OHNE DICH ...
WOMEN
POLICE

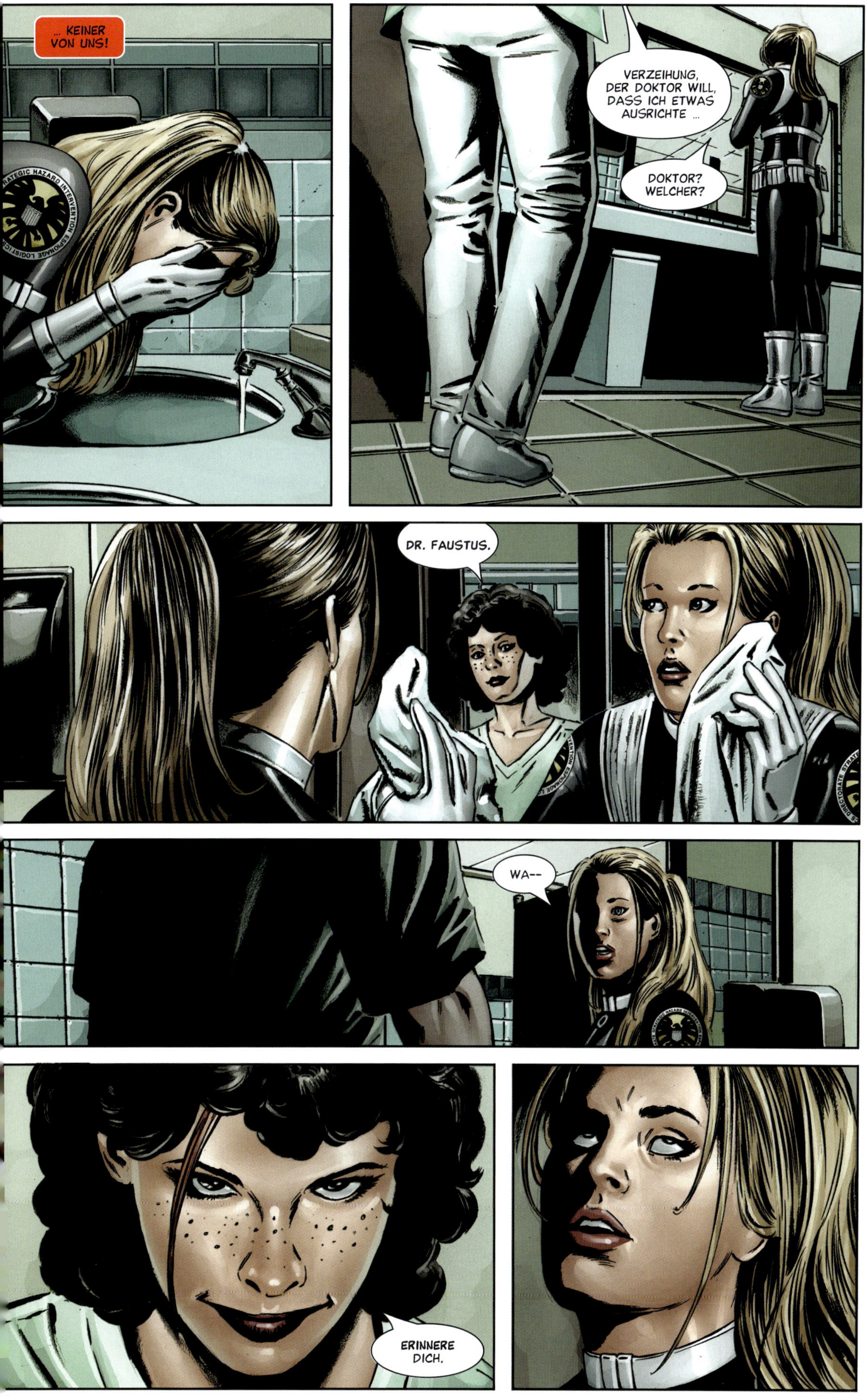
... KEINER VON UNS!
VERZEIHUNG, DER DOKTOR WILL, DASS ICH ETWAS AUSRICHTE ...
DOKTOR? WELCHER?
DR. FAUSTUS.
WA--
ERINNERE DICH.

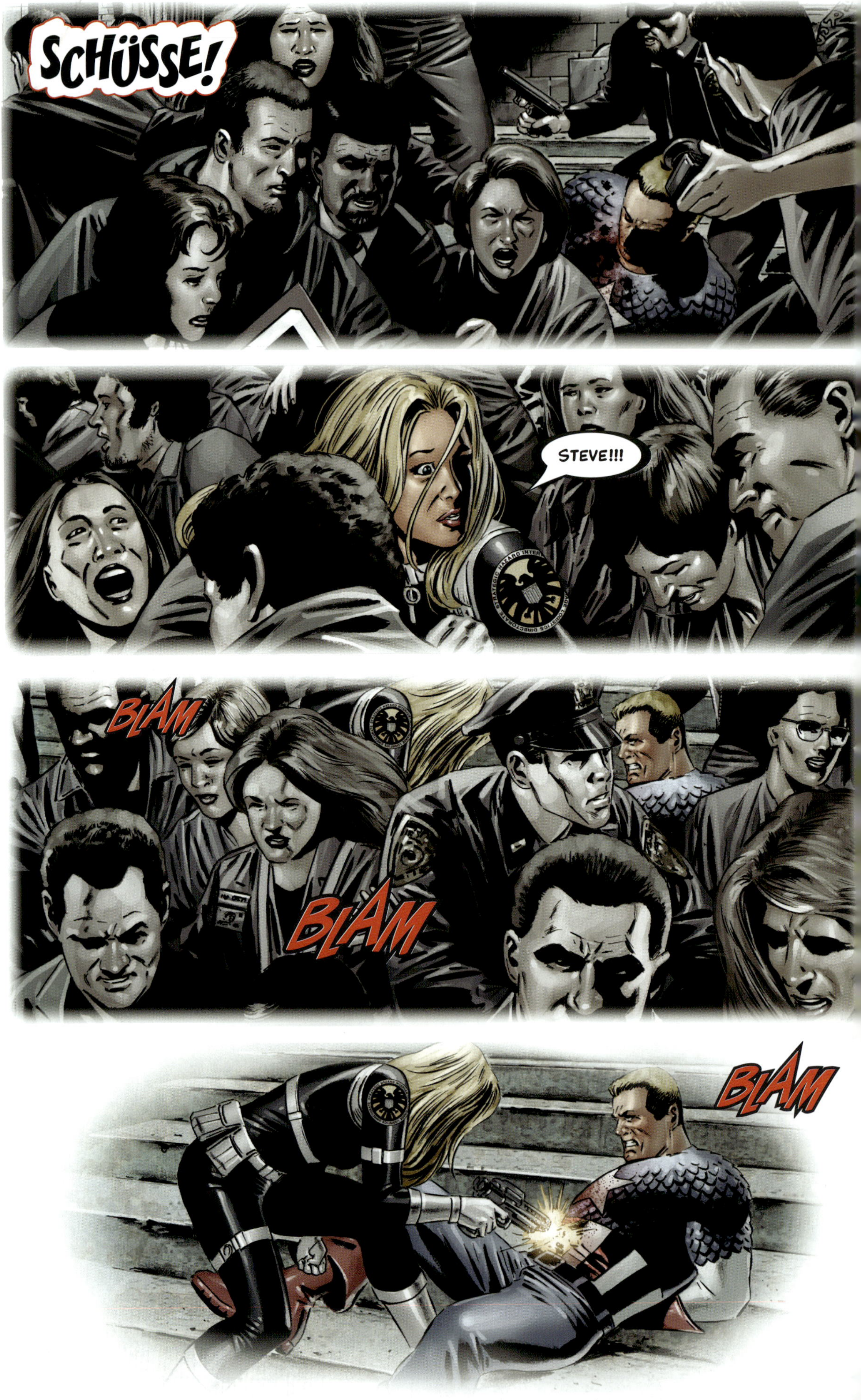
SCHÜSSE!
STEVE!!!
BLAM
BLAM
BLAM

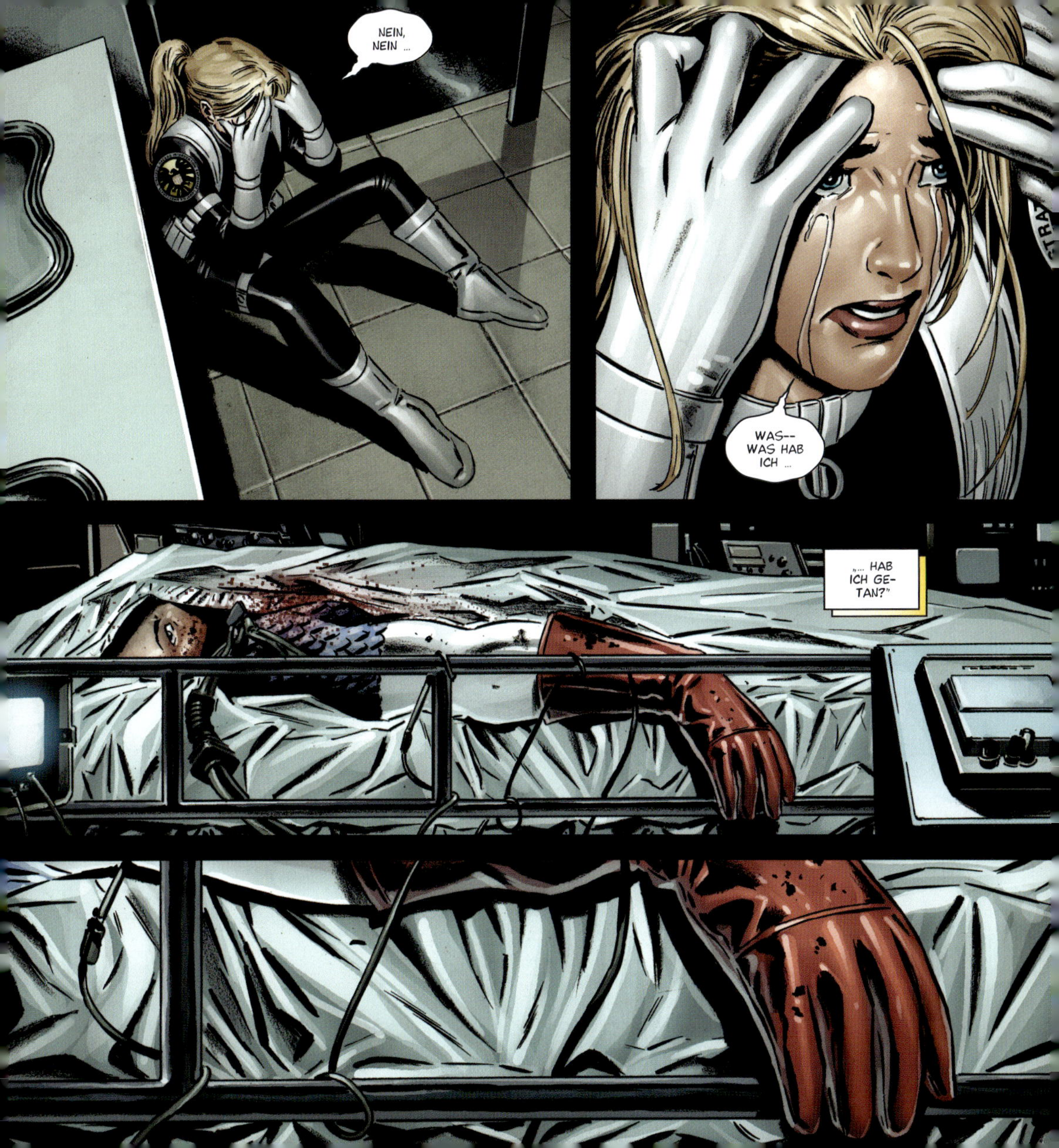
NEIN, NEIN ...
WAS-- WAS HAB ICH ...
„... HAB ICH GE-TAN?"

DER TOD EINES TRAUMS, TEIL 2

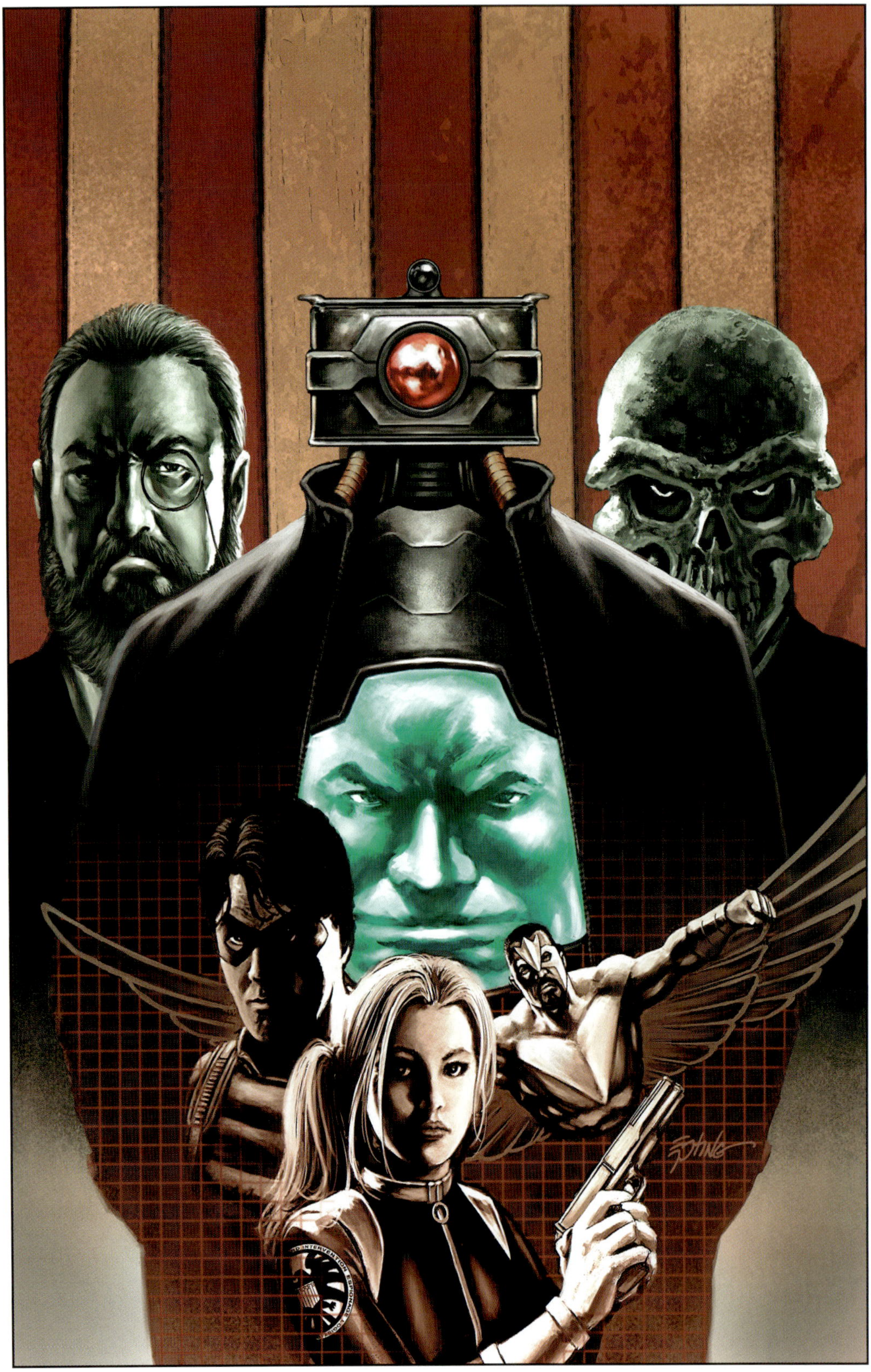

Captain America (2005) 26
Cover von **STEVE EPTING**

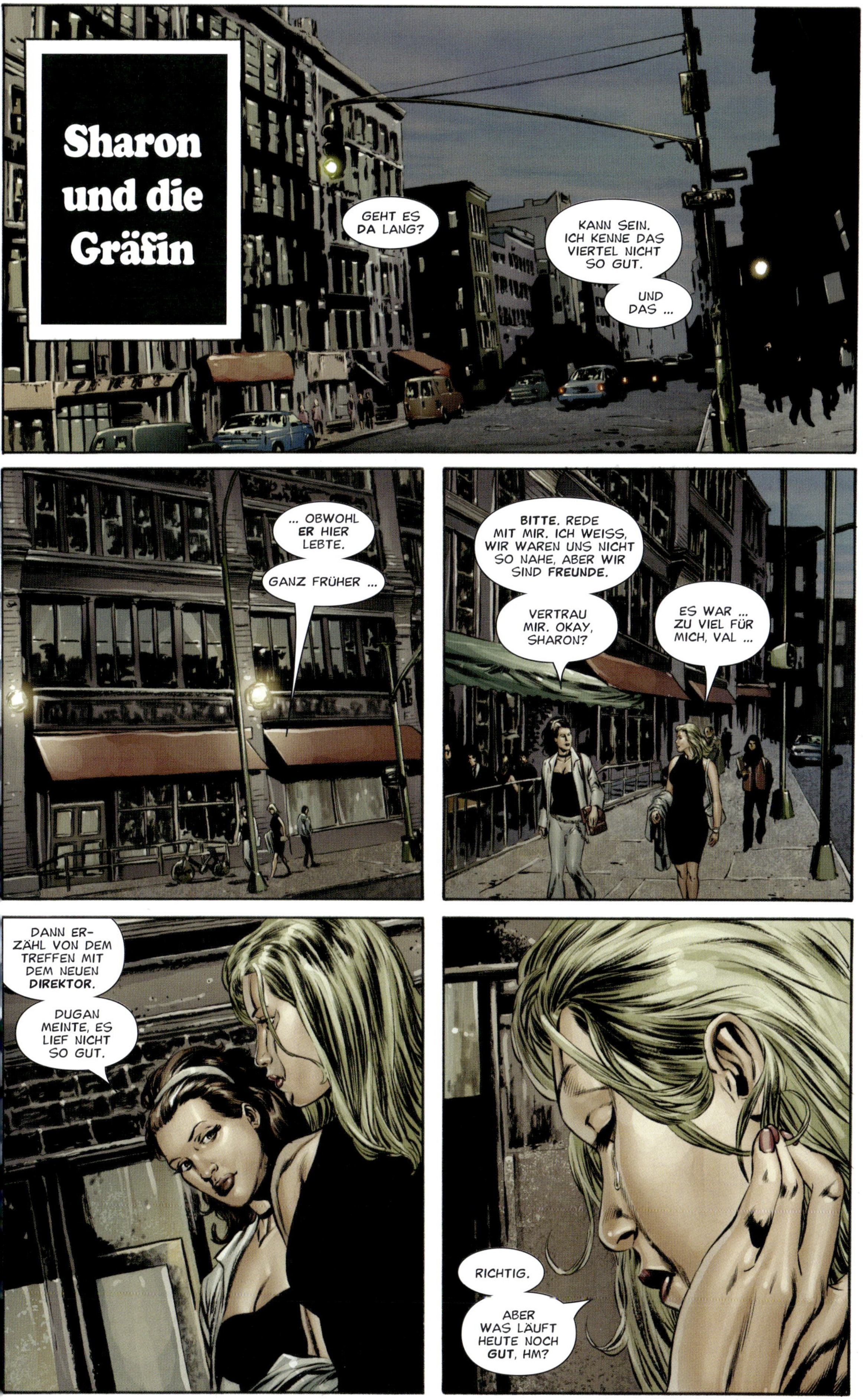
Sharon und die Gräfin
GEHT ES DA LANG?
KANN SEIN. ICH KENNE DAS VIERTEL NICHT SO GUT.
UND DAS ...
... OBWOHL ER HIER LEBTE.
GANZ FRÜHER ...
BITTE. REDE MIT MIR. ICH WEISS, WIR WAREN UNS NICHT SO NAHE, ABER WIR SIND FREUNDE.
VERTRAU MIR. OKAY, SHARON?
ES WAR ... ZU VIEL FÜR MICH, VAL ...
DANN ERZÄHL VON DEM TREFFEN MIT DEM NEUEN DIREKTOR.
DUGAN MEINTE, ES LIEF NICHT SO GUT.
RICHTIG.
ABER WAS LÄUFT HEUTE NOCH GUT, HM?

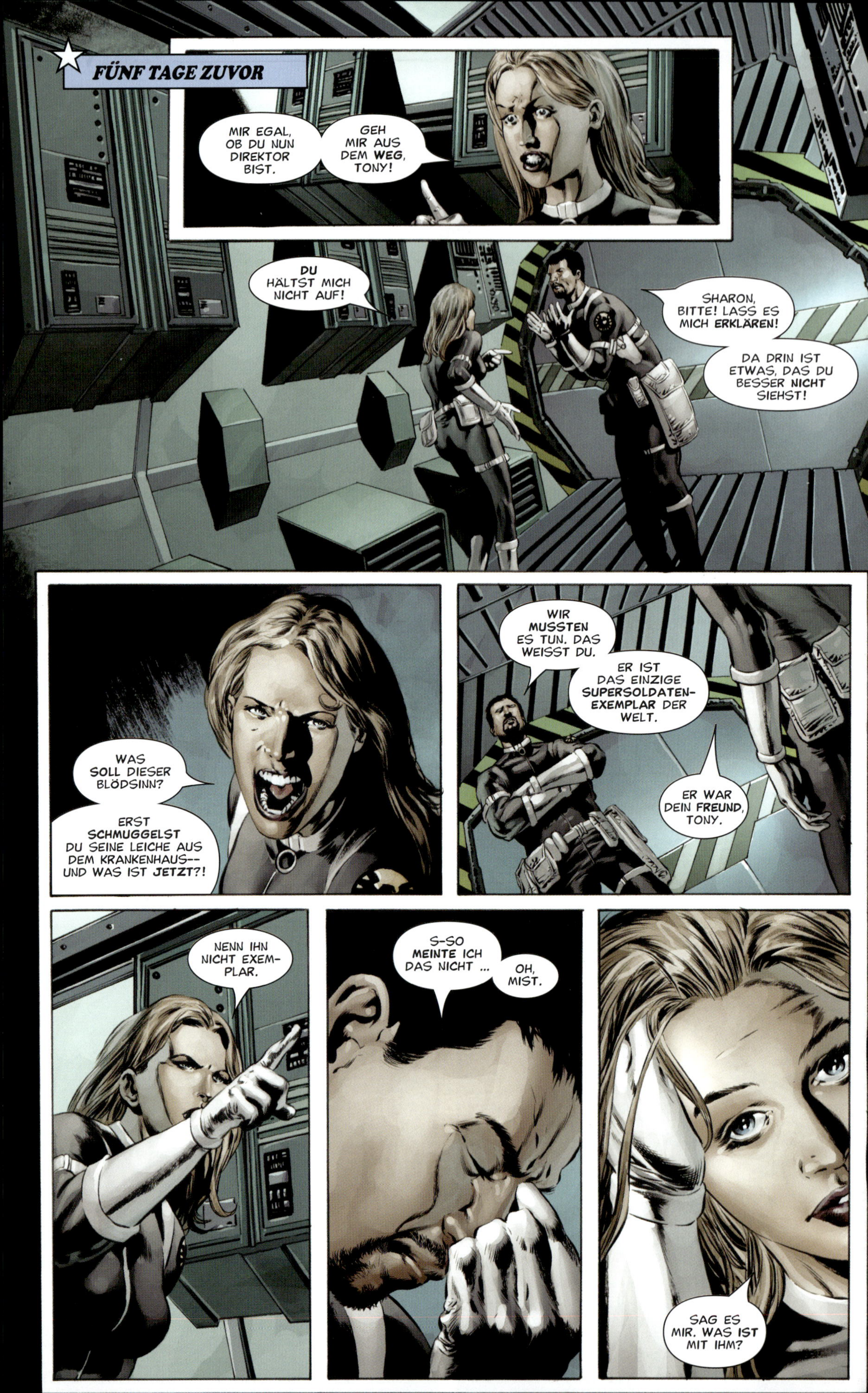
FÜNF TAGE ZUVOR
MIR EGAL, OB DU NUN DIREKTOR BIST.
GEH MIR AUS DEM WEG, TONY!
DU HÄLTST MICH NICHT AUF!
SHARON, BITTE! LASS ES MICH ERKLÄREN!
DA DRIN IST ETWAS, DAS DU BESSER NICHT SIEHST!
WAS SOLL DIESER BLÖDSINN?
ERST SCHMUGGELST DU SEINE LEICHE AUS DEM KRANKENHAUS-- UND WAS IST JETZT?!
WIR MUSSTEN ES TUN. DAS WEISST DU.
ER IST DAS EINZIGE SUPERSOLDATEN-EXEMPLAR DER WELT.
ER WAR DEIN FREUND, TONY.
NENN IHN NICHT EXEM-PLAR.
S-SO MEINTE ICH DAS NICHT ...
OH, MIST.
SAG ES MIR. WAS IST MIT IHM?

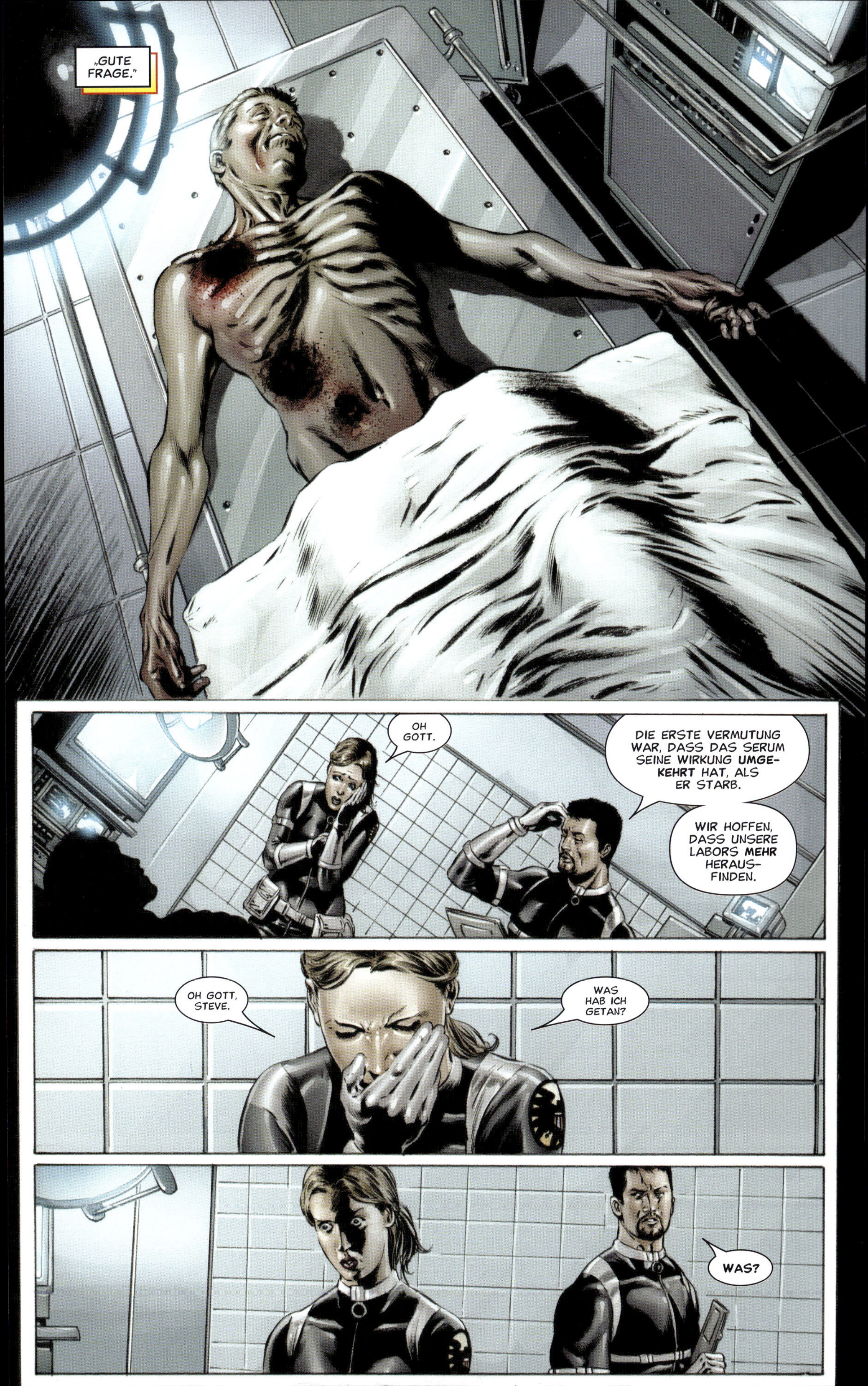
„GUTE FRAGE."
OH GOTT.
DIE ERSTE VERMUTUNG WAR, DASS DAS SERUM SEINE WIRKUNG UMGEKEHRT HAT, ALS ER STARB.
WIR HOFFEN, DASS UNSERE LABORS MEHR HERAUSFINDEN.
OH GOTT, STEVE.
WAS HAB ICH GETAN?
WAS?

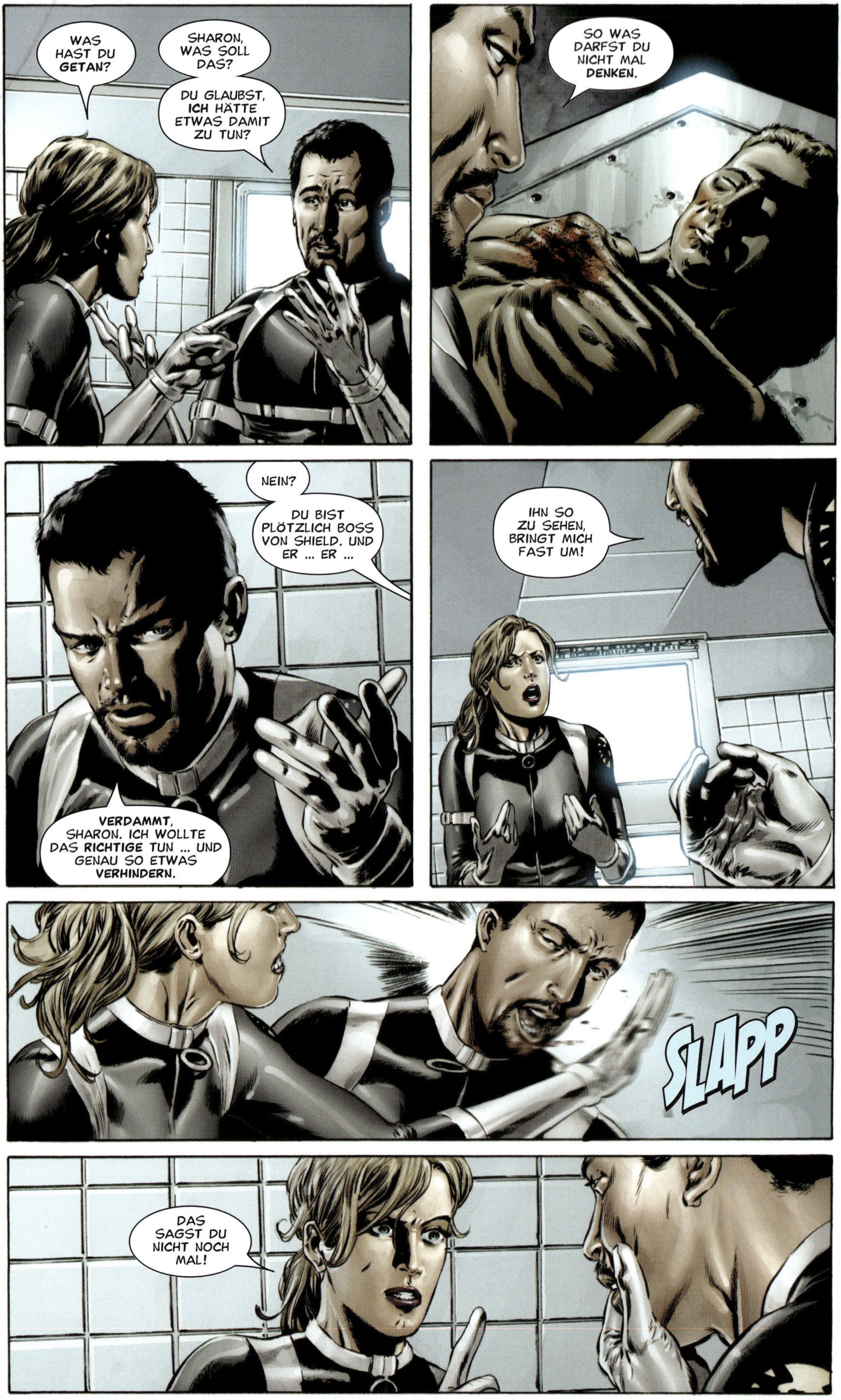
WAS HAST DU GETAN?
SHARON, WAS SOLL DAS?
DU GLAUBST, ICH HÄTTE ETWAS DAMIT ZU TUN?
SO WAS DARFST DU NICHT MAL DENKEN.
NEIN?
DU BIST PLÖTZLICH BOSS VON SHIELD. UND ER ... ER ...
VERDAMMT, SHARON. ICH WOLLTE DAS RICHTIGE TUN ... UND GENAU SO ETWAS VERHINDERN.
IHN SO ZU SEHEN, BRINGT MICH FAST UM!
SLAPP
DAS SAGST DU NICHT NOCH MAL!

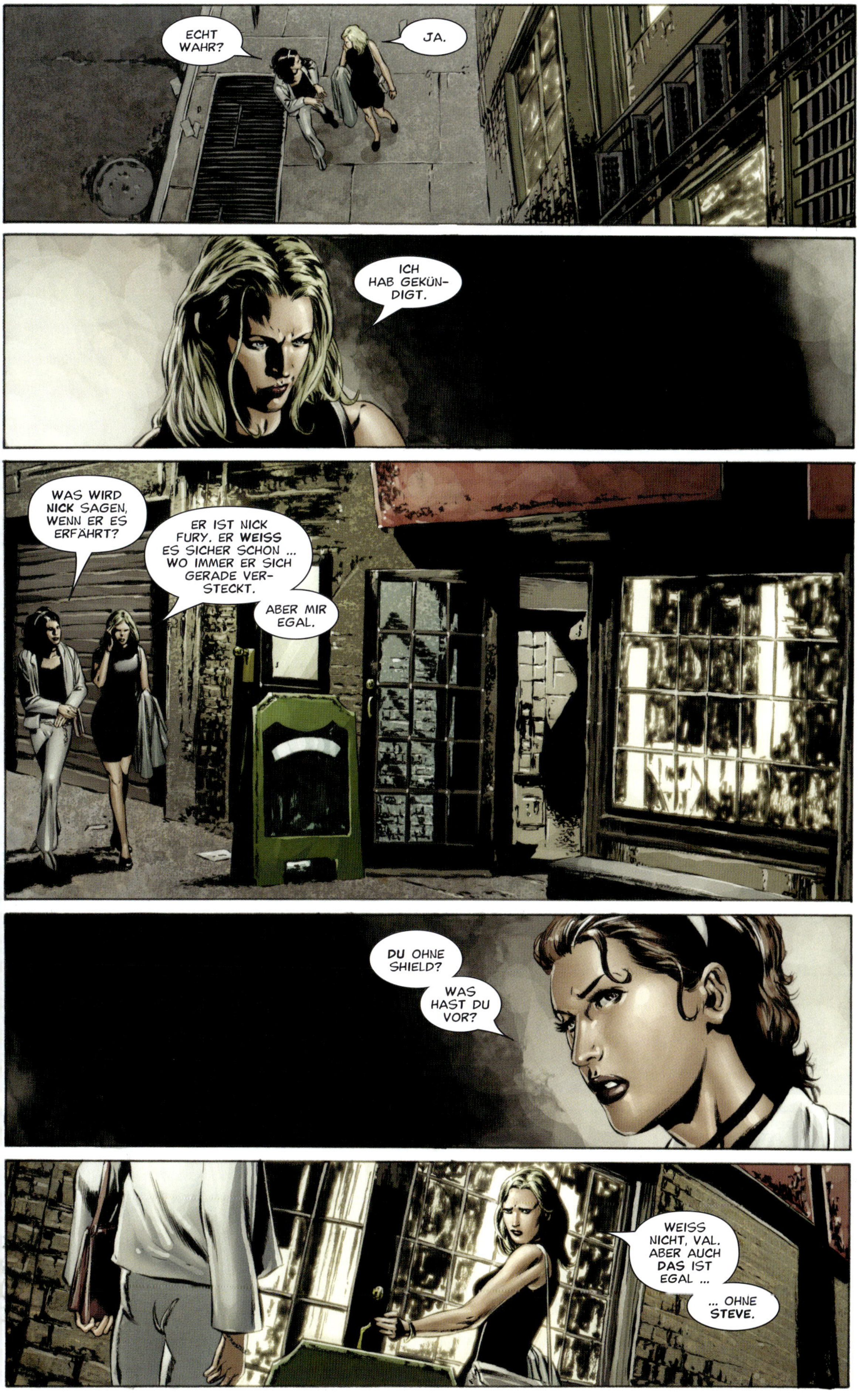
ECHT WAHR?
JA.
ICH HAB GEKÜNDIGT.
WAS WIRD NICK SAGEN, WENN ER ES ERFÄHRT?
ER IST NICK FURY. ER WEISS ES SICHER SCHON ... WO IMMER ER SICH GERADE VERSTECKT.
ABER MIR EGAL.
DU OHNE SHIELD?
WAS HAST DU VOR?
WEISS NICHT, VAL. ABER AUCH DAS IST EGAL ...
... OHNE STEVE.

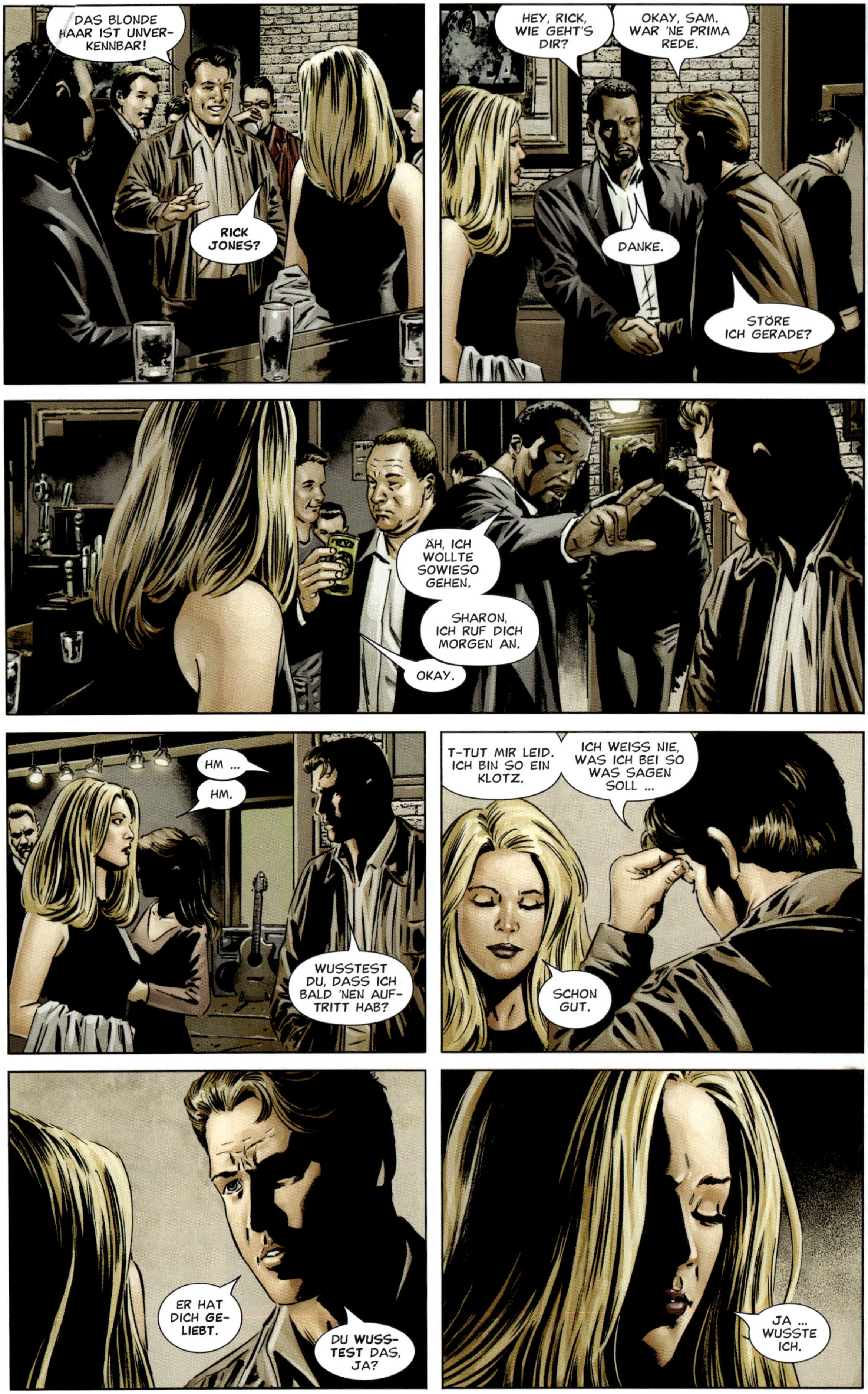
DAS BLONDE HAAR IST UNVERKENNBAR!
RICK JONES?
HEY, RICK, WIE GEHT'S DIR?
OKAY, SAM. WAR 'NE PRIMA REDE.
DANKE.
STÖRE ICH GERADE?
ÄH, ICH WOLLTE SOWIESO GEHEN.
SHARON, ICH RUF DICH MORGEN AN.
OKAY.
HM ...
HM.
WUSSTEST DU, DASS ICH BALD 'NEN AUFTRITT HAB?
T-TUT MIR LEID. ICH BIN SO EIN KLOTZ.
ICH WEISS NIE, WAS ICH BEI SO WAS SAGEN SOLL ...
SCHON GUT.
ER HAT DICH GELIEBT.
DU WUSSTEST DAS, JA?
JA ... WUSSTE ICH.

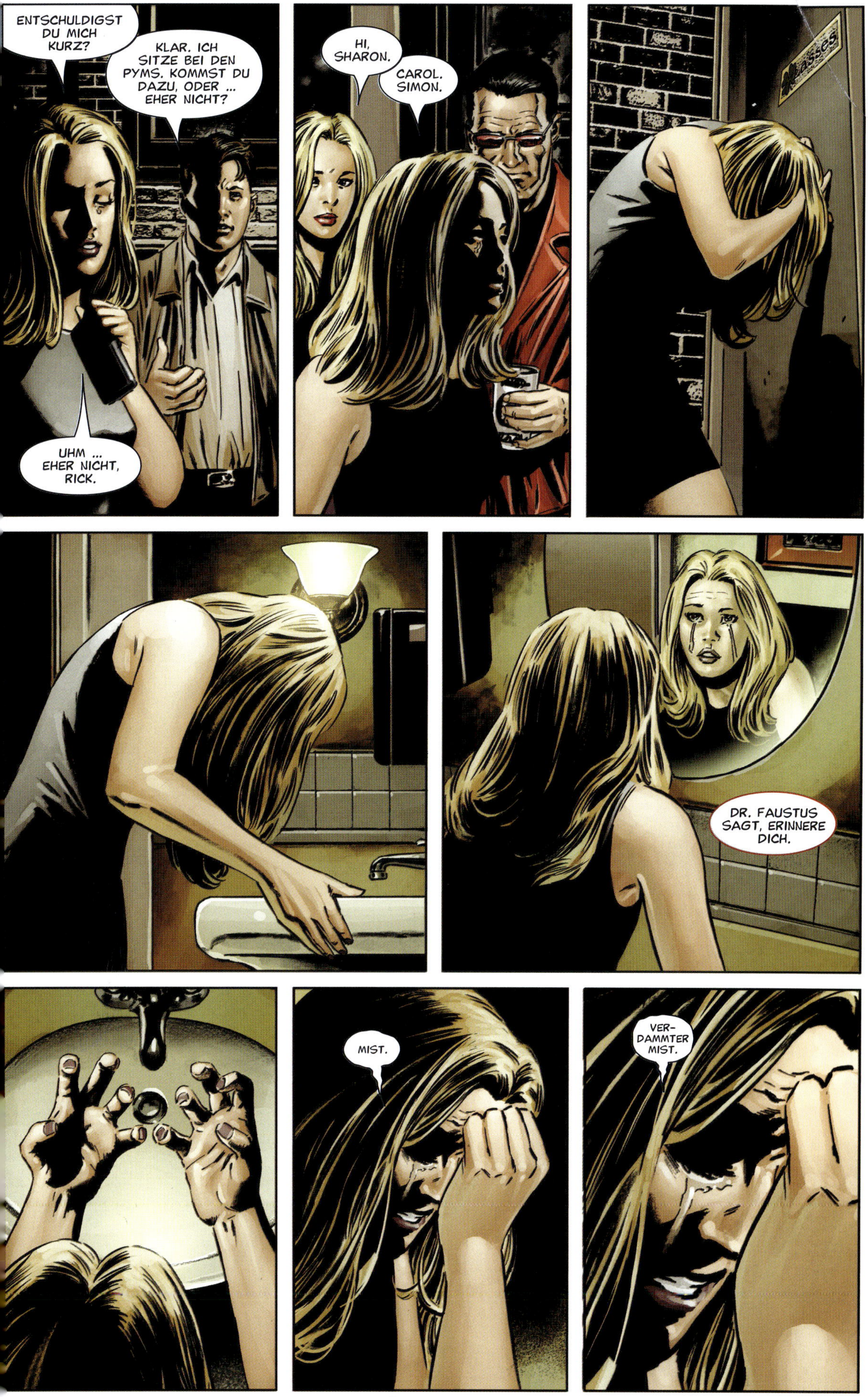
ENTSCHULDIGST DU MICH KURZ?
KLAR. ICH SITZE BEI DEN PYMS. KOMMST DU DAZU, ODER ... EHER NICHT?
UHM ... EHER NICHT, RICK.
HI, SHARON.
CAROL. SIMON.
DR. FAUSTUS SAGT, ERINNERE DICH.
MIST.
VERDAMMTER MIST.

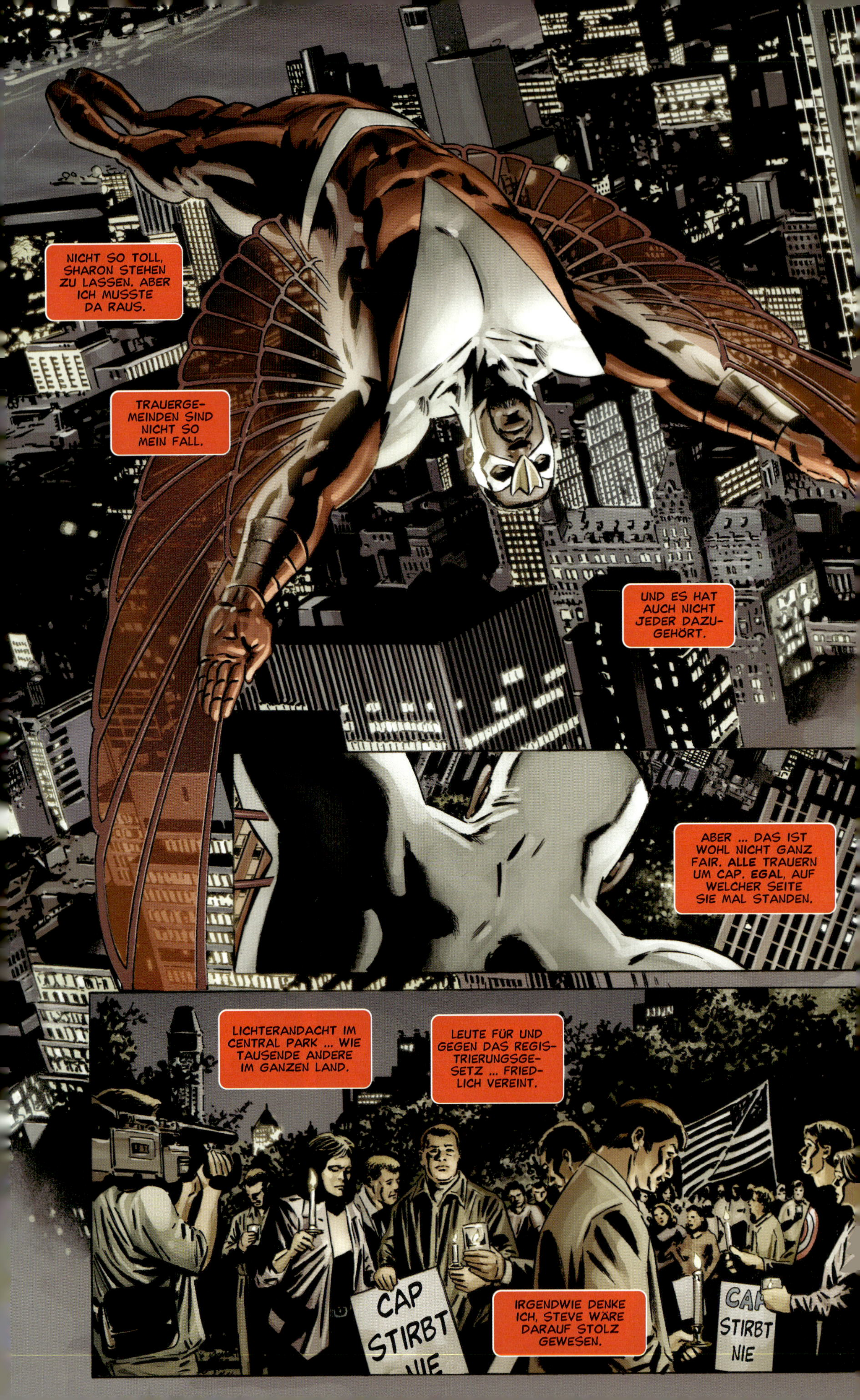
NICHT SO TOLL, SHARON STEHEN ZU LASSEN. ABER ICH MUSSTE DA RAUS.
TRAUERGE-MEINDEN SIND NICHT SO MEIN FALL.
UND ES HAT AUCH NICHT JEDER DAZU-GEHÖRT.
ABER ... DAS IST WOHL NICHT GANZ FAIR. ALLE TRAUERN UM CAP, EGAL, AUF WELCHER SEITE SIE MAL STANDEN.
LICHTERANDACHT IM CENTRAL PARK ... WIE TAUSENDE ANDERE IM GANZEN LAND.
LEUTE FÜR UND GEGEN DAS REGIS-TRIERUNGSGE-SETZ ... FRIED-LICH VEREINT.
CAP STIRBT NIE
IRGENDWIE DENKE ICH, STEVE WÄRE DARAUF STOLZ GEWESEN.
CAP STIRBT NIE

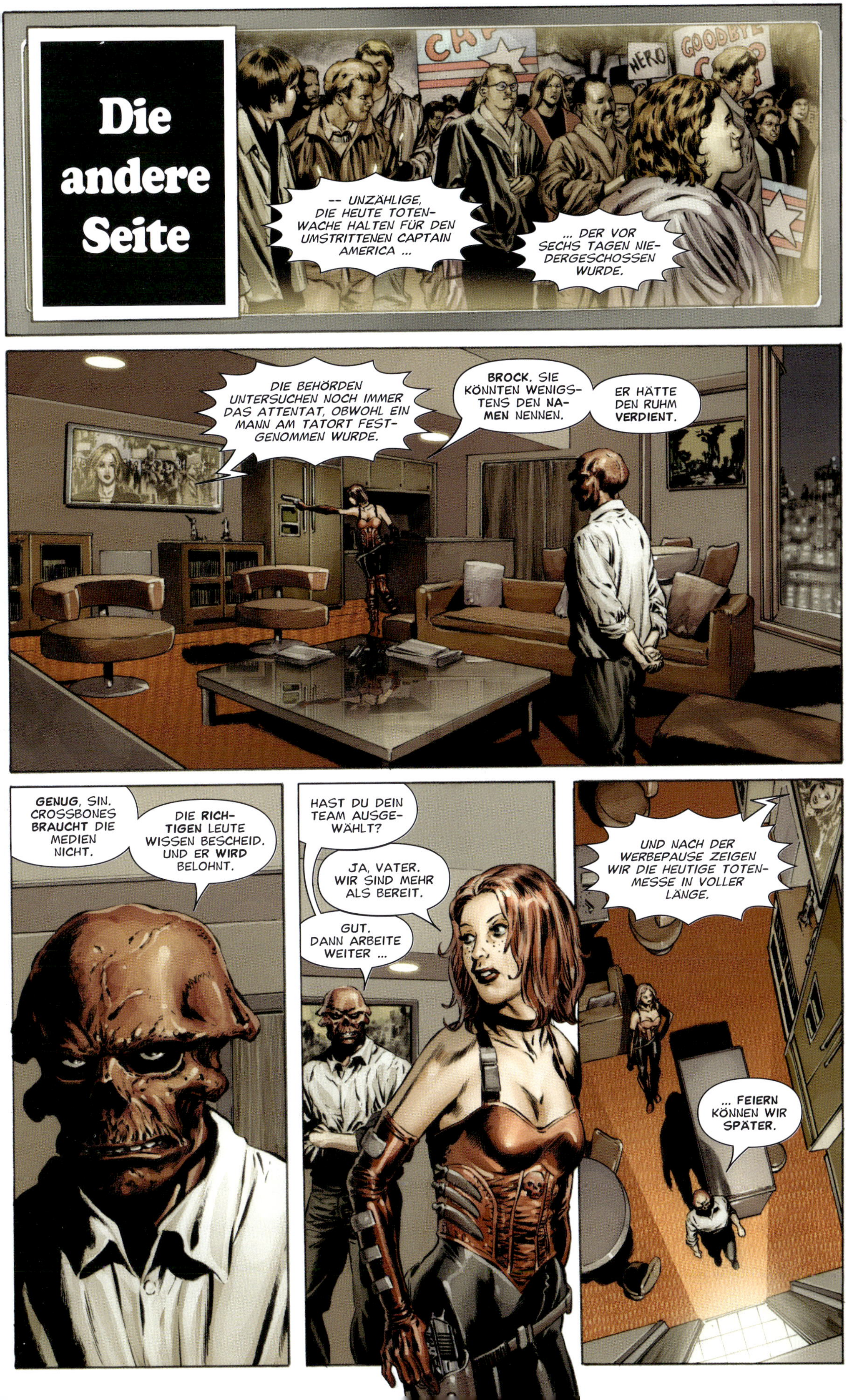
Die andere Seite
CAP
HERO
GOODBYE CAP
-- UNZÄHLIGE, DIE HEUTE TOTENWACHE HALTEN FÜR DEN UMSTRITTENEN CAPTAIN AMERICA ...
... DER VOR SECHS TAGEN NIEDERGESCHOSSEN WURDE.
DIE BEHÖRDEN UNTERSUCHEN NOCH IMMER DAS ATTENTAT, OBWOHL EIN MANN AM TATORT FESTGENOMMEN WURDE.
BROCK. SIE KÖNNTEN WENIGSTENS DEN NAMEN NENNEN.
ER HÄTTE DEN RUHM VERDIENT.
GENUG, SIN. CROSSBONES BRAUCHT DIE MEDIEN NICHT.
DIE RICHTIGEN LEUTE WISSEN BESCHEID. UND ER WIRD BELOHNT.
HAST DU DEIN TEAM AUSGEWÄHLT?
JA, VATER. WIR SIND MEHR ALS BEREIT.
GUT. DANN ARBEITE WEITER ...
UND NACH DER WERBEPAUSE ZEIGEN WIR DIE HEUTIGE TOTENMESSE IN VOLLER LÄNGE.
... FEIERN KÖNNEN WIR SPÄTER.

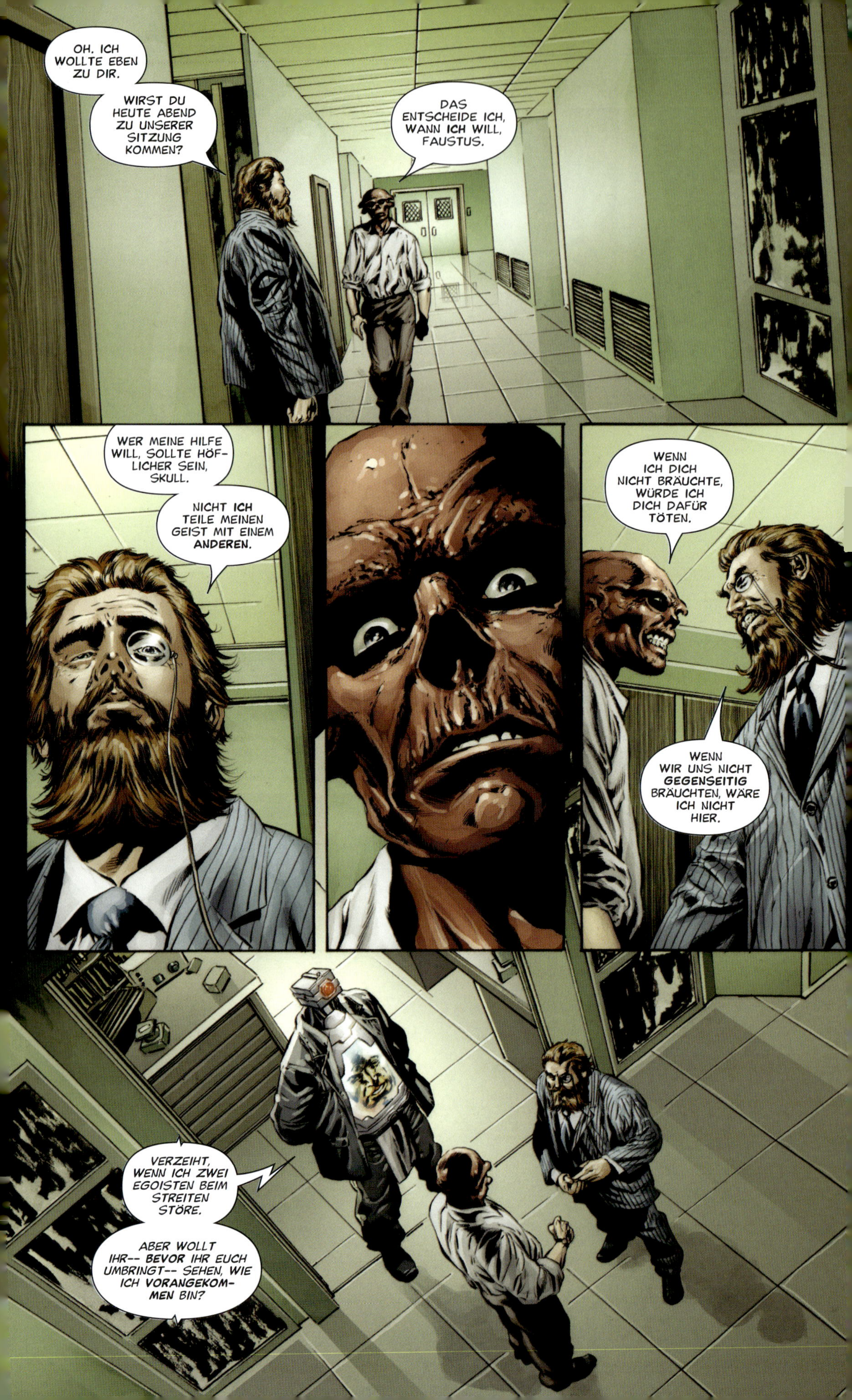

OH. ICH WOLLTE EBEN ZU DIR.
WIRST DU HEUTE ABEND ZU UNSERER SITZUNG KOMMEN?
DAS ENTSCHEIDE ICH, WANN ICH WILL, FAUSTUS.
WER MEINE HILFE WILL, SOLLTE HÖF-LICHER SEIN, SKULL.
NICHT ICH TEILE MEINEN GEIST MIT EINEM ANDEREN.
WENN ICH DICH NICHT BRÄUCHTE, WÜRDE ICH DICH DAFÜR TÖTEN.
WENN WIR UNS NICHT GEGENSEITIG BRÄUCHTEN, WÄRE ICH NICHT HIER.
VERZEIHT, WENN ICH ZWEI EGOISTEN BEIM STREITEN STÖRE.
ABER WOLLT IHR-- BEVOR IHR EUCH UMBRINGT-- SEHEN, WIE ICH VORANGEKOM-MEN BIN?

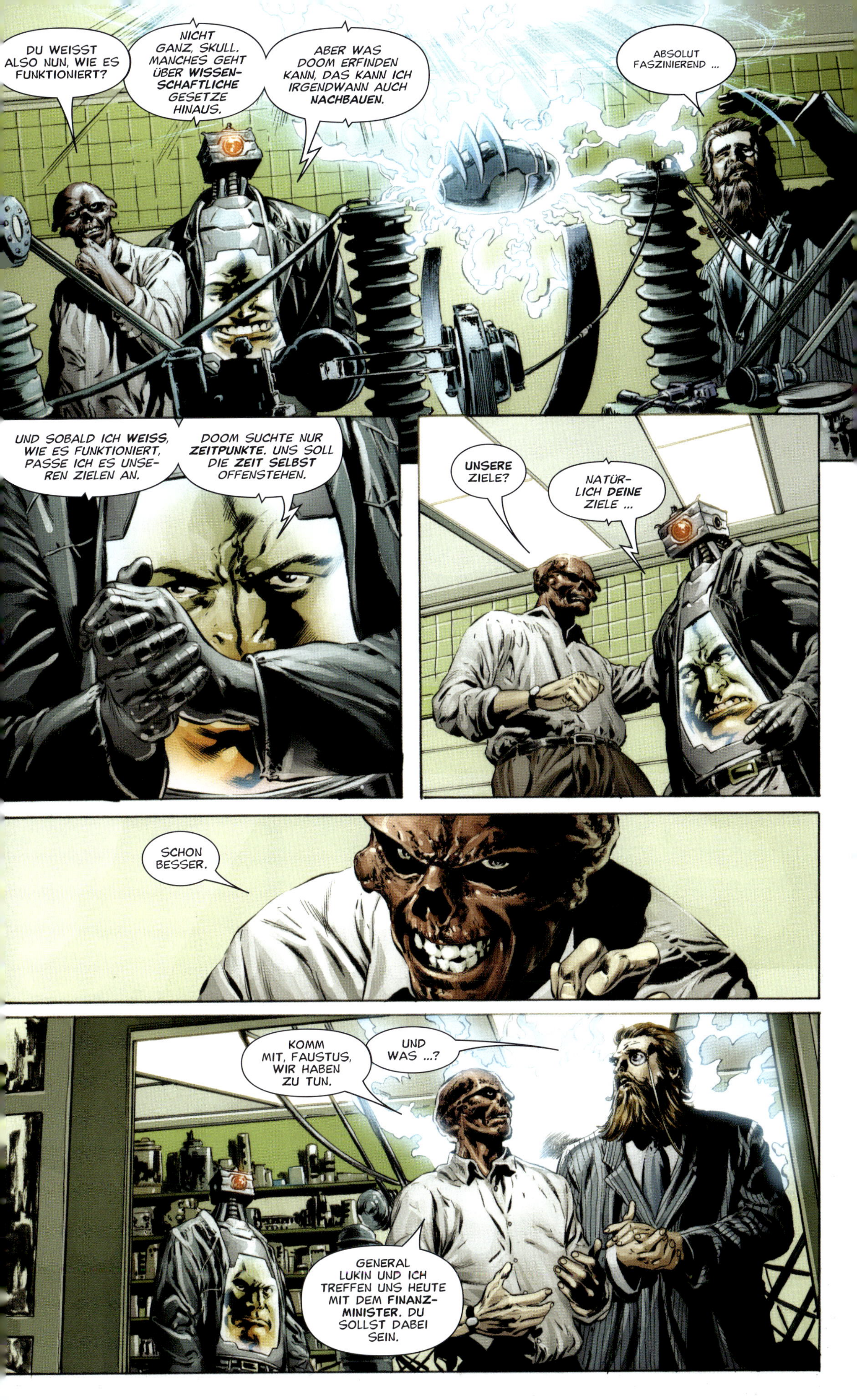

DU WEISST ALSO NUN, WIE ES FUNKTIONIERT?
NICHT GANZ, SKULL. MANCHES GEHT ÜBER WISSENSCHAFTLICHE GESETZE HINAUS.
ABER WAS DOOM ERFINDEN KANN, DAS KANN ICH IRGENDWANN AUCH NACHBAUEN.
ABSOLUT FASZINIEREND ...
UND SOBALD ICH WEISS, WIE ES FUNKTIONIERT, PASSE ICH ES UNSEREN ZIELEN AN.
DOOM SUCHTE NUR ZEITPUNKTE. UNS SOLL DIE ZEIT SELBST OFFENSTEHEN.
UNSERE ZIELE?
NATÜRLICH DEINE ZIELE ...
SCHON BESSER.
KOMM MIT, FAUSTUS, WIR HABEN ZU TUN.
UND WAS ...?
GENERAL LUKIN UND ICH TREFFEN UNS HEUTE MIT DEM FINANZMINISTER. DU SOLLST DABEI SEIN.

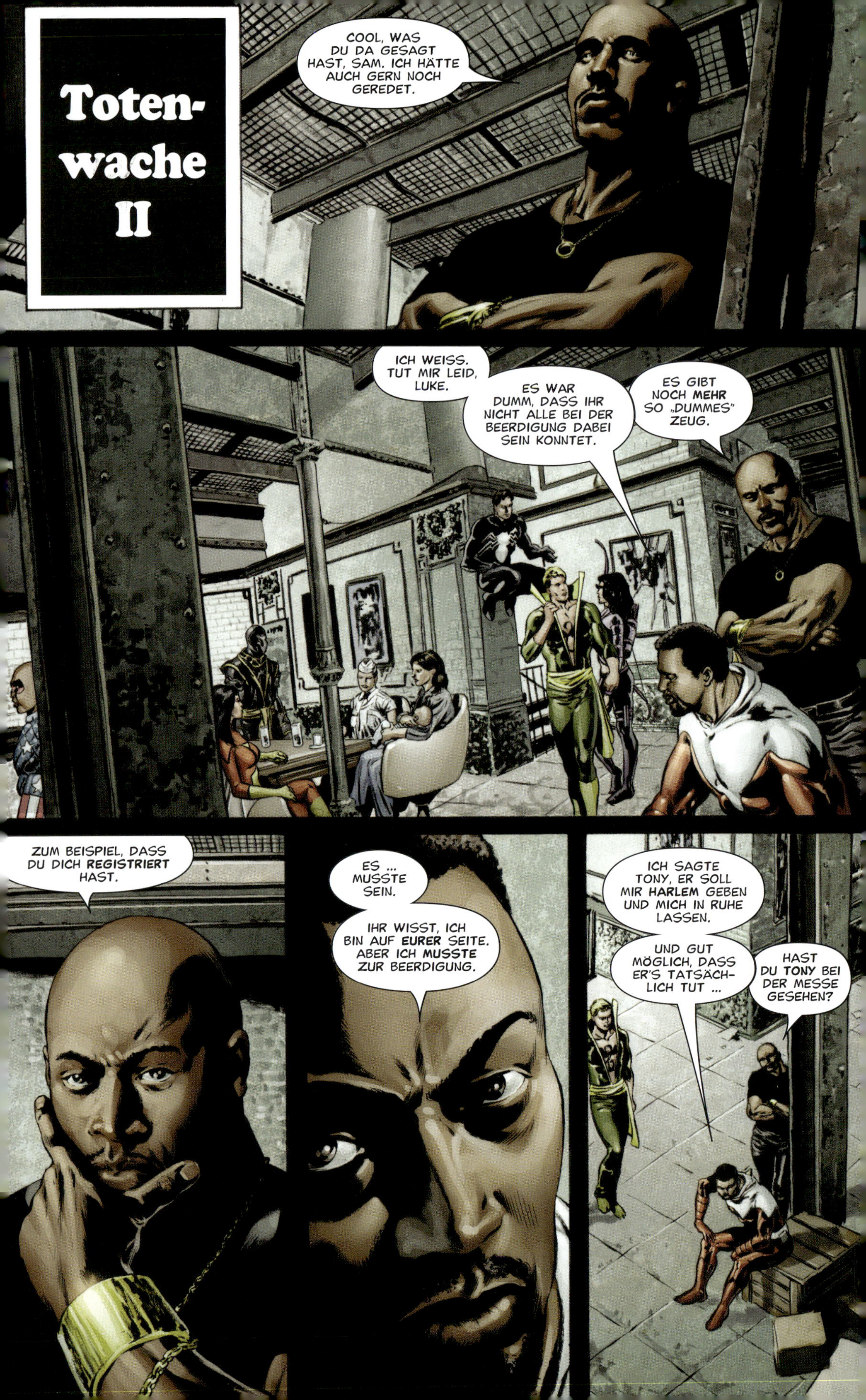
Toten-
wache
II
COOL, WAS DU DA GESAGT HAST, SAM. ICH HÄTTE AUCH GERN NOCH GEREDET.
ICH WEISS. TUT MIR LEID, LUKE.
ES WAR DUMM, DASS IHR NICHT ALLE BEI DER BEERDIGUNG DABEI SEIN KONNTET.
ES GIBT NOCH MEHR SO „DUMMES" ZEUG.
ZUM BEISPIEL, DASS DU DICH REGISTRIERT HAST.
ES ... MUSSTE SEIN.
IHR WISST, ICH BIN AUF EURER SEITE. ABER ICH MUSSTE ZUR BEERDIGUNG.
ICH SAGTE TONY, ER SOLL MIR HARLEM GEBEN UND MICH IN RUHE LASSEN.
UND GUT MÖGLICH, DASS ER'S TATSÄCHLICH TUT ...
HAST DU TONY BEI DER MESSE GESEHEN?

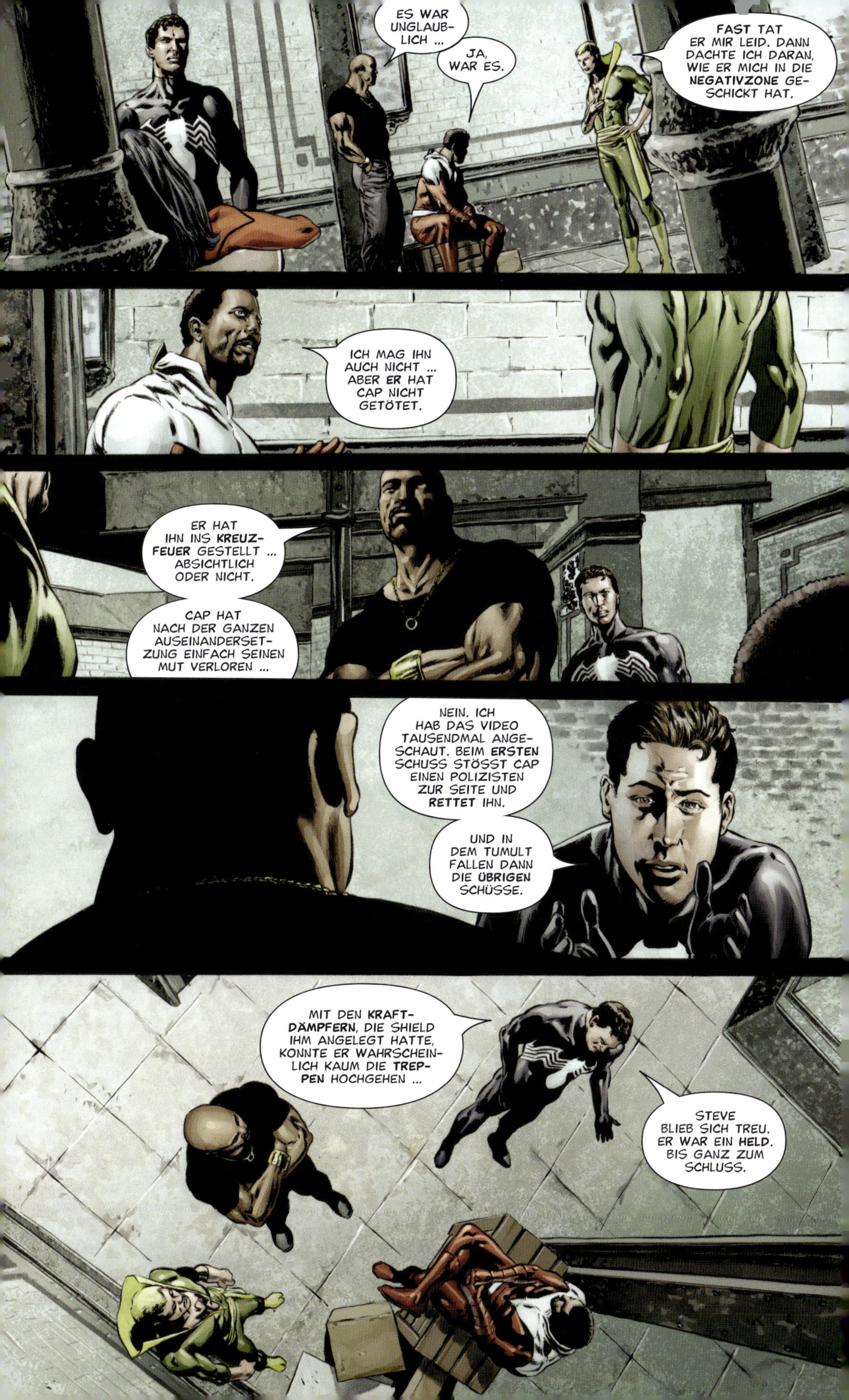

ES WAR UNGLAUB-LICH ...
JA, WAR ES.
FAST TAT ER MIR LEID. DANN DACHTE ICH DARAN, WIE ER MICH IN DIE NEGATIVZONE GE-SCHICKT HAT.
ICH MAG IHN AUCH NICHT ... ABER ER HAT CAP NICHT GETÖTET.
ER HAT IHN INS KREUZ-FEUER GESTELLT ... ABSICHTLICH ODER NICHT.
CAP HAT NACH DER GANZEN AUSEINANDERSET-ZUNG EINFACH SEINEN MUT VERLOREN ...
NEIN. ICH HAB DAS VIDEO TAUSENDMAL ANGE-SCHAUT. BEIM ERSTEN SCHUSS STÖSST CAP EINEN POLIZISTEN ZUR SEITE UND RETTET IHN.
UND IN DEM TUMULT FALLEN DANN DIE ÜBRIGEN SCHÜSSE.
MIT DEN KRAFT-DÄMPFERN, DIE SHIELD IHM ANGELEGT HATTE, KONNTE ER WAHRSCHEIN-LICH KAUM DIE TREP-PEN HOCHGEHEN ...
STEVE BLIEB SICH TREU. ER WAR EIN HELD. BIS GANZ ZUM SCHLUSS.

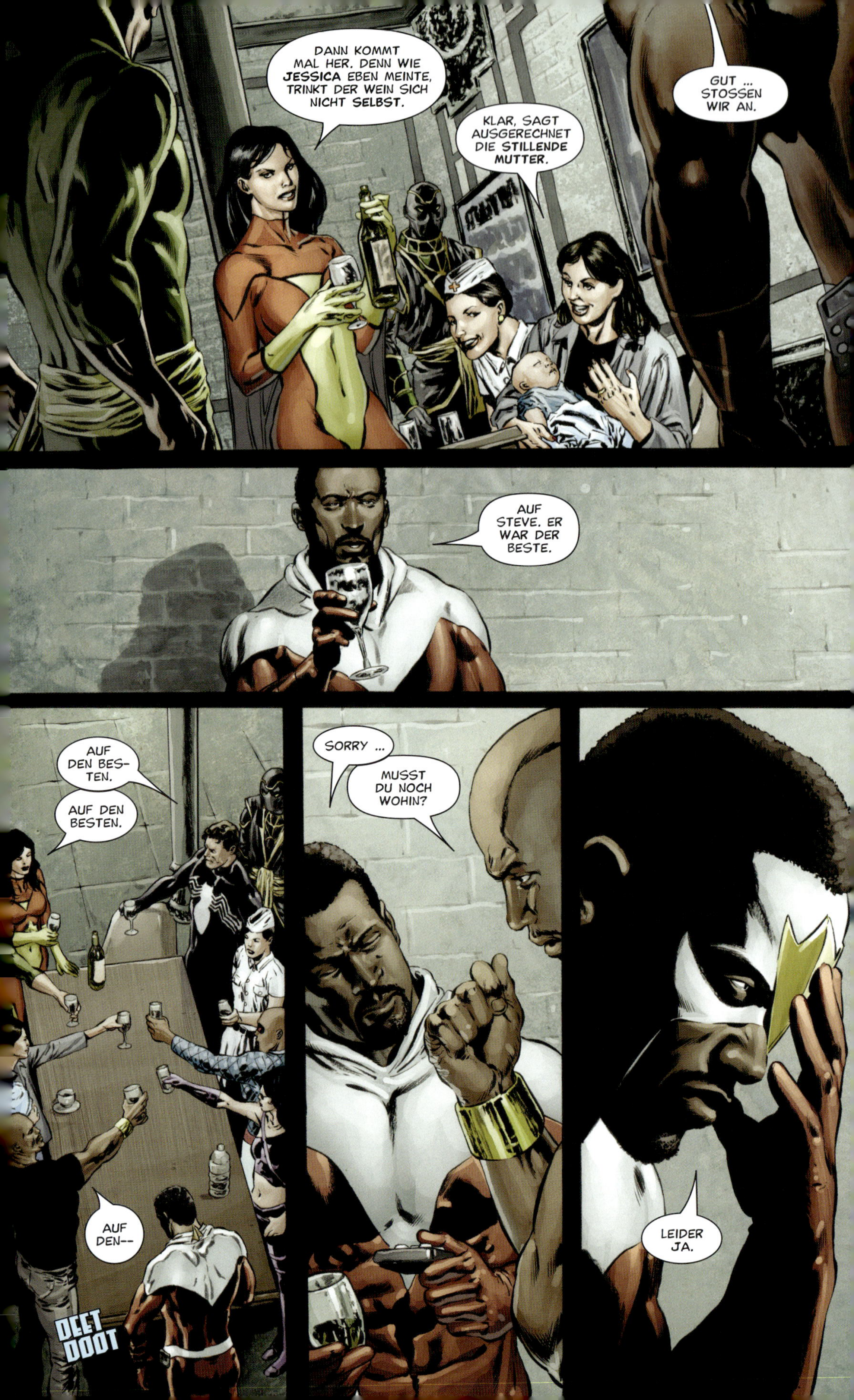
DANN KOMMT MAL HER. DENN WIE JESSICA EBEN MEINTE, TRINKT DER WEIN SICH NICHT SELBST.
KLAR, SAGT AUSGERECHNET DIE STILLENDE MUTTER.
GUT ... STOSSEN WIR AN.
AUF STEVE. ER WAR DER BESTE.
AUF DEN BES-TEN.
AUF DEN BESTEN.
AUF DEN--
DEET DOOT
SORRY ...
MUSST DU NOCH WOHIN?
LEIDER JA.

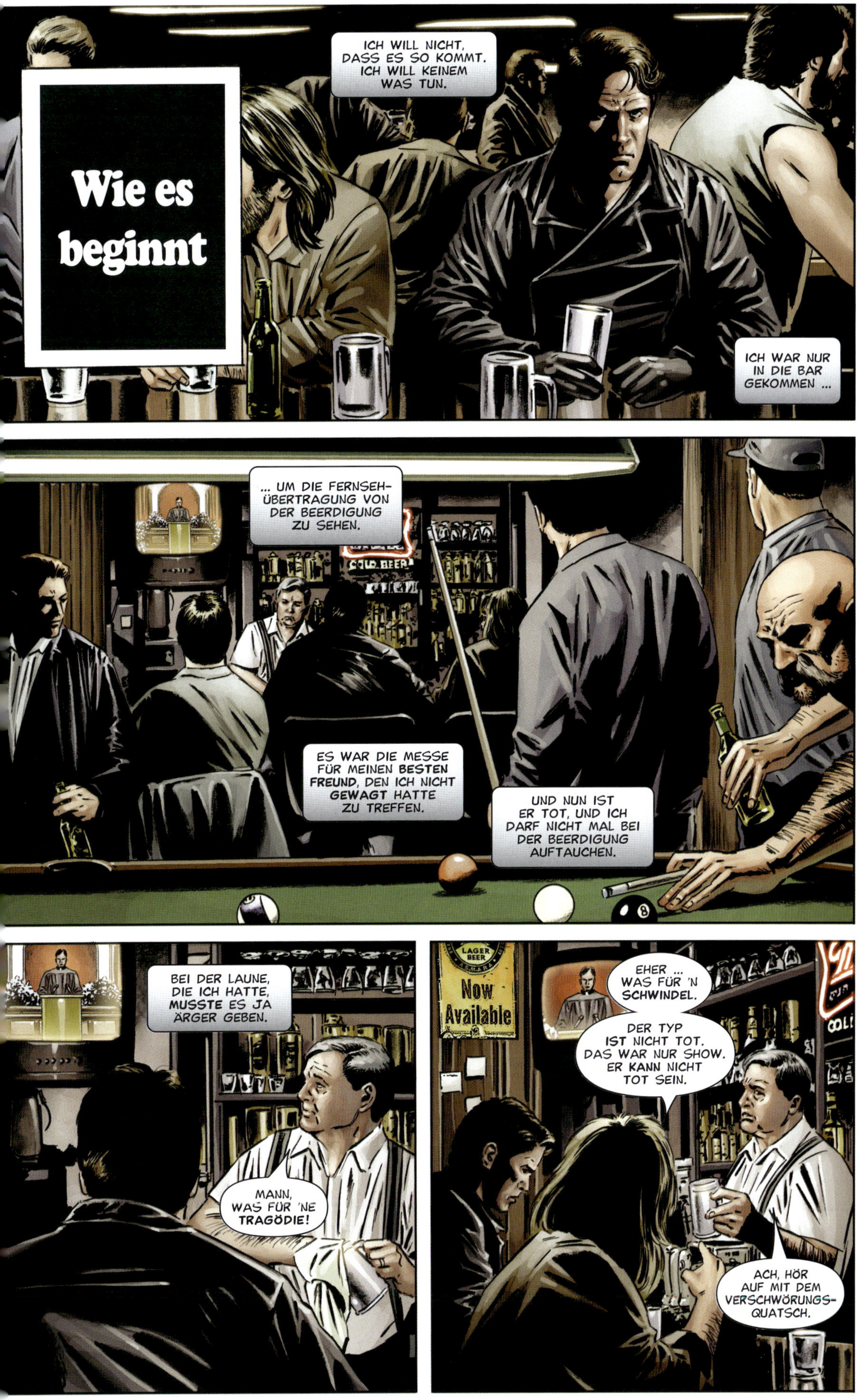
Wie es beginnt
ICH WILL NICHT, DASS ES SO KOMMT. ICH WILL KEINEM WAS TUN.
ICH WAR NUR IN DIE BAR GEKOMMEN ...
... UM DIE FERNSEH-ÜBERTRAGUNG VON DER BEERDIGUNG ZU SEHEN.
COLD BEER
ES WAR DIE MESSE FÜR MEINEN BESTEN FREUND, DEN ICH NICHT GEWAGT HATTE ZU TREFFEN.
UND NUN IST ER TOT, UND ICH DARF NICHT MAL BEI DER BEERDIGUNG AUFTAUCHEN.
BEI DER LAUNE, DIE ICH HATTE, MUSSTE ES JA ÄRGER GEBEN.
MANN, WAS FÜR 'NE TRAGÖDIE!
LAGER BEER
Now Available
EHER ... WAS FÜR 'N SCHWINDEL.
DER TYP IST NICHT TOT. DAS WAR NUR SHOW. ER KANN NICHT TOT SEIN.
ACH, HÖR AUF MIT DEM VERSCHWÖRUNGS-QUATSCH.

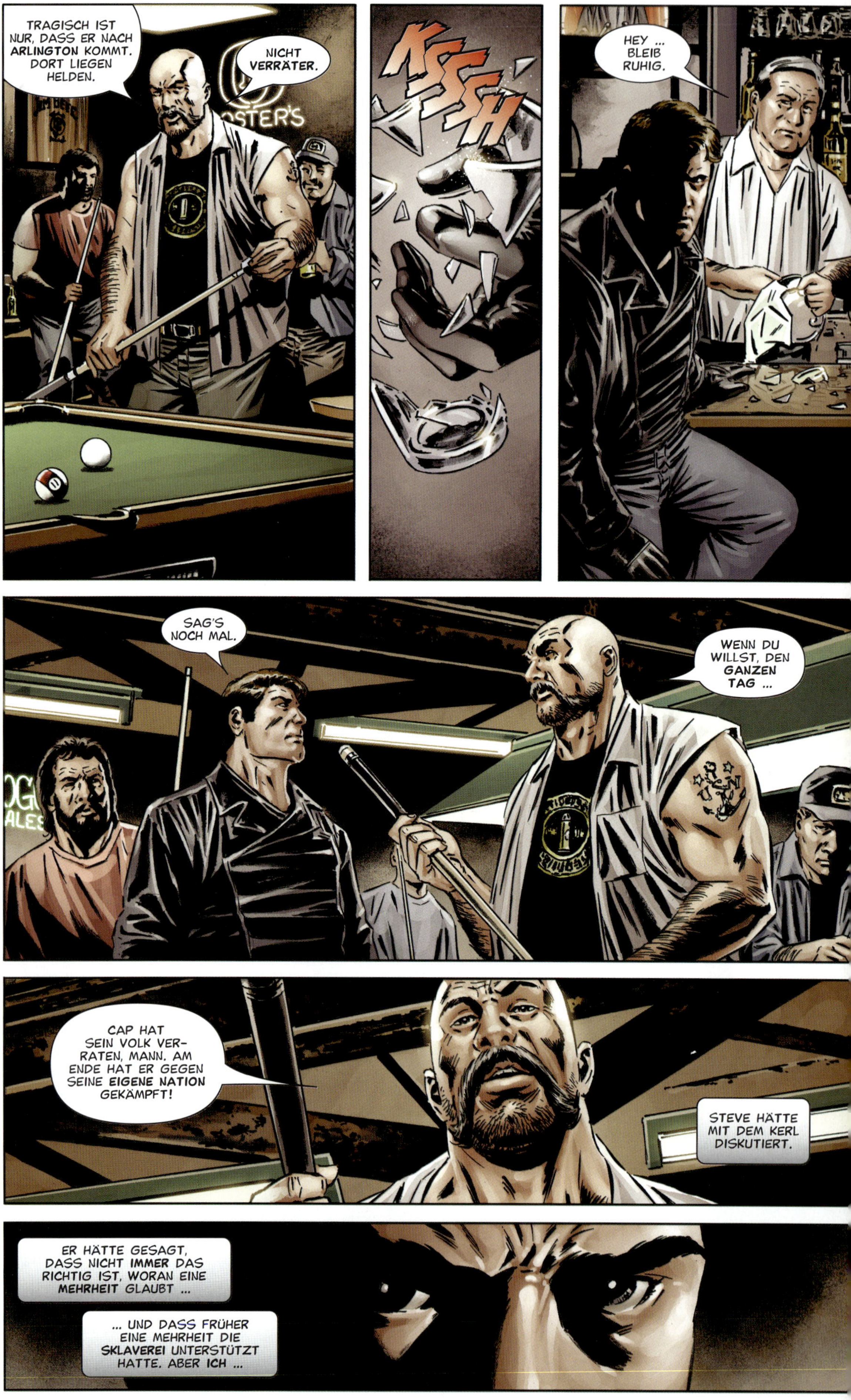
TRAGISCH IST NUR, DASS ER NACH **ARLINGTON** KOMMT. DORT LIEGEN HELDEN.
NICHT **VERRÄTER.**
KSSSH
HEY ... BLEIB RUHIG.
SAG'S NOCH MAL.
WENN DU WILLST, DEN **GANZEN** TAG ...
CAP HAT SEIN VOLK VERRATEN, MANN. AM ENDE HAT ER GEGEN SEINE **EIGENE NATION** GEKÄMPFT!
STEVE HÄTTE MIT DEM KERL DISKUTIERT.
ER HÄTTE GESAGT, DASS NICHT **IMMER** DAS RICHTIG IST, WORAN EINE **MEHRHEIT** GLAUBT ...
... UND DASS FRÜHER EINE MEHRHEIT DIE **SKLAVEREI** UNTERSTÜTZT HATTE. ABER **ICH** ...

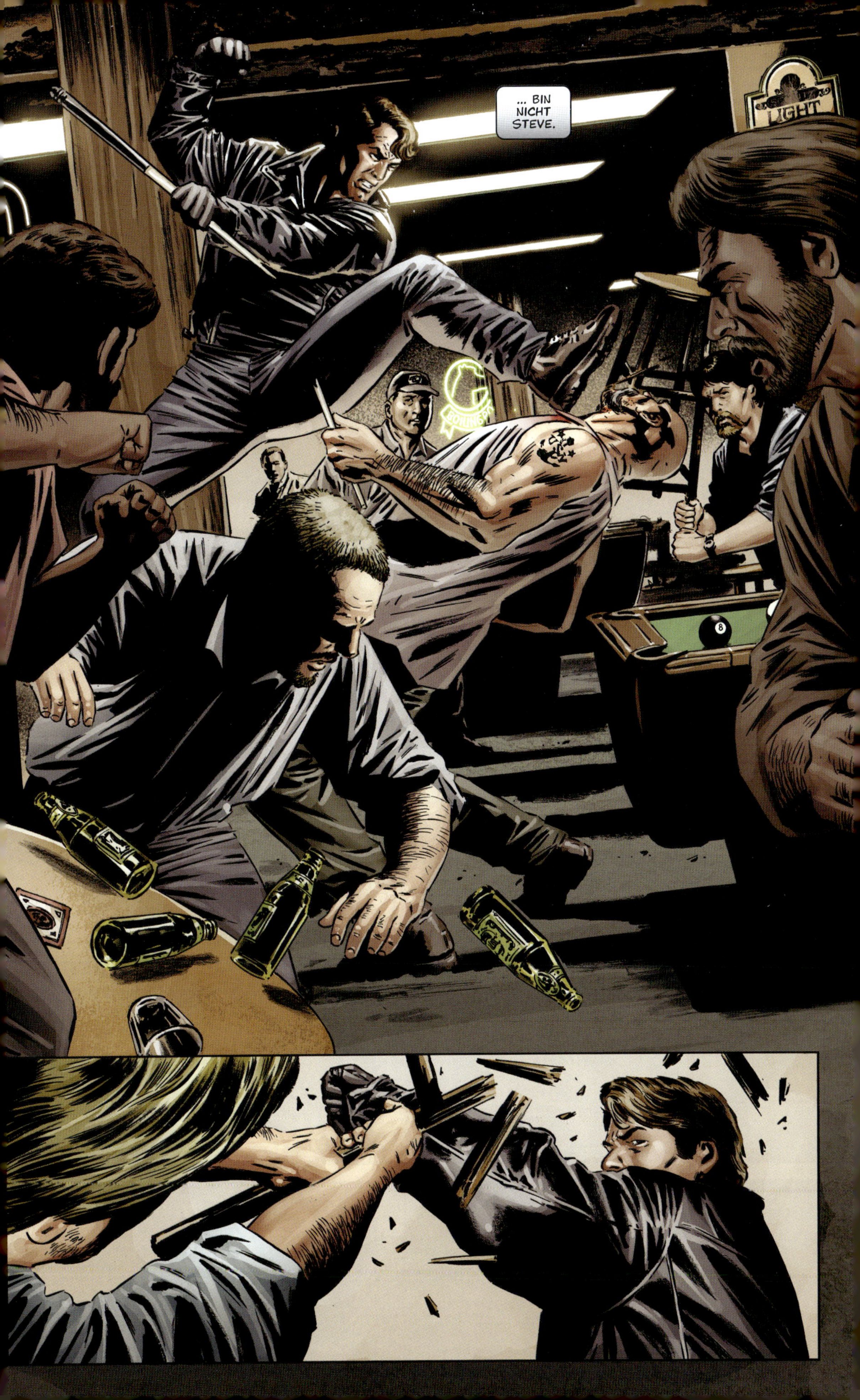
... BIN NICHT STEVE.

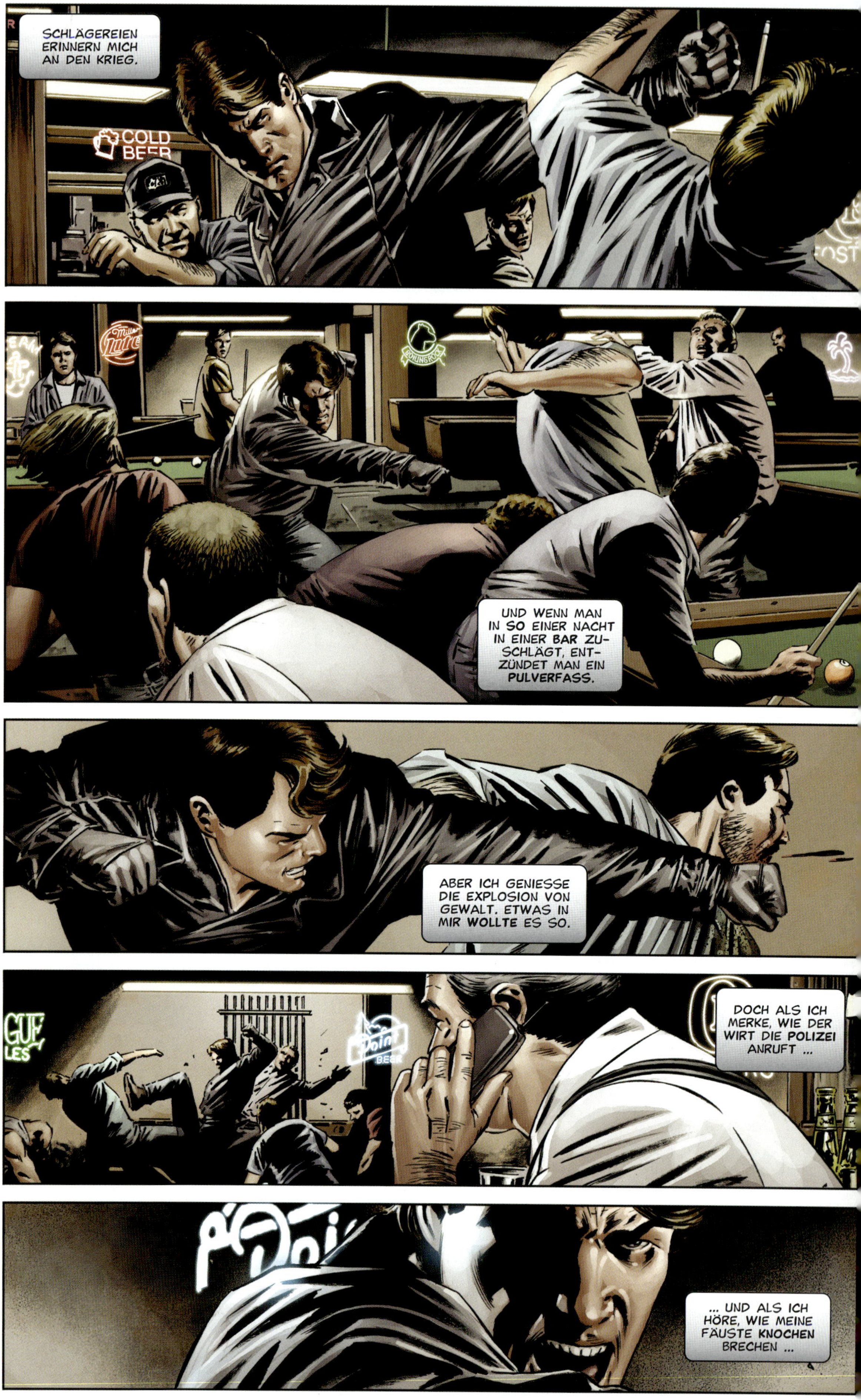
SCHLÄGEREIEN ERINNERN MICH AN DEN KRIEG.
COLD BEER
UND WENN MAN IN SO EINER NACHT IN EINER BAR ZU-SCHLÄGT, ENT-ZÜNDET MAN EIN PULVERFASS.
ABER ICH GENIESSE DIE EXPLOSION VON GEWALT. ETWAS IN MIR WOLLTE ES SO.
DOCH ALS ICH MERKE, WIE DER WIRT DIE POLIZEI ANRUFT ...
... UND ALS ICH HÖRE, WIE MEINE FÄUSTE KNOCHEN BRECHEN ...

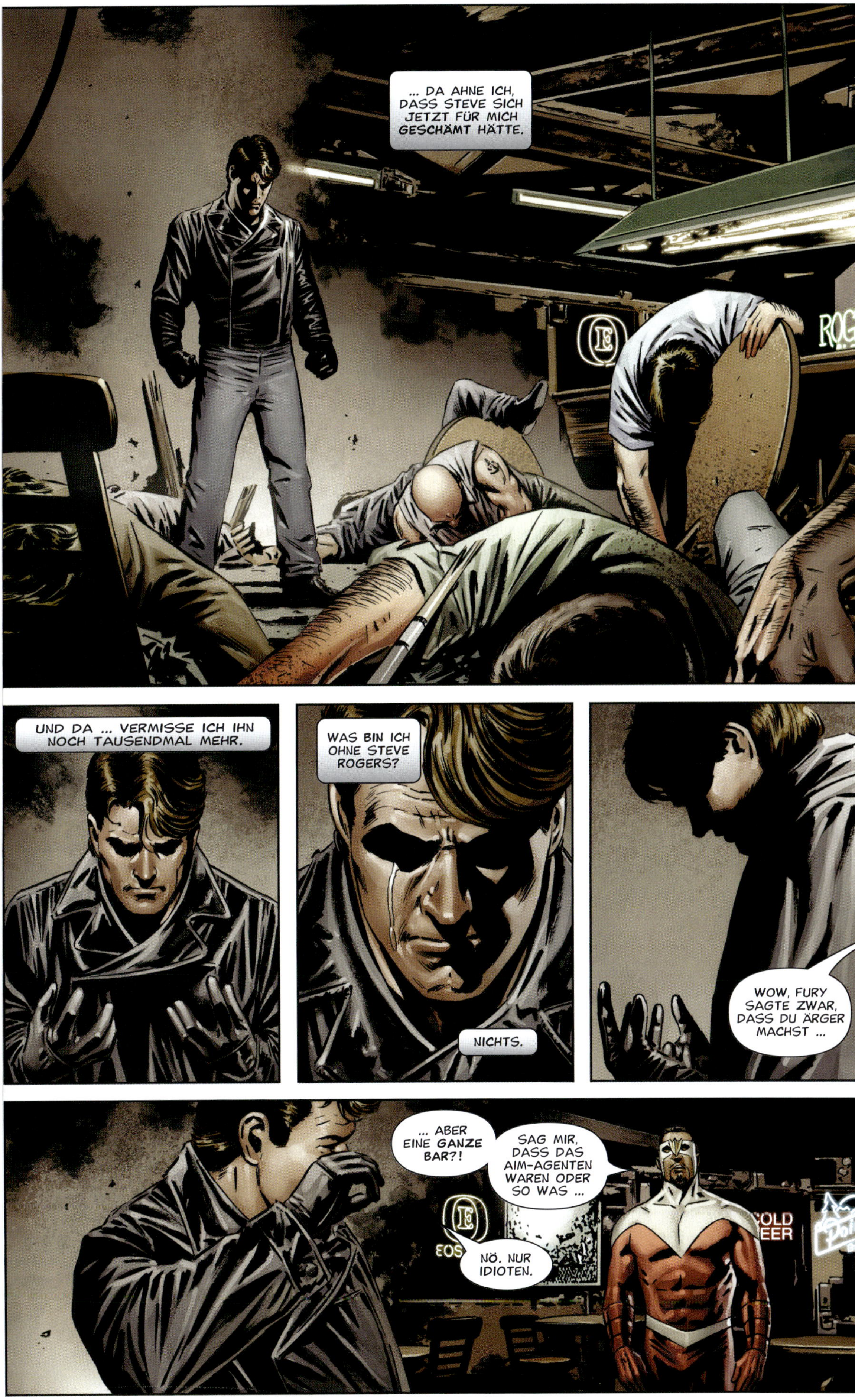
... DA AHNE ICH, DASS STEVE SICH JETZT FÜR MICH GESCHÄMT HÄTTE.
UND DA ... VERMISSE ICH IHN NOCH TAUSENDMAL MEHR.
WAS BIN ICH OHNE STEVE ROGERS?
NICHTS.
WOW, FURY SAGTE ZWAR, DASS DU ÄRGER MACHST ...
... ABER EINE GANZE BAR?!
SAG MIR, DASS DAS AIM-AGENTEN WAREN ODER SO WAS ...
NÖ. NUR IDIOTEN.

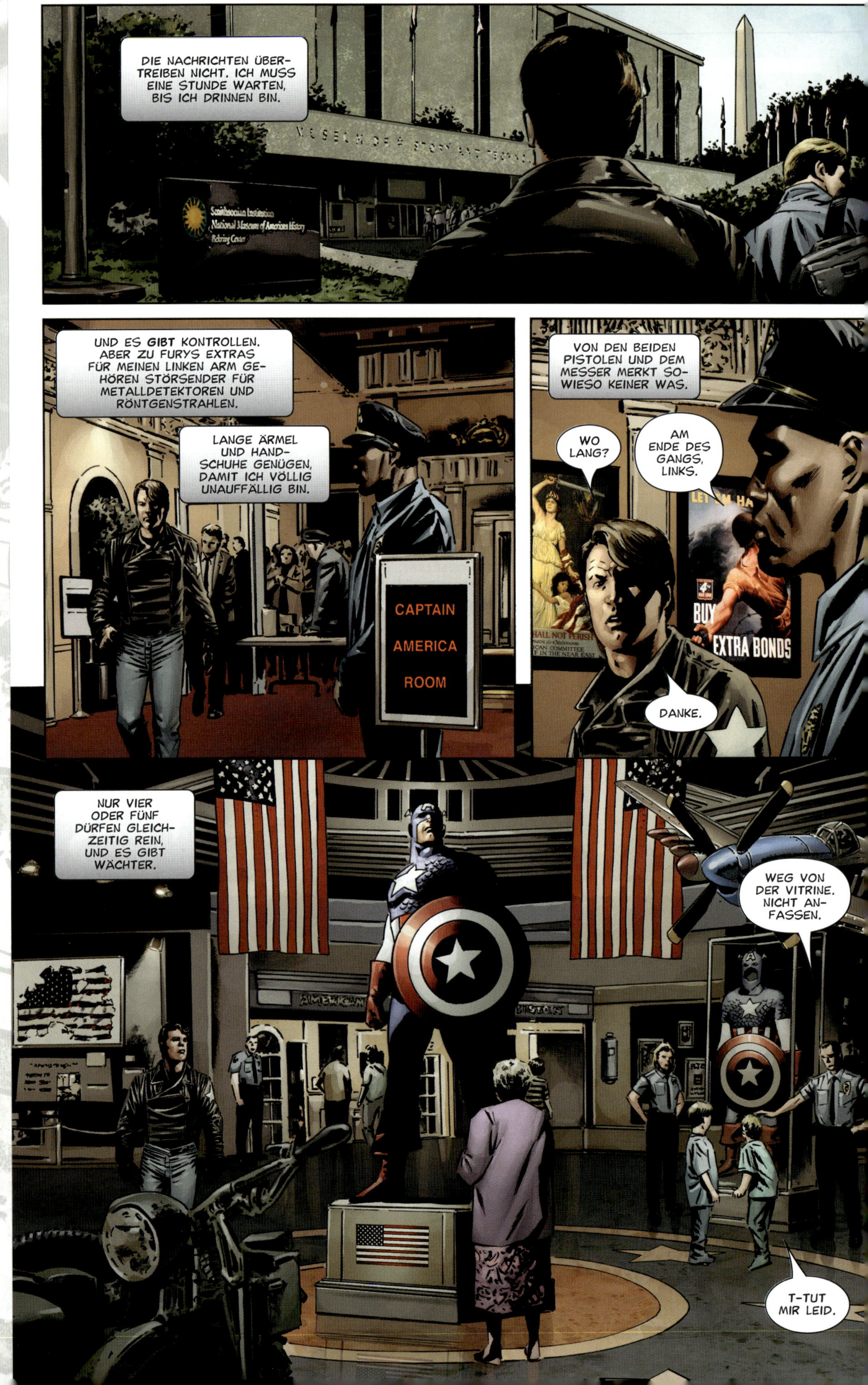
DIE NACHRICHTEN ÜBERTREIBEN NICHT. ICH MUSS EINE STUNDE WARTEN, BIS ICH DRINNEN BIN.
Smithsonian Institution
National Museum of American History
Behring Center
UND ES **GIBT** KONTROLLEN. ABER ZU FURYS EXTRAS FÜR MEINEN LINKEN ARM GEHÖREN STÖRSENDER FÜR METALLDETEKTOREN UND RÖNTGENSTRAHLEN.
LANGE ÄRMEL UND HANDSCHUHE GENÜGEN, DAMIT ICH VÖLLIG UNAUFFÄLLIG BIN.
CAPTAIN AMERICA ROOM
VON DEN BEIDEN PISTOLEN UND DEM MESSER MERKT SOWIESO KEINER WAS.
WO LANG?
AM ENDE DES GANGS, LINKS.
BUY EXTRA BONDS
DANKE.
NUR VIER ODER FÜNF DÜRFEN GLEICHZEITIG REIN, UND ES GIBT WÄCHTER.
WEG VON DER VITRINE. NICHT ANFASSEN.
T-TUT MIR LEID.

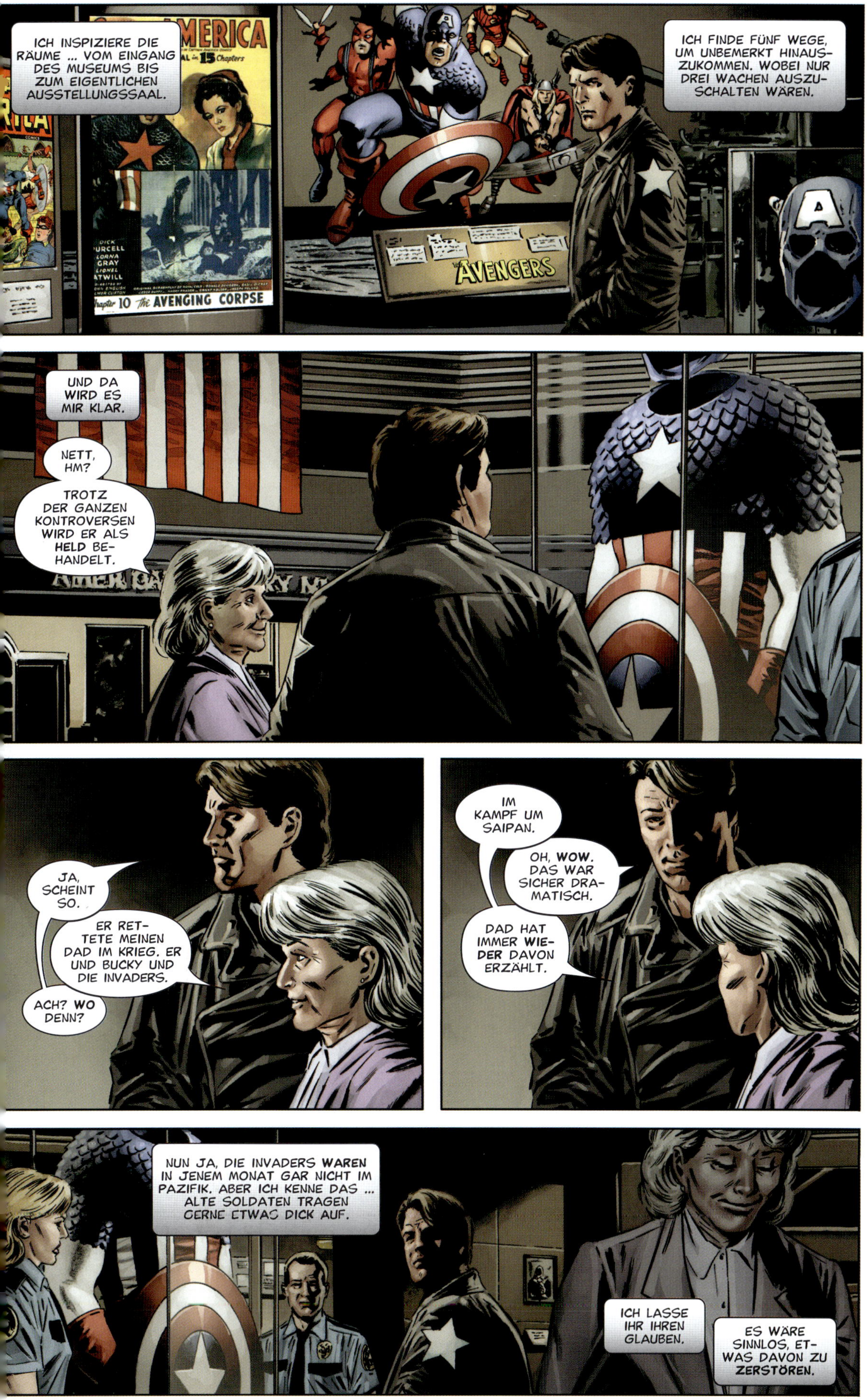
ICH INSPIZIERE DIE RÄUME ... VOM EINGANG DES MUSEUMS BIS ZUM EIGENTLICHEN AUSSTELLUNGSSAAL.
ICH FINDE FÜNF WEGE, UM UNBEMERKT HINAUSZUKOMMEN. WOBEI NUR DREI WACHEN AUSZUSCHALTEN WÄREN.
UND DA WIRD ES MIR KLAR.
NETT, HM?
TROTZ DER GANZEN KONTROVERSEN WIRD ER ALS **HELD** BEHANDELT.
JA, SCHEINT SO.
ER RETTETE MEINEN DAD IM KRIEG. ER UND BUCKY UND DIE INVADERS.
ACH? **WO** DENN?
IM KAMPF UM SAIPAN.
OH, **WOW**. DAS WAR SICHER DRAMATISCH.
DAD HAT IMMER **WIEDER** DAVON ERZÄHLT.
NUN JA, DIE INVADERS **WAREN** IN JENEM MONAT GAR NICHT IM PAZIFIK. ABER ICH KENNE DAS ... ALTE SOLDATEN TRAGEN GERNE ETWAS DICK AUF.
ICH LASSE IHR IHREN GLAUBEN.
ES WÄRE SINNLOS, ETWAS DAVON ZU **ZERSTÖREN**.

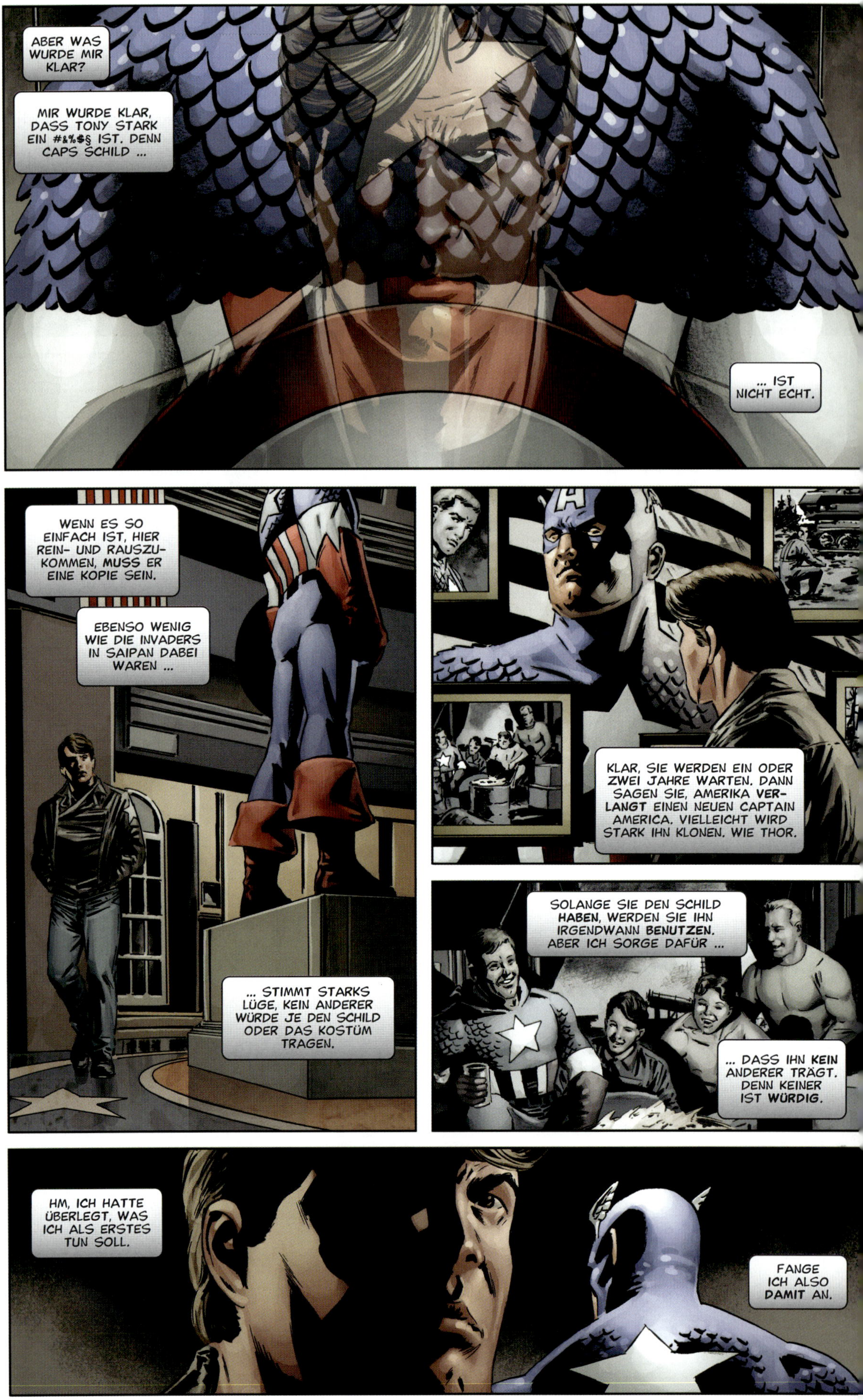
ABER WAS WURDE MIR KLAR?
MIR WURDE KLAR, DASS TONY STARK EIN #&%$§ IST. DENN CAPS SCHILD ...
... IST NICHT ECHT.
WENN ES SO EINFACH IST, HIER REIN- UND RAUSZUKOMMEN, MUSS ER EINE KOPIE SEIN.
EBENSO WENIG WIE DIE INVADERS IN SAIPAN DABEI WAREN ...
KLAR, SIE WERDEN EIN ODER ZWEI JAHRE WARTEN. DANN SAGEN SIE, AMERIKA VERLANGT EINEN NEUEN CAPTAIN AMERICA. VIELLEICHT WIRD STARK IHN KLONEN, WIE THOR.
SOLANGE SIE DEN SCHILD HABEN, WERDEN SIE IHN IRGENDWANN BENUTZEN. ABER ICH SORGE DAFÜR ...
... STIMMT STARKS LÜGE. KEIN ANDERER WÜRDE JE DEN SCHILD ODER DAS KOSTÜM TRAGEN.
... DASS IHN KEIN ANDERER TRÄGT. DENN KEINER IST WÜRDIG.
HM, ICH HATTE ÜBERLEGT, WAS ICH ALS ERSTES TUN SOLL.
FANGE ICH ALSO DAMIT AN.

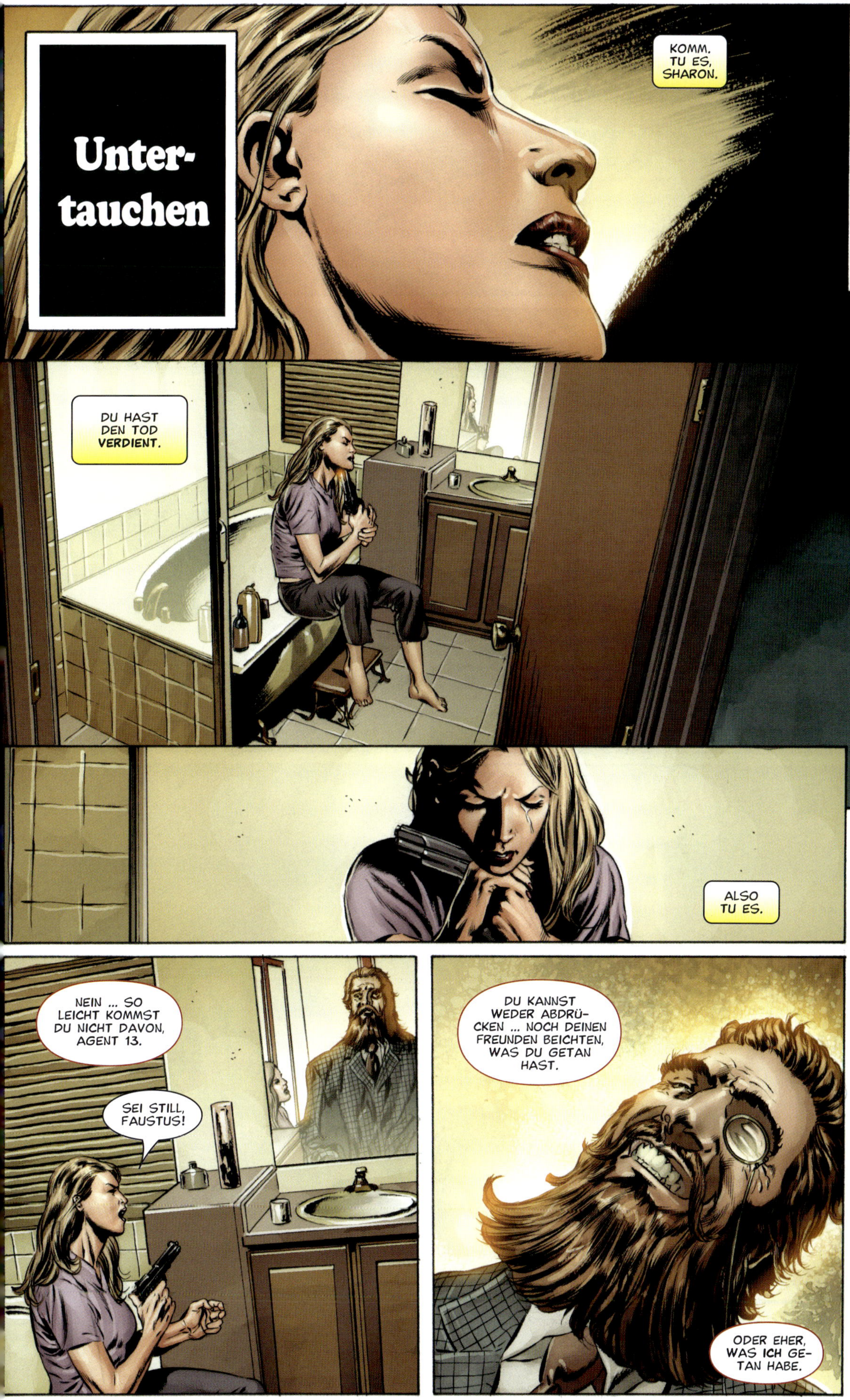
Unter-
tauchen
KOMM. TU ES, SHARON.
DU HAST DEN TOD VERDIENT.
ALSO TU ES.
NEIN ... SO LEICHT KOMMST DU NICHT DAVON, AGENT 13.
SEI STILL, FAUSTUS!
DU KANNST WEDER ABDRÜ-CKEN ... NOCH DEINEN FREUNDEN BEICHTEN, WAS DU GETAN HAST.
ODER EHER, WAS ICH GE-TAN HABE.

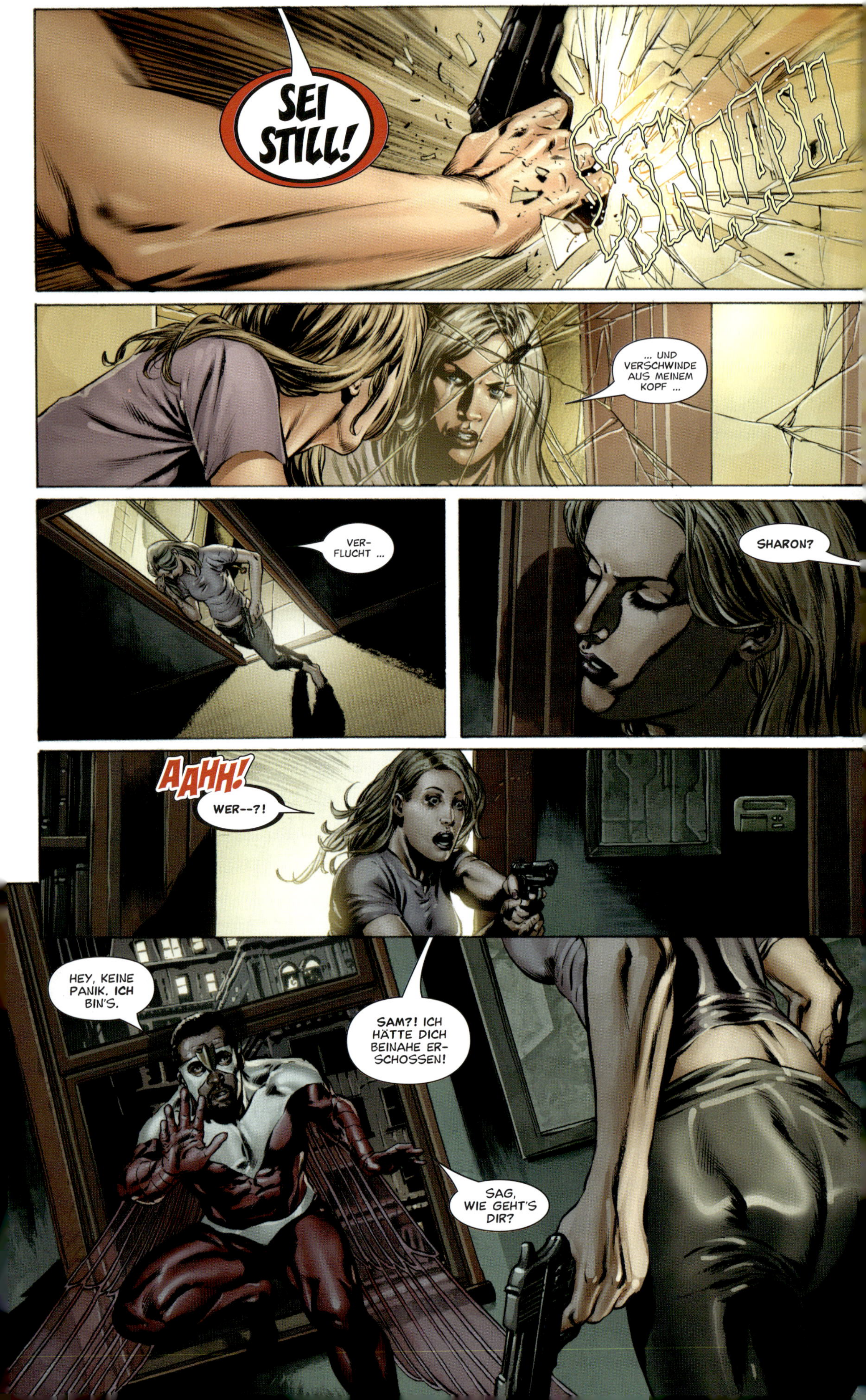
SEI STILL!
SMASH
... UND VERSCHWINDE AUS MEINEM KOPF ...
VER-FLUCHT ...
SHARON?
AAHH!
WER--?!
HEY, KEINE PANIK. ICH BIN'S.
SAM?! ICH HÄTTE DICH BEINAHE ER-SCHOSSEN!
SAG, WIE GEHT'S DIR?

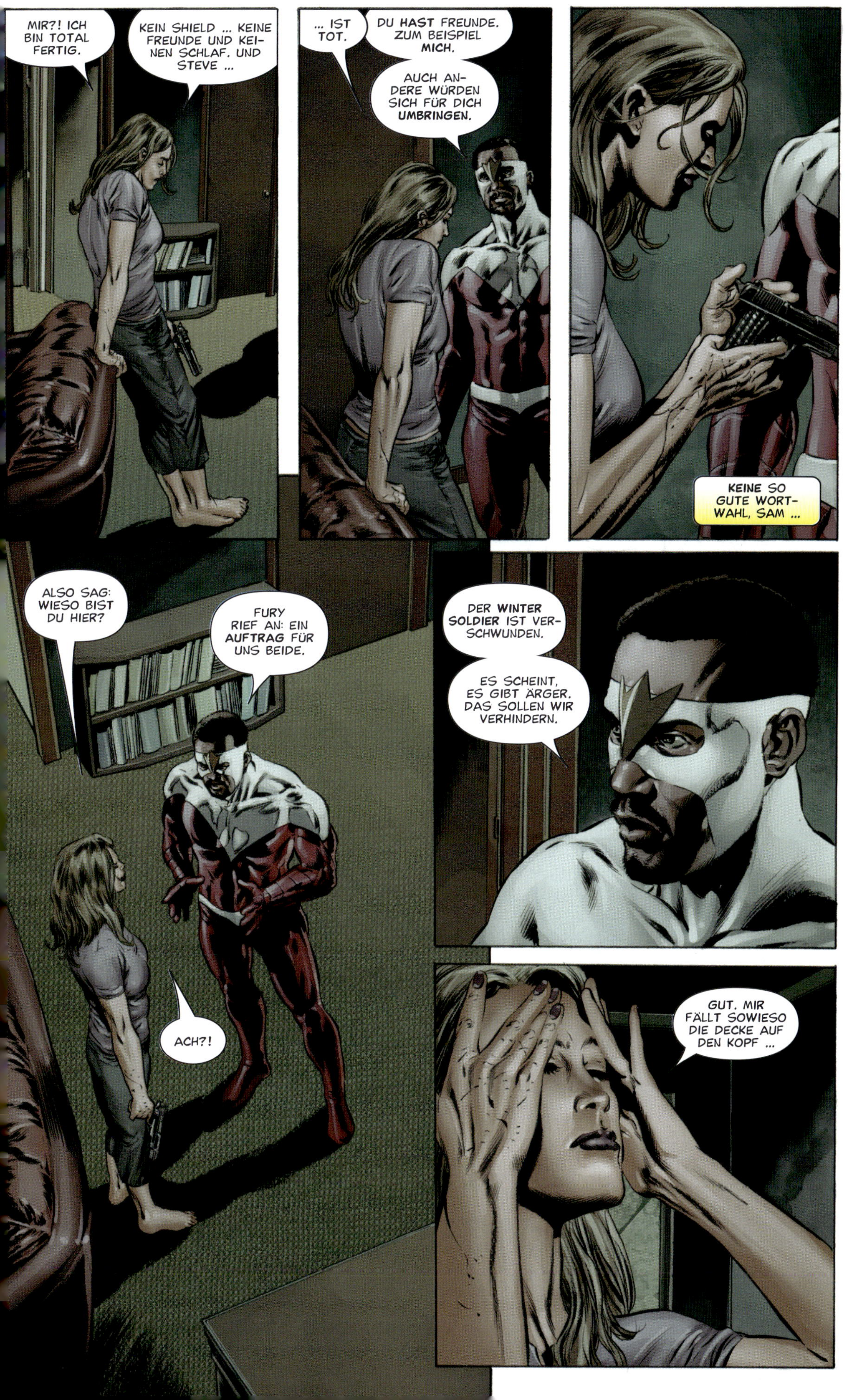
MIR?! ICH BIN TOTAL FERTIG.
KEIN SHIELD ... KEINE FREUNDE UND KEINEN SCHLAF. UND STEVE ...
... IST TOT.
DU HAST FREUNDE. ZUM BEISPIEL MICH.
AUCH ANDERE WÜRDEN SICH FÜR DICH UMBRINGEN.
KEINE SO GUTE WORTWAHL, SAM ...
ALSO SAG: WIESO BIST DU HIER?
FURY RIEF AN: EIN AUFTRAG FÜR UNS BEIDE.
ACH?!
DER WINTER SOLDIER IST VERSCHWUNDEN.
ES SCHEINT, ES GIBT ÄRGER. DAS SOLLEN WIR VERHINDERN.
GUT. MIR FÄLLT SOWIESO DIE DECKE AUF DEN KOPF ...

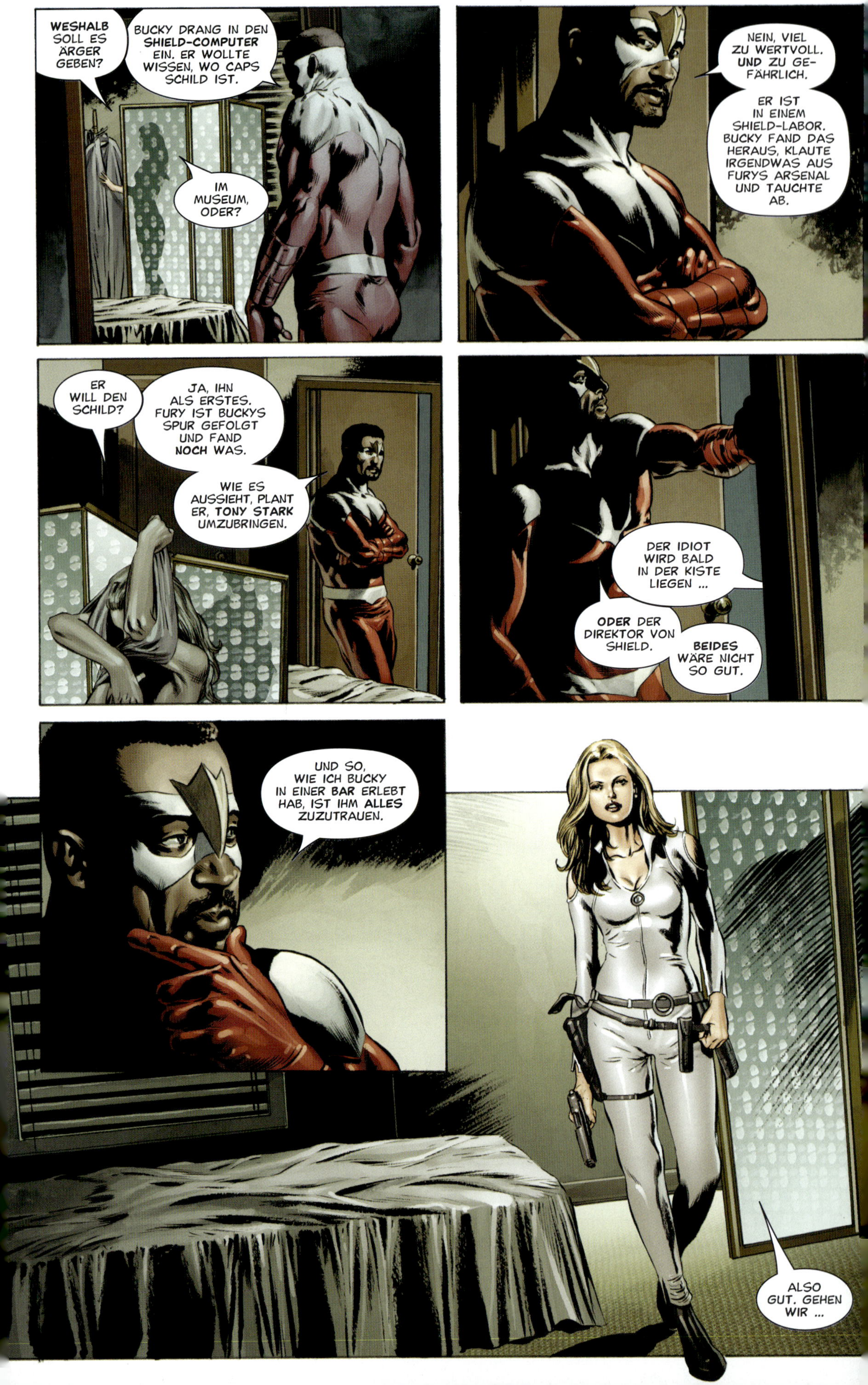

WESHALB SOLL ES ÄRGER GEBEN?
BUCKY DRANG IN DEN SHIELD-COMPUTER EIN. ER WOLLTE WISSEN, WO CAPS SCHILD IST.
IM MUSEUM, ODER?
NEIN, VIEL ZU WERTVOLL. UND ZU GEFÄHRLICH.
ER IST IN EINEM SHIELD-LABOR. BUCKY FAND DAS HERAUS, KLAUTE IRGENDWAS AUS FURYS ARSENAL UND TAUCHTE AB.
ER WILL DEN SCHILD?
JA, IHN ALS ERSTES. FURY IST BUCKYS SPUR GEFOLGT UND FAND NOCH WAS.
WIE ES AUSSIEHT, PLANT ER, TONY STARK UMZUBRINGEN.
DER IDIOT WIRD BALD IN DER KISTE LIEGEN ...
ODER DER DIREKTOR VON SHIELD.
BEIDES WÄRE NICHT SO GUT.
UND SO, WIE ICH BUCKY IN EINER BAR ERLEBT HAB, IST IHM ALLES ZUZUTRAUEN.
ALSO GUT. GEHEN WIR ...

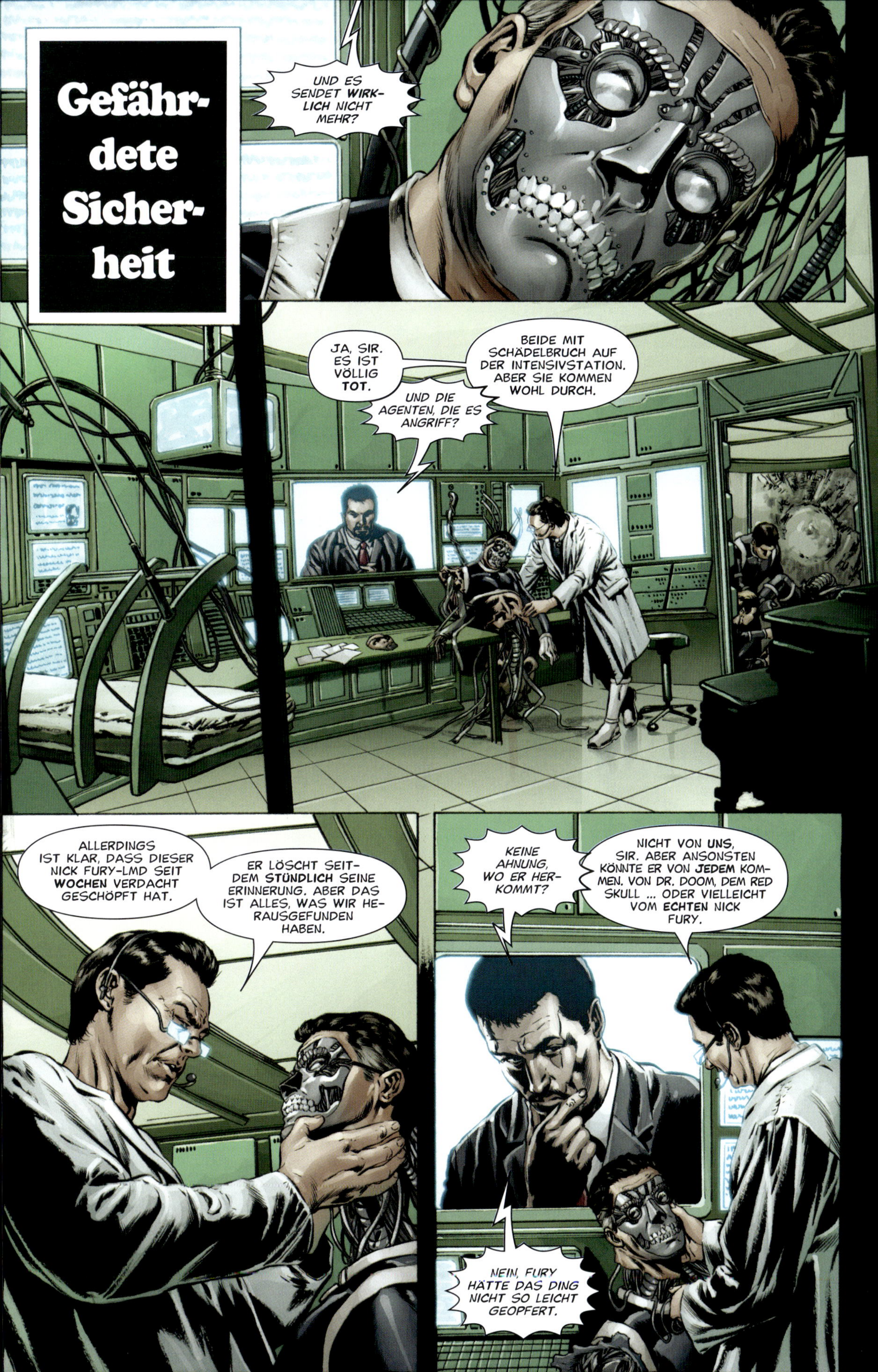
Gefährdete Sicherheit
UND ES SENDET WIRKLICH NICHT MEHR?
JA, SIR. ES IST VÖLLIG TOT.
UND DIE AGENTEN, DIE ES ANGRIFF?
BEIDE MIT SCHÄDELBRUCH AUF DER INTENSIVSTATION. ABER SIE KOMMEN WOHL DURCH.
ALLERDINGS IST KLAR, DASS DIESER NICK FURY-LMD SEIT WOCHEN VERDACHT GESCHÖPFT HAT.
ER LÖSCHT SEITDEM STÜNDLICH SEINE ERINNERUNG. ABER DAS IST ALLES, WAS WIR HERAUSGEFUNDEN HABEN.
KEINE AHNUNG, WO ER HERKOMMT?
NICHT VON UNS, SIR. ABER ANSONSTEN KÖNNTE ER VON JEDEM KOMMEN. VON DR. DOOM, DEM RED SKULL ... ODER VIELLEICHT VOM ECHTEN NICK FURY.
NEIN, FURY HÄTTE DAS DING NICHT SO LEICHT GEOPFERT.

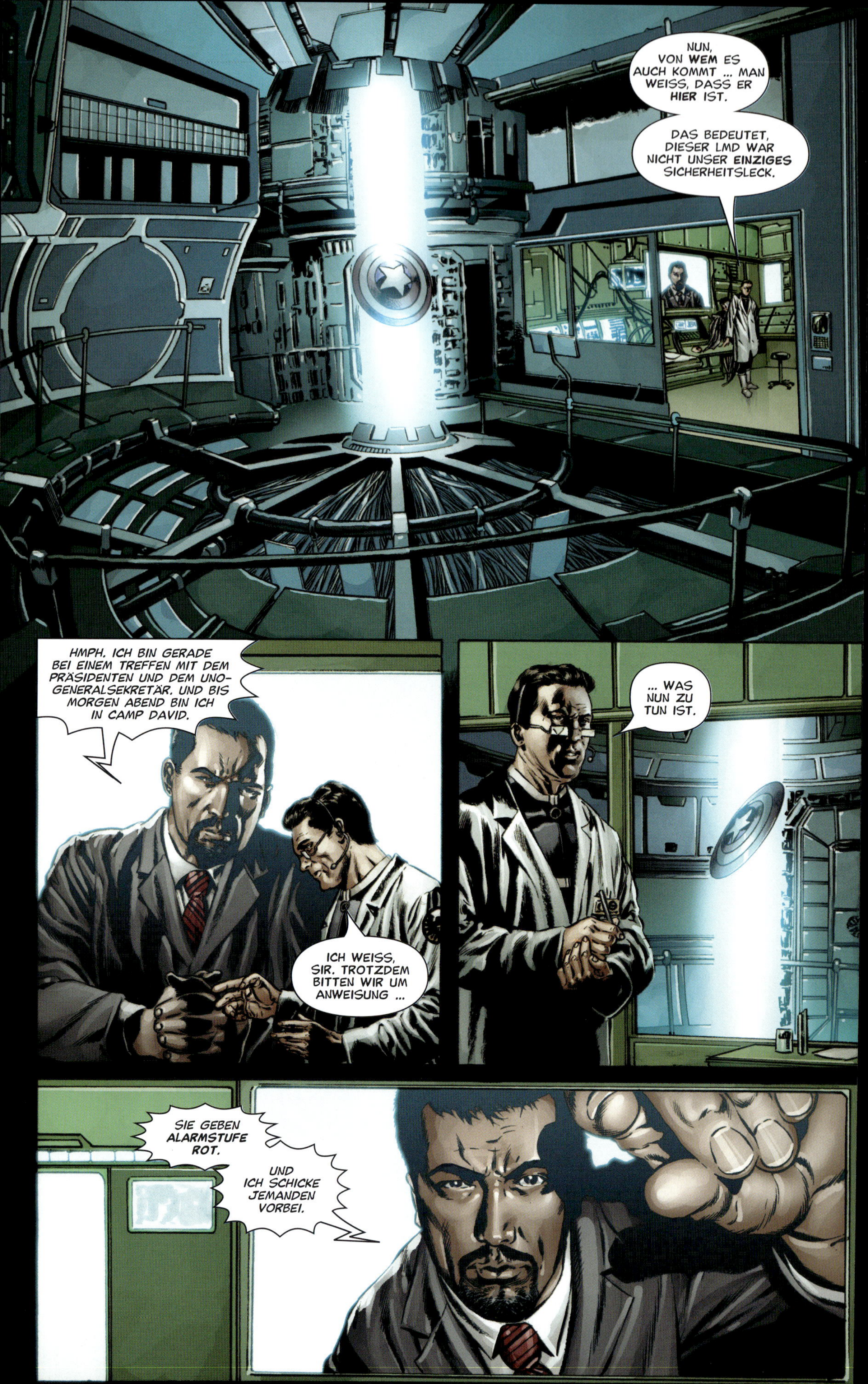
NUN, VON WEM ES AUCH KOMMT ... MAN WEISS, DASS ER HIER IST.
DAS BEDEUTET, DIESER LMD WAR NICHT UNSER EINZIGES SICHERHEITSLECK.
HMPH. ICH BIN GERADE BEI EINEM TREFFEN MIT DEM PRÄSIDENTEN UND DEM UNO-GENERALSEKRETÄR. UND BIS MORGEN ABEND BIN ICH IN CAMP DAVID.
ICH WEISS, SIR. TROTZDEM BITTEN WIR UM ANWEISUNG ...
... WAS NUN ZU TUN IST.
SIE GEBEN ALARMSTUFE ROT.
UND ICH SCHICKE JEMANDEN VORBEI.

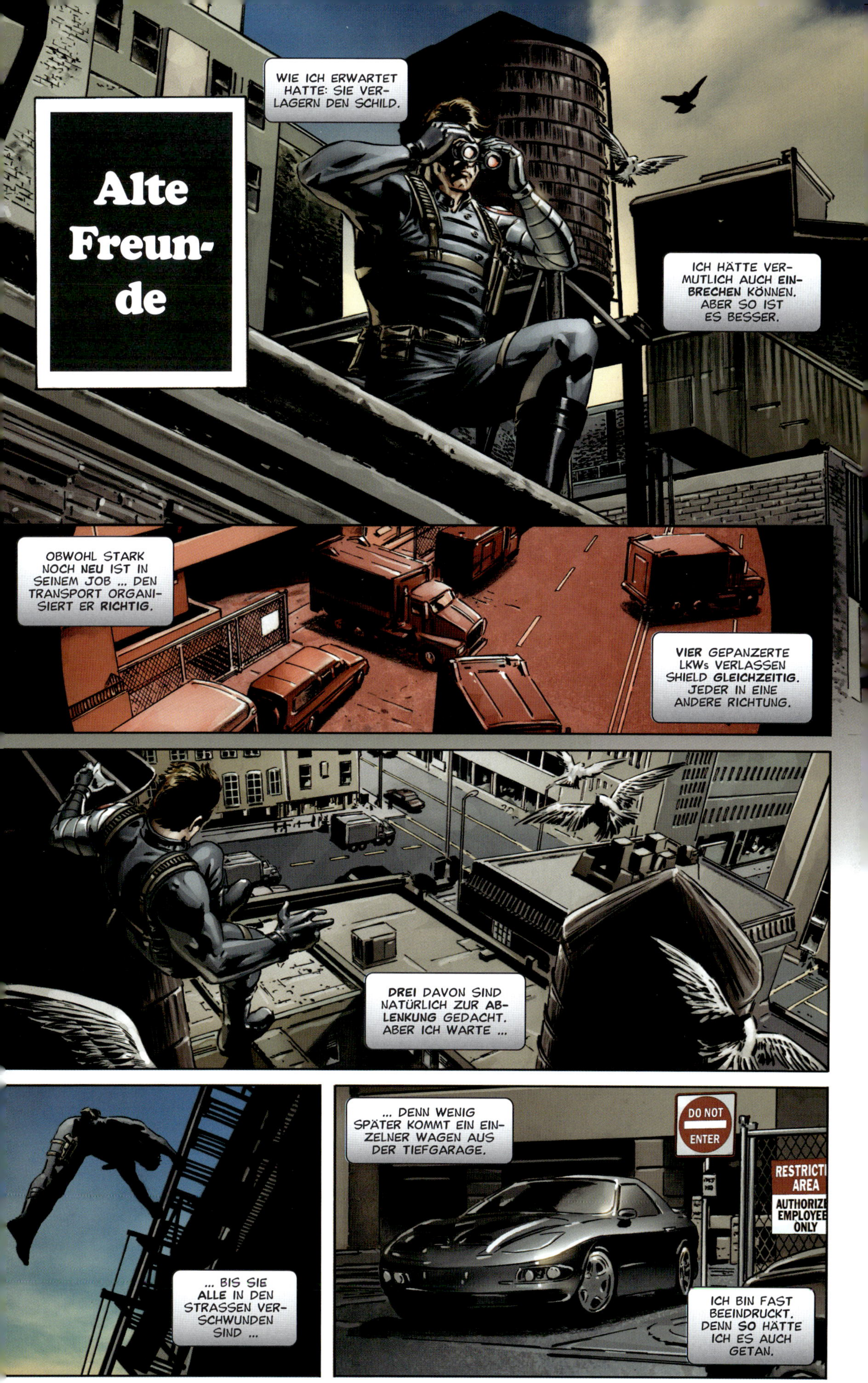

Alte Freun-de
WIE ICH ERWARTET HATTE: SIE VERLAGERN DEN SCHILD.
ICH HÄTTE VERMUTLICH AUCH EINBRECHEN KÖNNEN. ABER SO IST ES BESSER.
OBWOHL STARK NOCH NEU IST IN SEINEM JOB ... DEN TRANSPORT ORGANISIERT ER RICHTIG.
VIER GEPANZERTE LKWs VERLASSEN SHIELD GLEICHZEITIG. JEDER IN EINE ANDERE RICHTUNG.
DREI DAVON SIND NATÜRLICH ZUR ABLENKUNG GEDACHT. ABER ICH WARTE ...
... BIS SIE ALLE IN DEN STRASSEN VERSCHWUNDEN SIND ...
... DENN WENIG SPÄTER KOMMT EIN EINZELNER WAGEN AUS DER TIEFGARAGE.
DO NOT ENTER
RESTRICTI AREA
AUTHORIZE EMPLOYEE ONLY
ICH BIN FAST BEEINDRUCKT. DENN SO HÄTTE ICH ES AUCH GETAN.

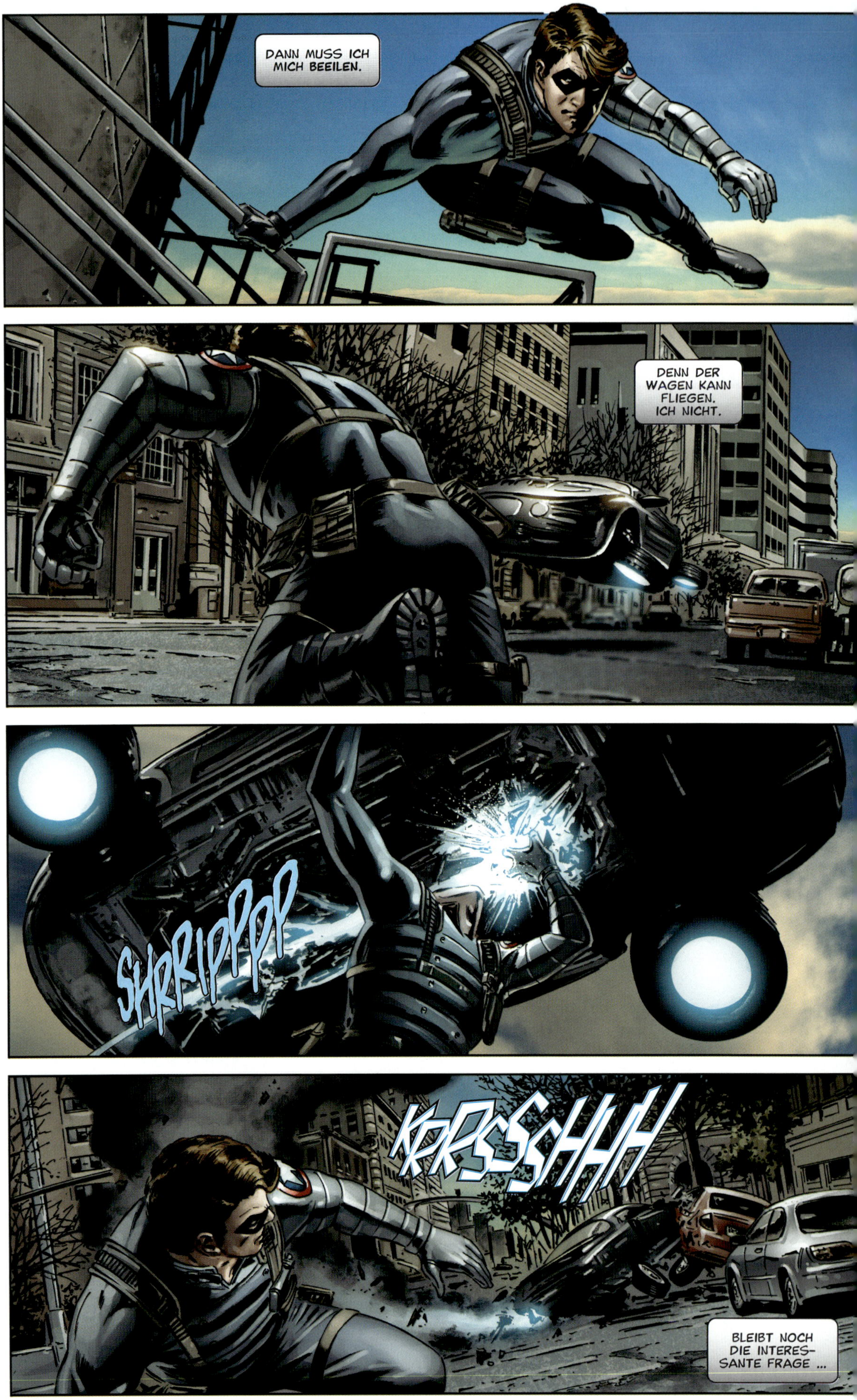
DANN MUSS ICH MICH BEEILEN.
DENN DER WAGEN KANN FLIEGEN. ICH NICHT.
SHRIPPPP
KRRSSHHH
BLEIBT NOCH DIE INTERESSANTE FRAGE ...

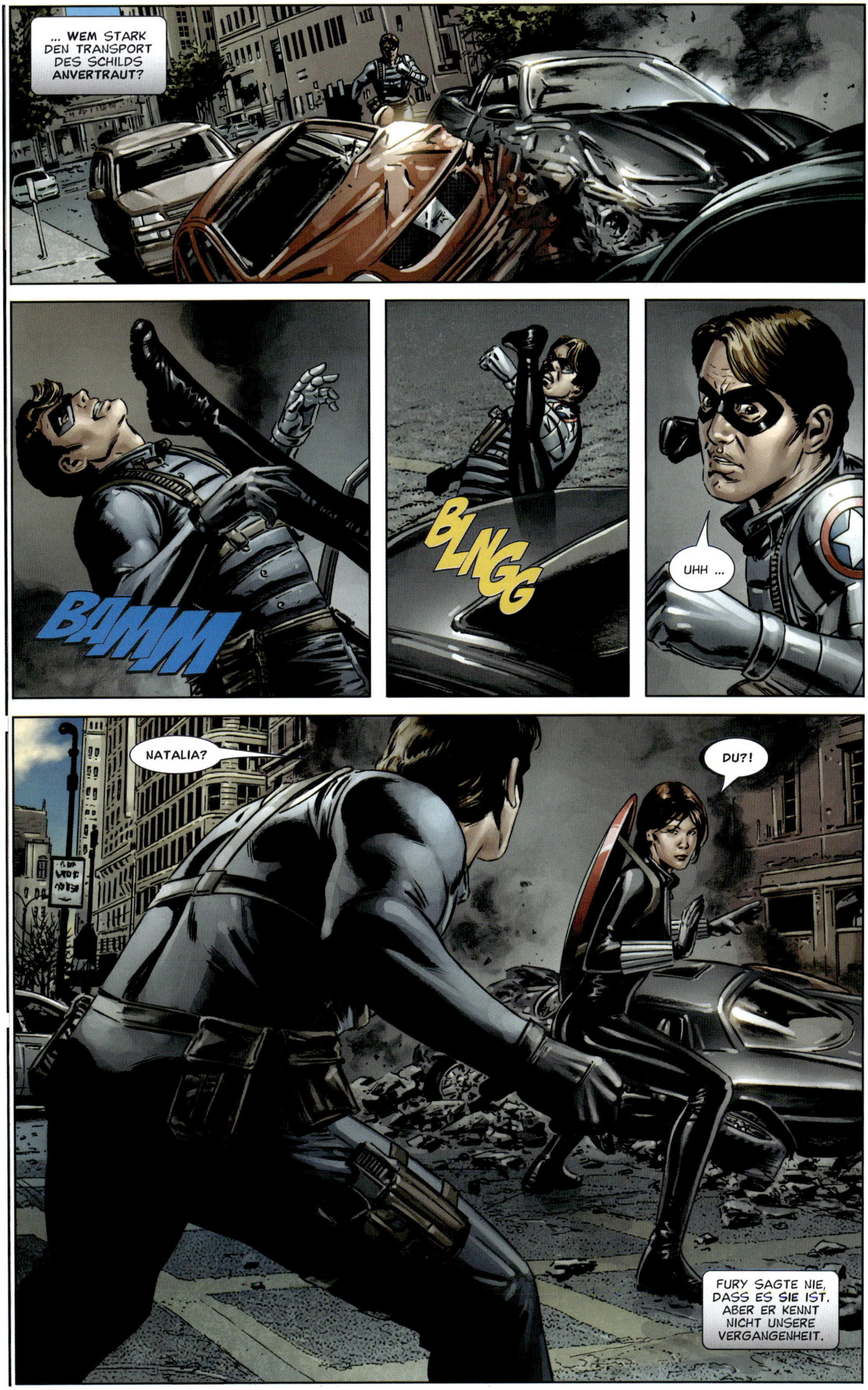
... WEM STARK DEN TRANSPORT DES SCHILDS ANVERTRAUT?
BAMM
BLNGG
UHH ...
NATALIA?
DU?!
FURY SAGTE NIE, DASS ES SIE IST. ABER ER KENNT NICHT UNSERE VERGANGENHEIT.

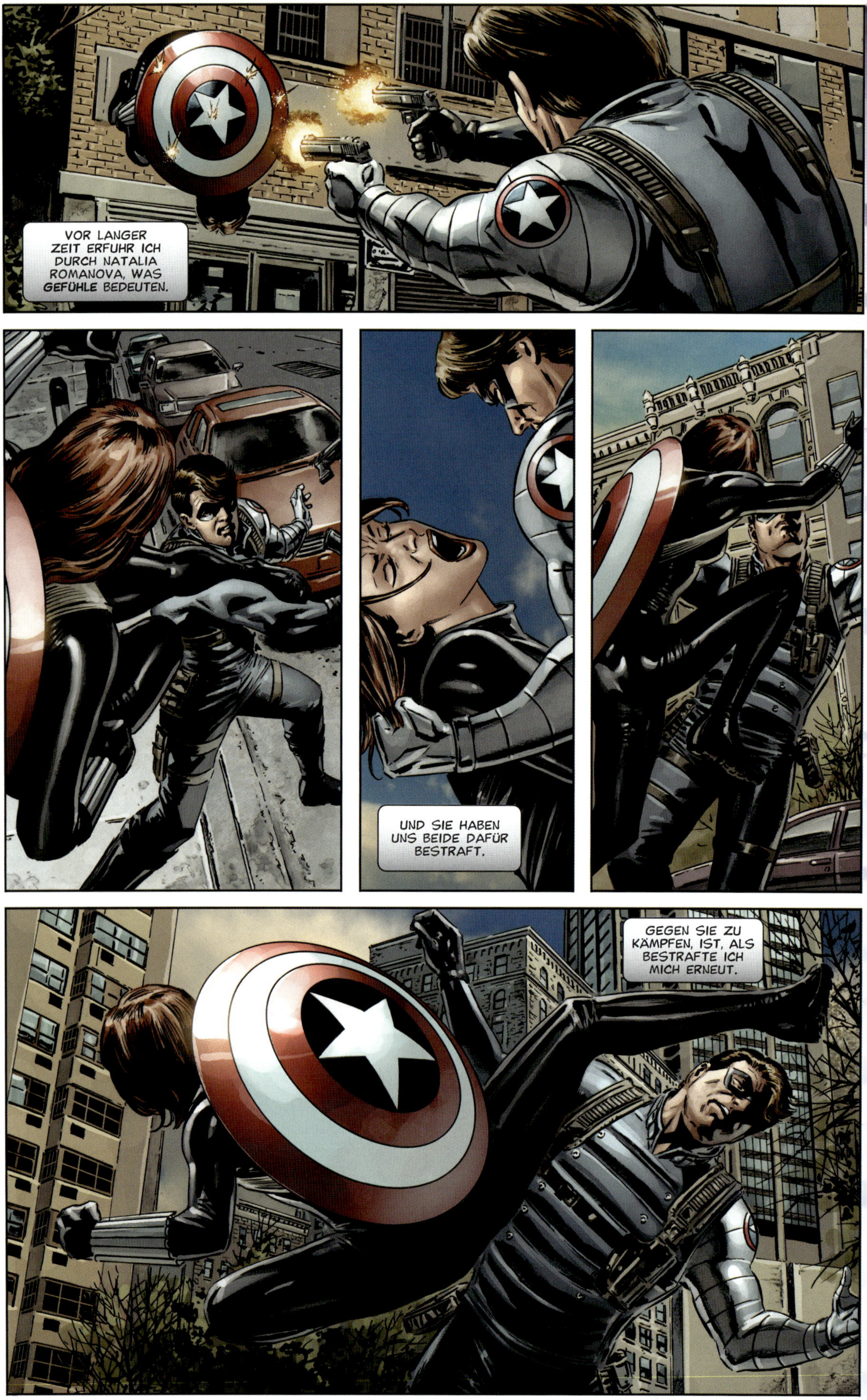
VOR LANGER ZEIT ERFUHR ICH DURCH NATALIA ROMANOVA, WAS GEFÜHLE BEDEUTEN.
UND SIE HABEN UNS BEIDE DAFÜR BESTRAFT.
GEGEN SIE ZU KÄMPFEN, IST, ALS BESTRAFTE ICH MICH ERNEUT.

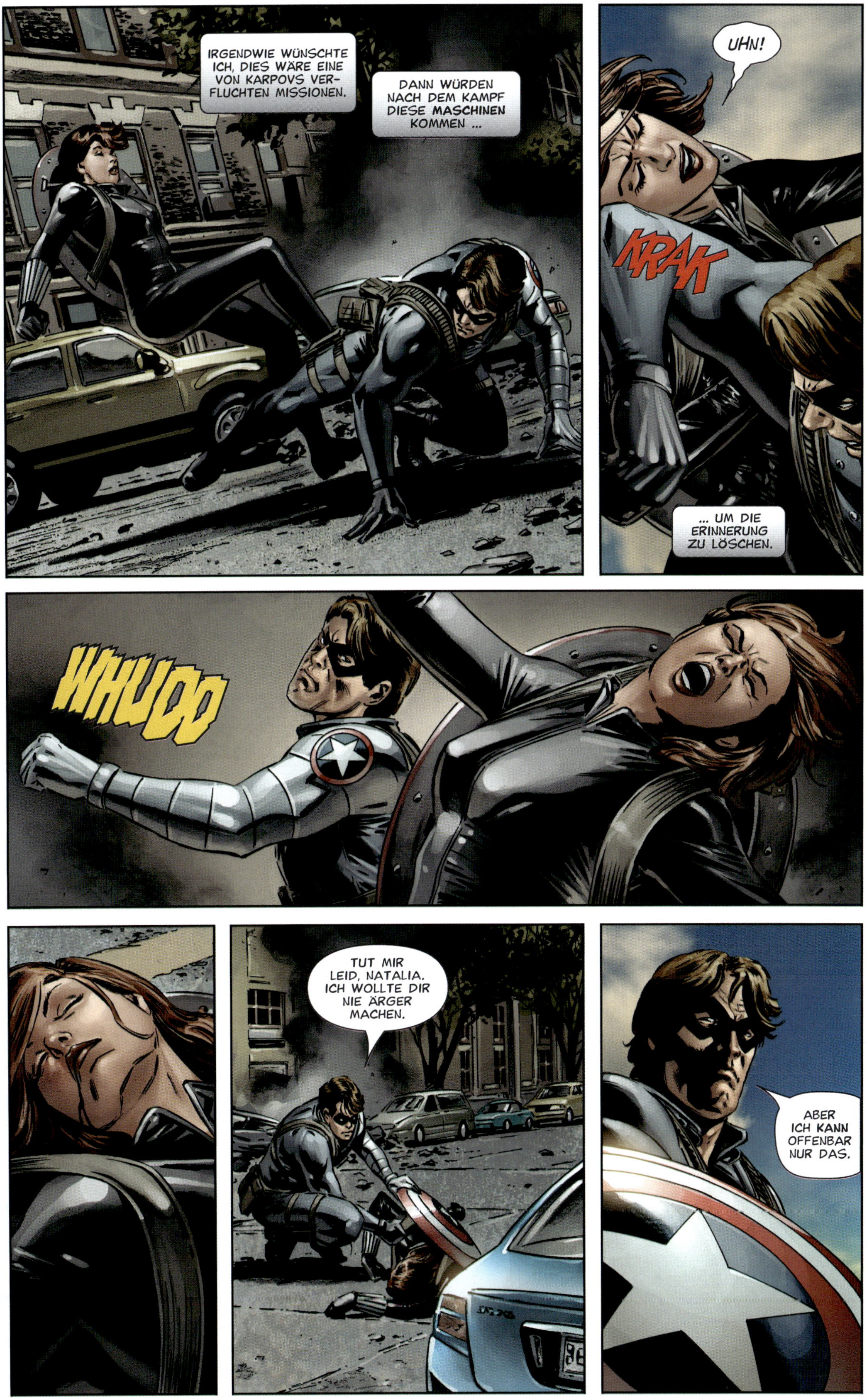
IRGENDWIE WÜNSCHTE ICH, DIES WÄRE EINE VON KARPOVS VERFLUCHTEN MISSIONEN.
DANN WÜRDEN NACH DEM KAMPF DIESE MASCHINEN KOMMEN ...
UHN!
KRAK
... UM DIE ERINNERUNG ZU LÖSCHEN.
WHUDD
TUT MIR LEID, NATALIA. ICH WOLLTE DIR NIE ÄRGER MACHEN.
ABER ICH KANN OFFENBAR NUR DAS.

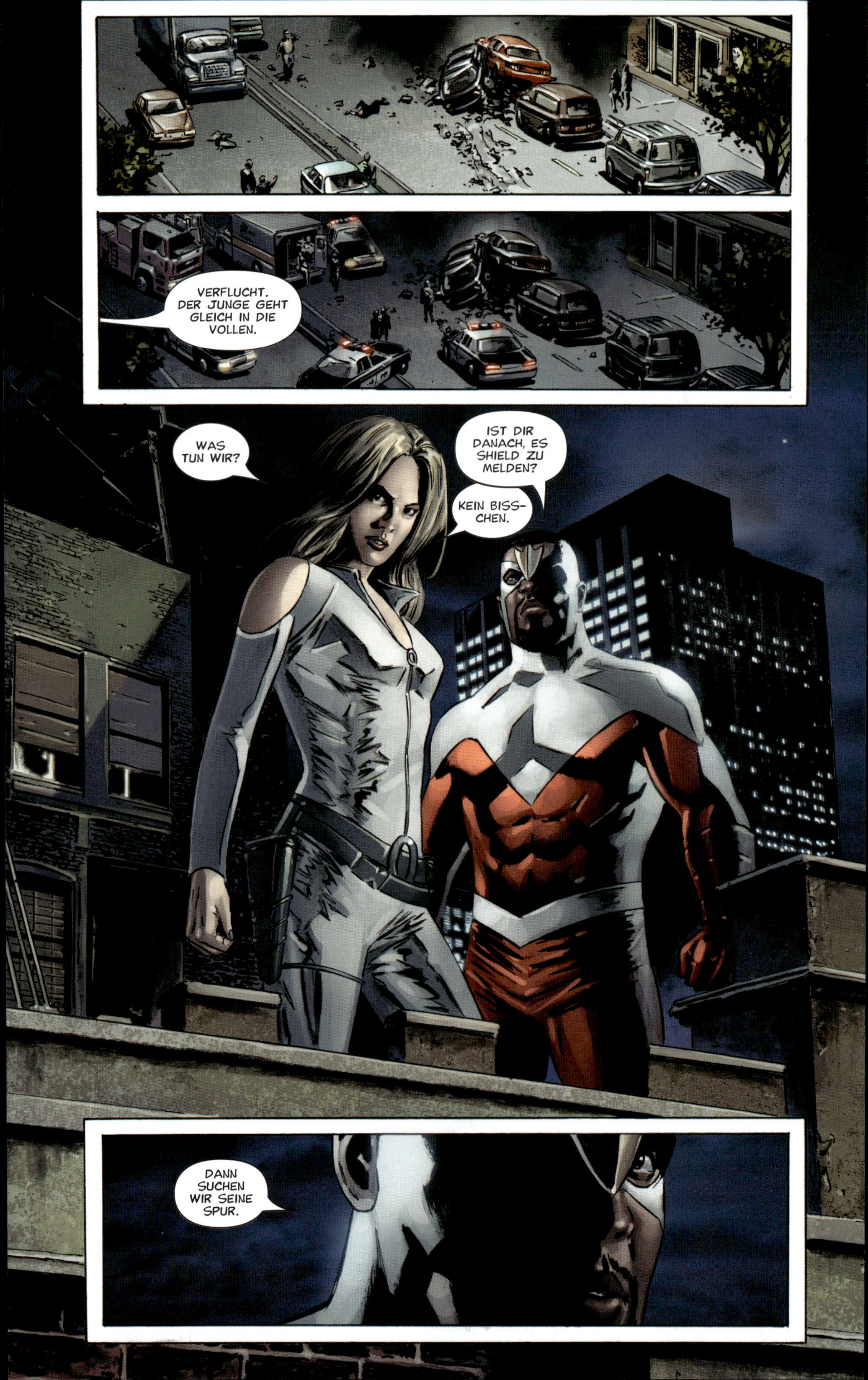
VERFLUCHT. DER JUNGE GEHT GLEICH IN DIE VOLLEN.
WAS TUN WIR?
IST DIR DANACH, ES SHIELD ZU MELDEN?
KEIN BISS-CHEN.
DANN SUCHEN WIR SEINE SPUR.

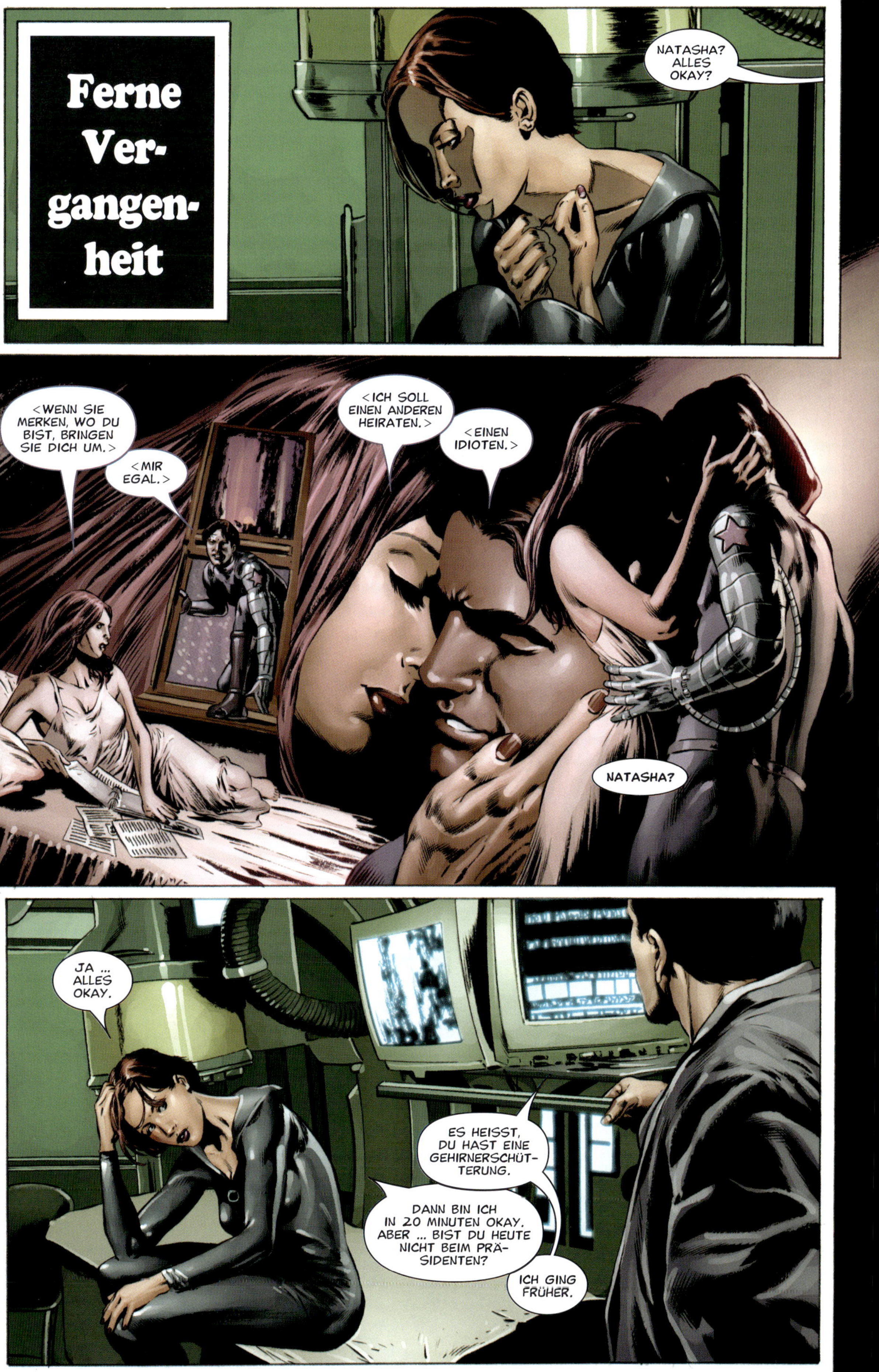
Ferne Vergangenheit
NATASHA? ALLES OKAY?
<WENN SIE MERKEN, WO DU BIST, BRINGEN SIE DICH UM.>
<MIR EGAL.>
<ICH SOLL EINEN ANDEREN HEIRATEN.>
<EINEN IDIOTEN.>
NATASHA?
JA ... ALLES OKAY.
ES HEISST, DU HAST EINE GEHIRNERSCHÜTTERUNG.
DANN BIN ICH IN 20 MINUTEN OKAY. ABER ... BIST DU HEUTE NICHT BEIM PRÄSIDENTEN?
ICH GING FRÜHER.

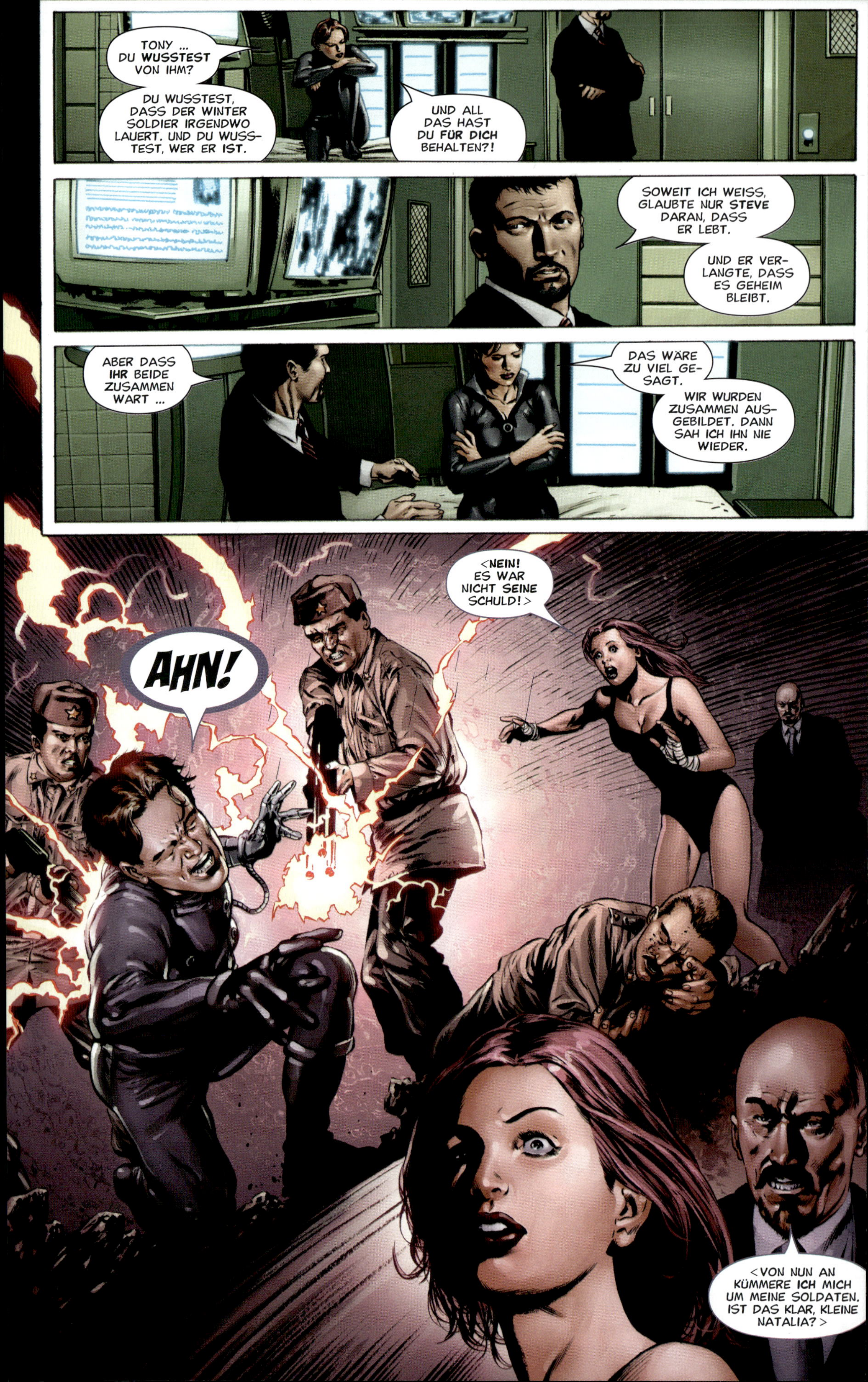
TONY ... DU WUSSTEST VON IHM?
DU WUSSTEST, DASS DER WINTER SOLDIER IRGENDWO LAUERT. UND DU WUSSTEST, WER ER IST.
UND ALL DAS HAST DU FÜR DICH BEHALTEN?!
SOWEIT ICH WEISS, GLAUBTE NUR STEVE DARAN, DASS ER LEBT.
UND ER VERLANGTE, DASS ES GEHEIM BLEIBT.
ABER DASS IHR BEIDE ZUSAMMEN WART ...
DAS WÄRE ZU VIEL GESAGT.
WIR WURDEN ZUSAMMEN AUSGEBILDET. DANN SAH ICH IHN NIE WIEDER.
AHN!
<NEIN! ES WAR NICHT SEINE SCHULD!>
<VON NUN AN KÜMMERE ICH MICH UM MEINE SOLDATEN. IST DAS KLAR, KLEINE NATALIA?>

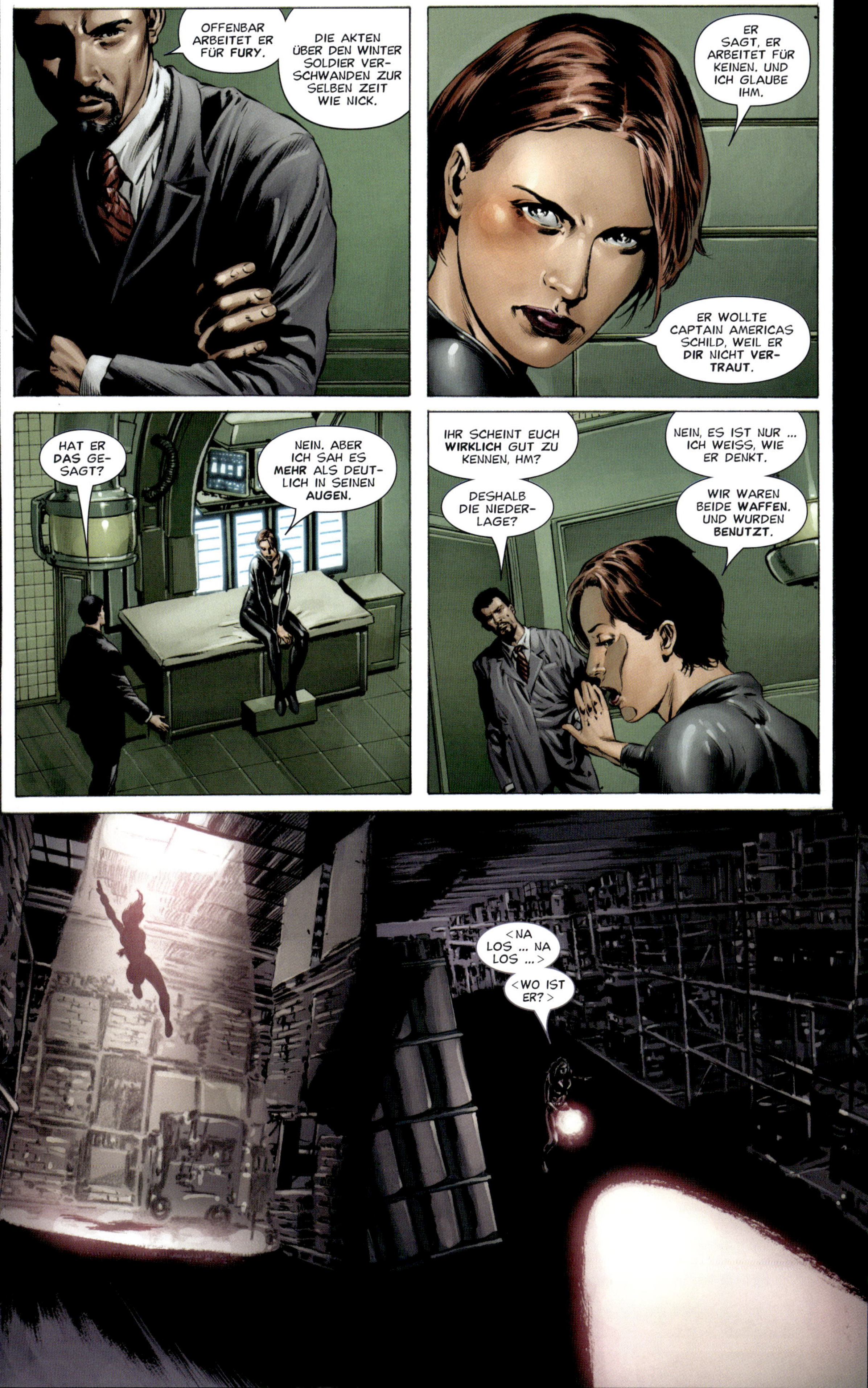
OFFENBAR ARBEITET ER FÜR FURY.
DIE AKTEN ÜBER DEN WINTER SOLDIER VERSCHWANDEN ZUR SELBEN ZEIT WIE NICK.
ER SAGT, ER ARBEITET FÜR KEINEN. UND ICH GLAUBE IHM.
ER WOLLTE CAPTAIN AMERICAS SCHILD, WEIL ER DIR NICHT VERTRAUT.
HAT ER DAS GESAGT?
NEIN. ABER ICH SAH ES MEHR ALS DEUTLICH IN SEINEN AUGEN.
IHR SCHEINT EUCH WIRKLICH GUT ZU KENNEN, HM?
DESHALB DIE NIEDERLAGE?
NEIN, ES IST NUR ... ICH WEISS, WIE ER DENKT.
WIR WAREN BEIDE WAFFEN. UND WURDEN BENUTZT.
<NA LOS ... NA LOS ...>
<WO IST ER?>

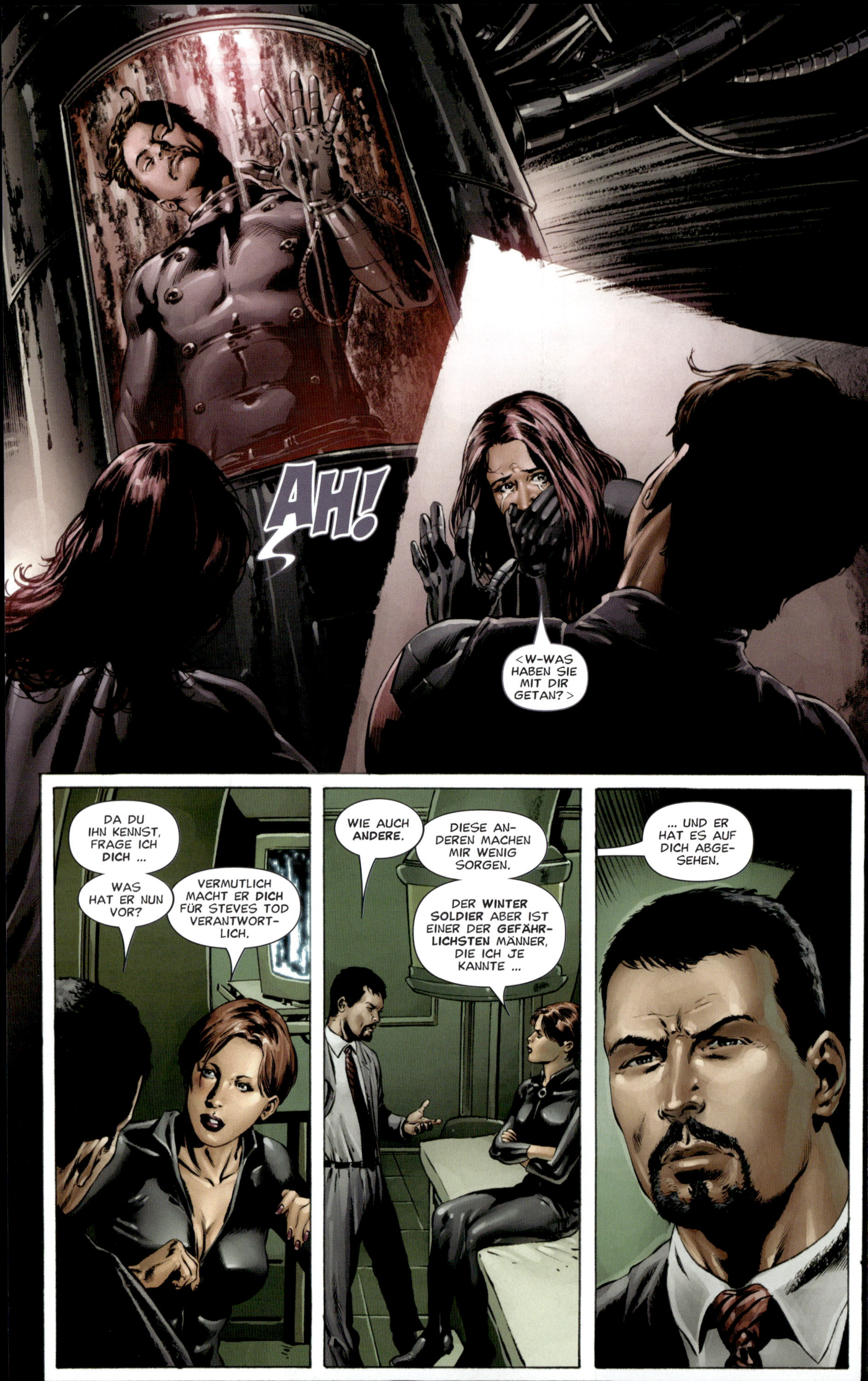
AH!
<W-WAS HABEN SIE MIT DIR GETAN?>
DA DU IHN KENNST, FRAGE ICH DICH ...
WAS HAT ER NUN VOR?
VERMUTLICH MACHT ER DICH FÜR STEVES TOD VERANTWORT-LICH.
WIE AUCH ANDERE.
DIESE AN-DEREN MACHEN MIR WENIG SORGEN.
DER WINTER SOLDIER ABER IST EINER DER GEFÄHR-LICHSTEN MÄNNER, DIE ICH JE KANNTE ...
... UND ER HAT ES AUF DICH ABGE-SEHEN.

DER TOD EINES TRAUMS, TEIL 4

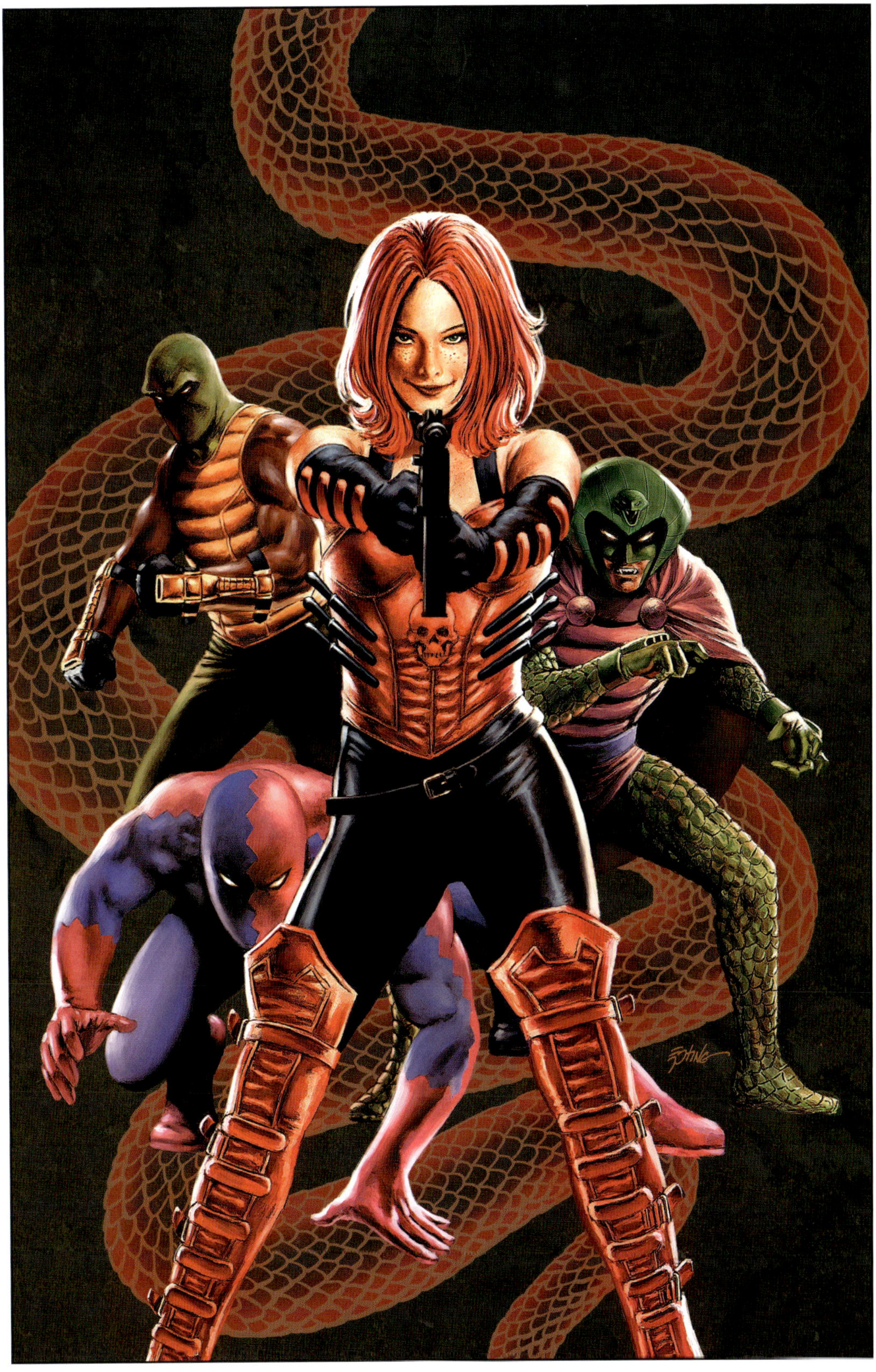

Captain America (2005) 28
Cover von **STEVE EPTING**

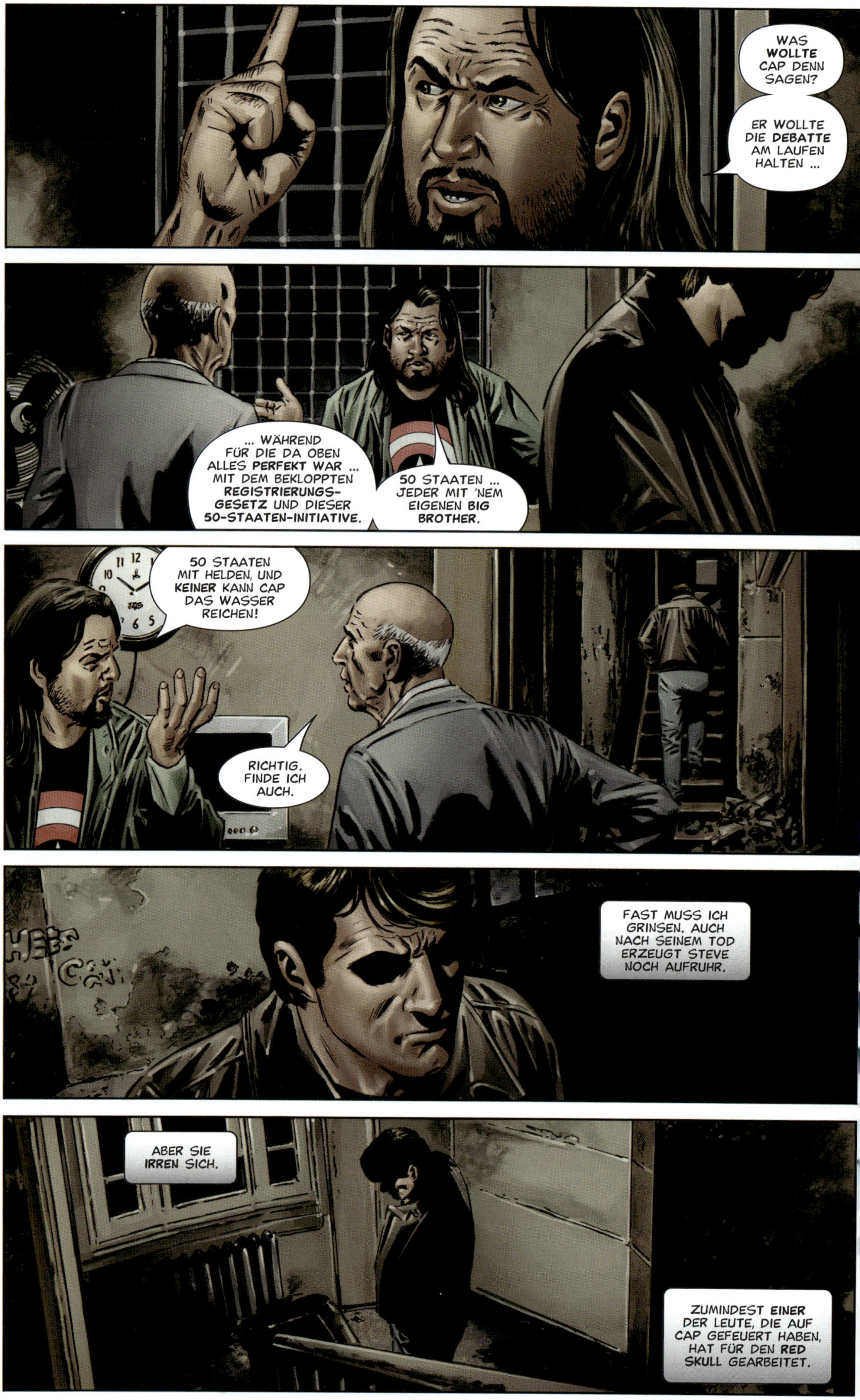
WAS WOLLTE CAP DENN SAGEN?
ER WOLLTE DIE DEBATTE AM LAUFEN HALTEN ...
... WÄHREND FÜR DIE DA OBEN ALLES PERFEKT WAR ... MIT DEM BEKLOPPTEN REGISTRIERUNGS-GESETZ UND DIESER 50-STAATEN-INITIATIVE.
50 STAATEN ... JEDER MIT 'NEM EIGENEN BIG BROTHER.
50 STAATEN MIT HELDEN, UND KEINER KANN CAP DAS WASSER REICHEN!
RICHTIG. FINDE ICH AUCH.
FAST MUSS ICH GRINSEN. AUCH NACH SEINEM TOD ERZEUGT STEVE NOCH AUFRUHR.
ABER SIE IRREN SICH.
ZUMINDEST EINER DER LEUTE, DIE AUF CAP GEFEUERT HABEN, HAT FÜR DEN RED SKULL GEARBEITET.

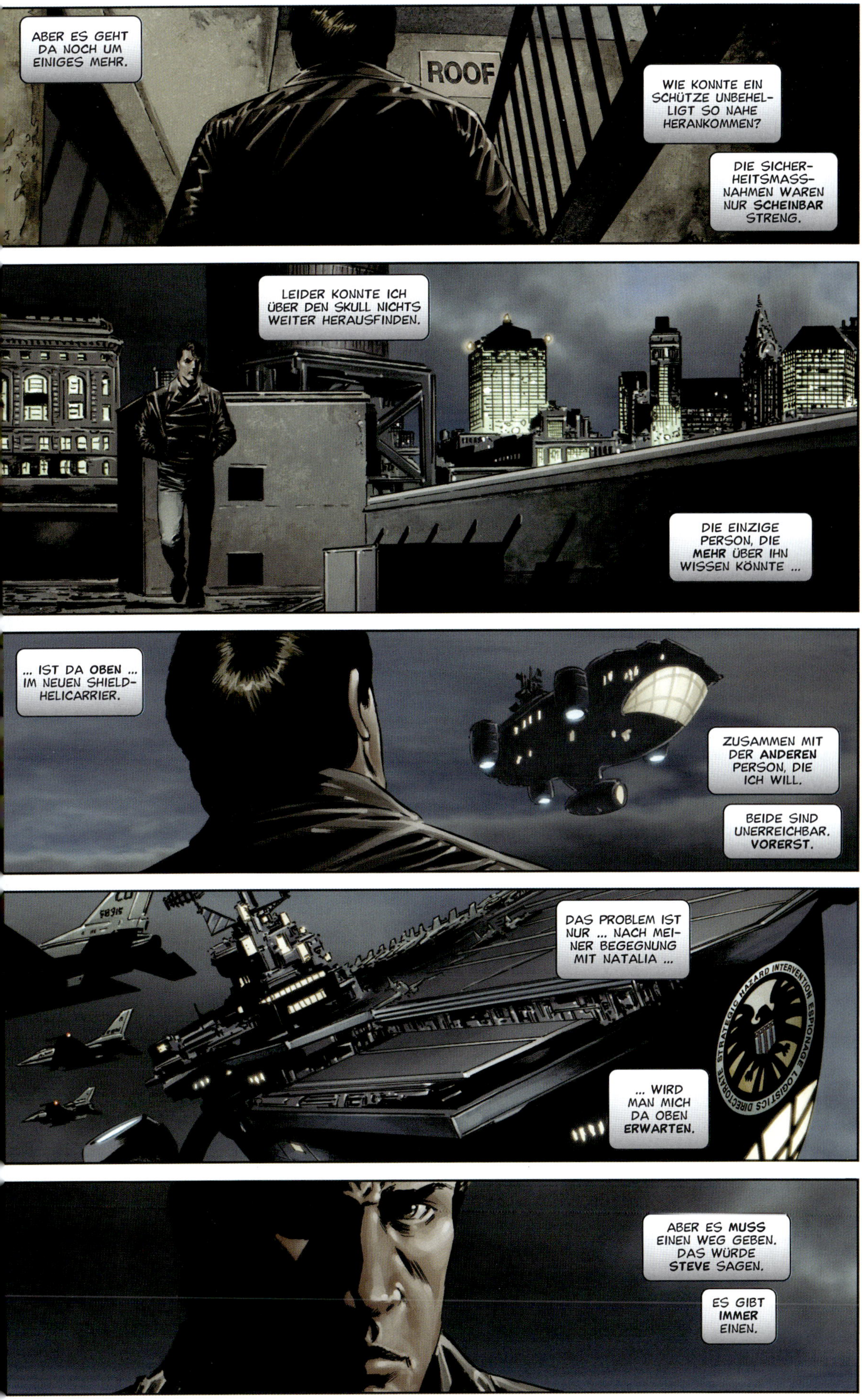
ABER ES GEHT DA NOCH UM EINIGES MEHR.
ROOF
WIE KONNTE EIN SCHÜTZE UNBEHELLIGT SO NAHE HERANKOMMEN?
DIE SICHERHEITSMASSNAHMEN WAREN NUR **SCHEINBAR** STRENG.
LEIDER KONNTE ICH ÜBER DEN SKULL NICHTS WEITER HERAUSFINDEN.
DIE EINZIGE PERSON, DIE **MEHR** ÜBER IHN WISSEN KÖNNTE ...
... IST DA **OBEN** ... IM NEUEN SHIELD-HELICARRIER.
ZUSAMMEN MIT DER **ANDEREN** PERSON, DIE ICH WILL.
BEIDE SIND UNERREICHBAR. **VORERST.**
DAS PROBLEM IST NUR ... NACH MEINER BEGEGNUNG MIT NATALIA ...
STRATEGIC HAZARD INTERVENTION ESPIONAGE LOGISTICS DIRECTORATE
... WIRD MAN MICH DA OBEN **ERWARTEN.**
ABER ES **MUSS** EINEN WEG GEBEN. DAS WÜRDE **STEVE** SAGEN.
ES GIBT **IMMER** EINEN.

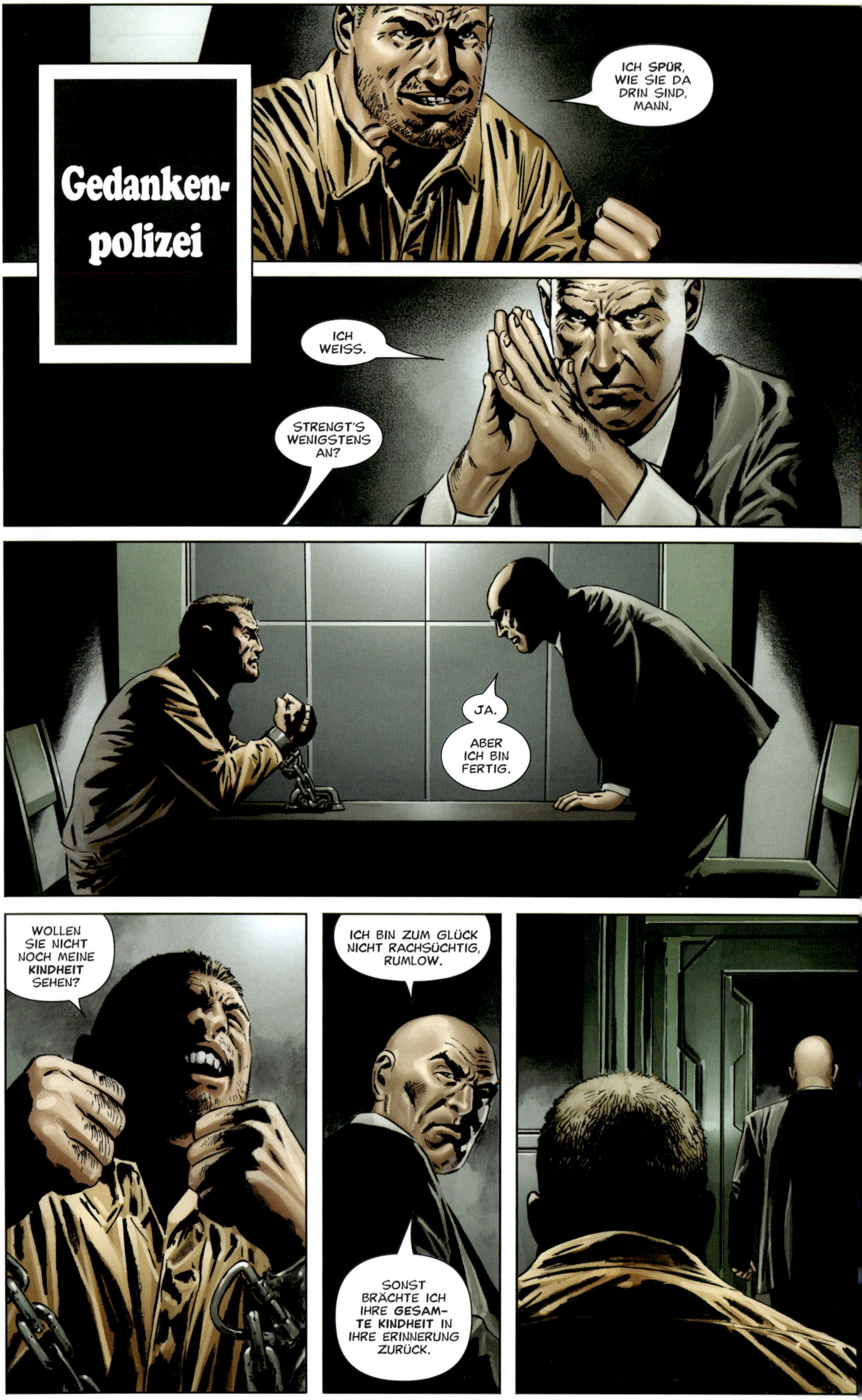
Gedanken-
polizei
ICH SPÜR, WIE SIE DA DRIN SIND, MANN.
ICH WEISS.
STRENGT'S WENIGSTENS AN?
JA.
ABER ICH BIN FERTIG.
WOLLEN SIE NICHT NOCH MEINE KINDHEIT SEHEN?
ICH BIN ZUM GLÜCK NICHT RACHSÜCHTIG, RUMLOW.
SONST BRÄCHTE ICH IHRE GESAMTE KINDHEIT IN IHRE ERINNERUNG ZURÜCK.

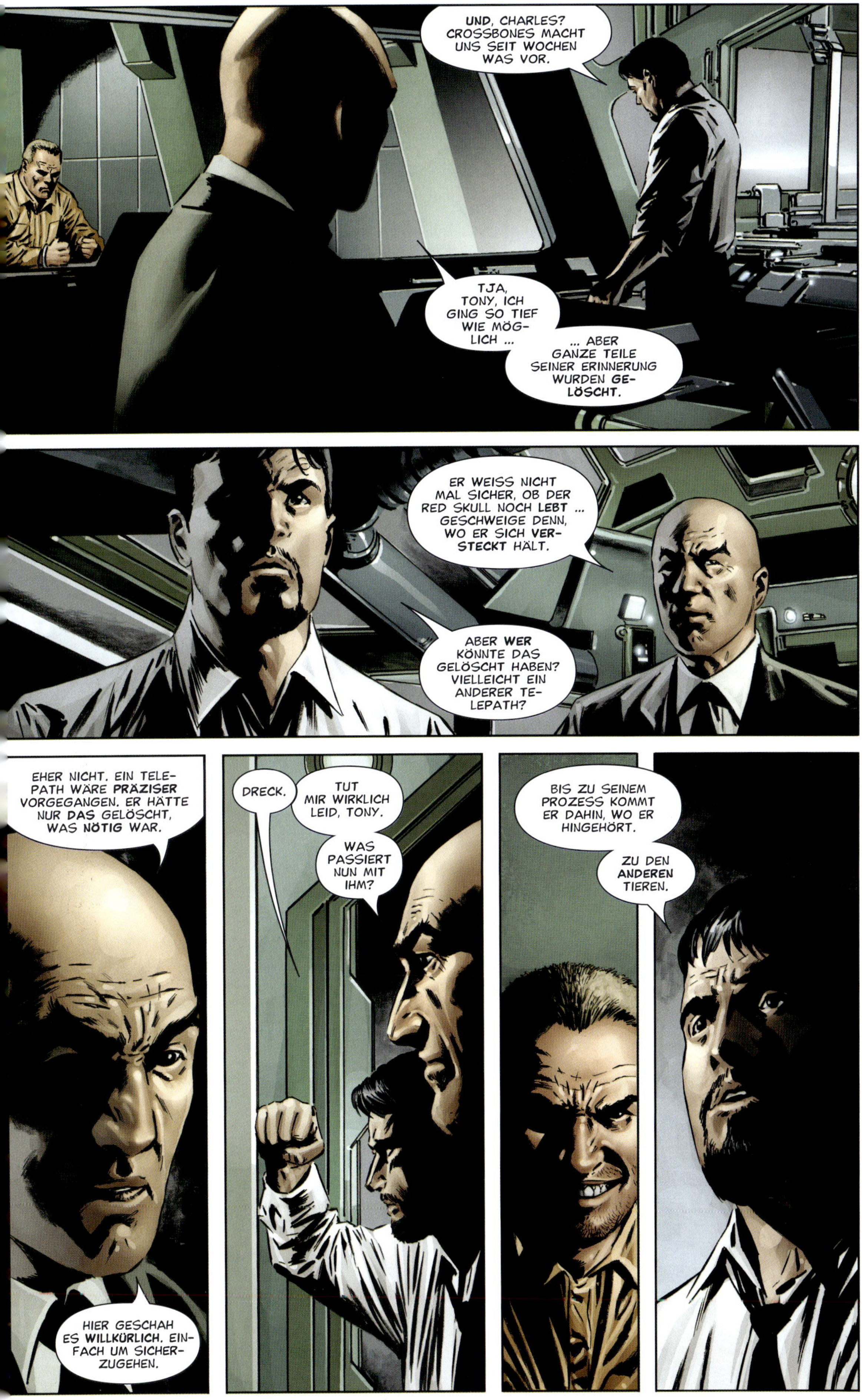
UND, CHARLES? CROSSBONES MACHT UNS SEIT WOCHEN WAS VOR.
TJA, TONY, ICH GING SO TIEF WIE MÖGLICH ...
... ABER GANZE TEILE SEINER ERINNERUNG WURDEN GELÖSCHT.
ER WEISS NICHT MAL SICHER, OB DER RED SKULL NOCH LEBT ... GESCHWEIGE DENN, WO ER SICH VERSTECKT HÄLT.
ABER WER KÖNNTE DAS GELÖSCHT HABEN? VIELLEICHT EIN ANDERER TELEPATH?
EHER NICHT. EIN TELEPATH WÄRE PRÄZISER VORGEGANGEN. ER HÄTTE NUR DAS GELÖSCHT, WAS NÖTIG WAR.
HIER GESCHAH ES WILLKÜRLICH. EINFACH UM SICHERZUGEHEN.
DRECK.
TUT MIR WIRKLICH LEID, TONY.
WAS PASSIERT NUN MIT IHM?
BIS ZU SEINEM PROZESS KOMMT ER DAHIN, WO ER HINGEHÖRT.
ZU DEN ANDEREN TIEREN.

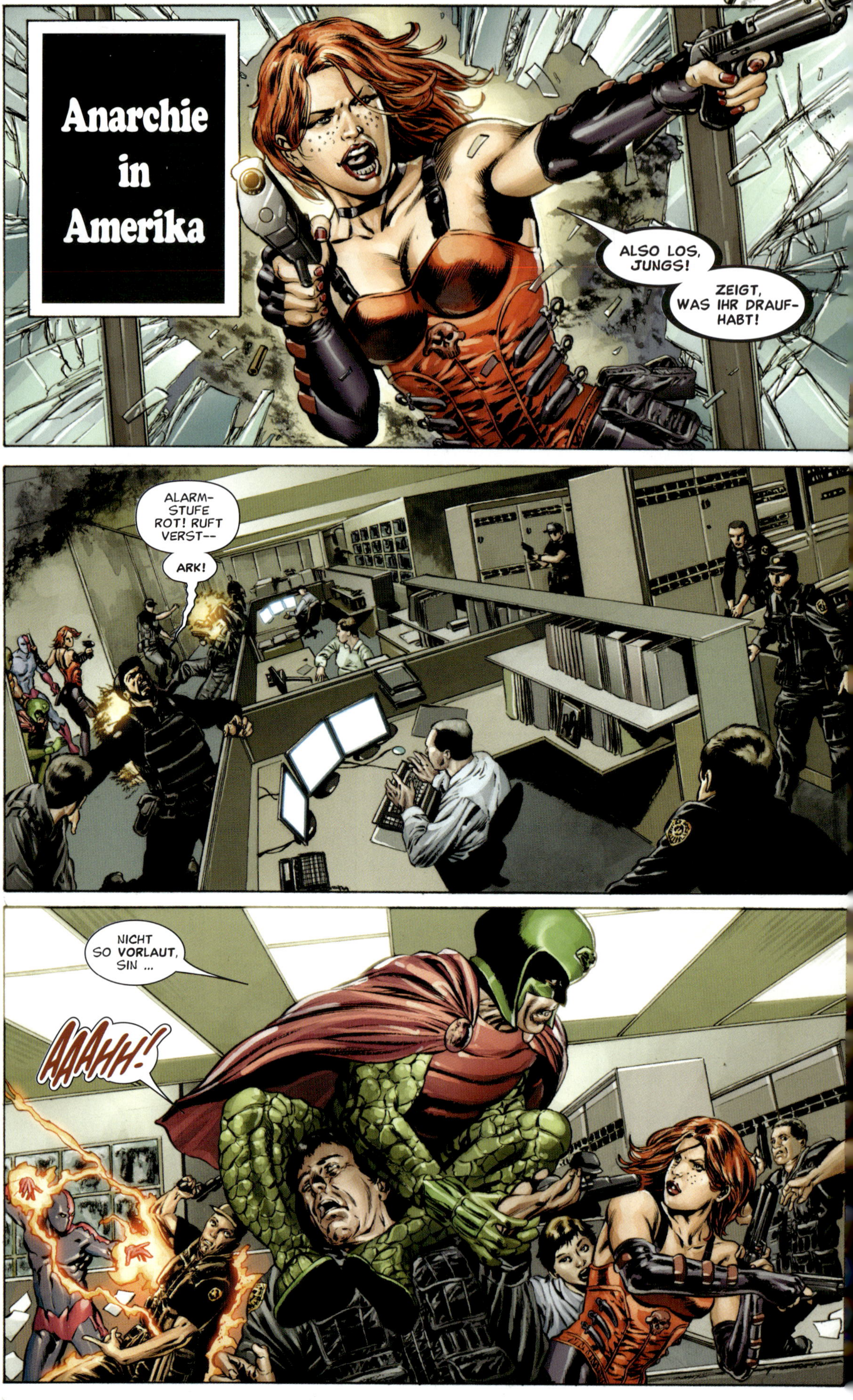
Anarchie in Amerika
ALSO LOS, JUNGS!
ZEIGT, WAS IHR DRAUF-HABT!
ALARM-STUFE ROT! RUFT VERST--
ARK!
NICHT SO VORLAUT, SIN ...
AAAHH!

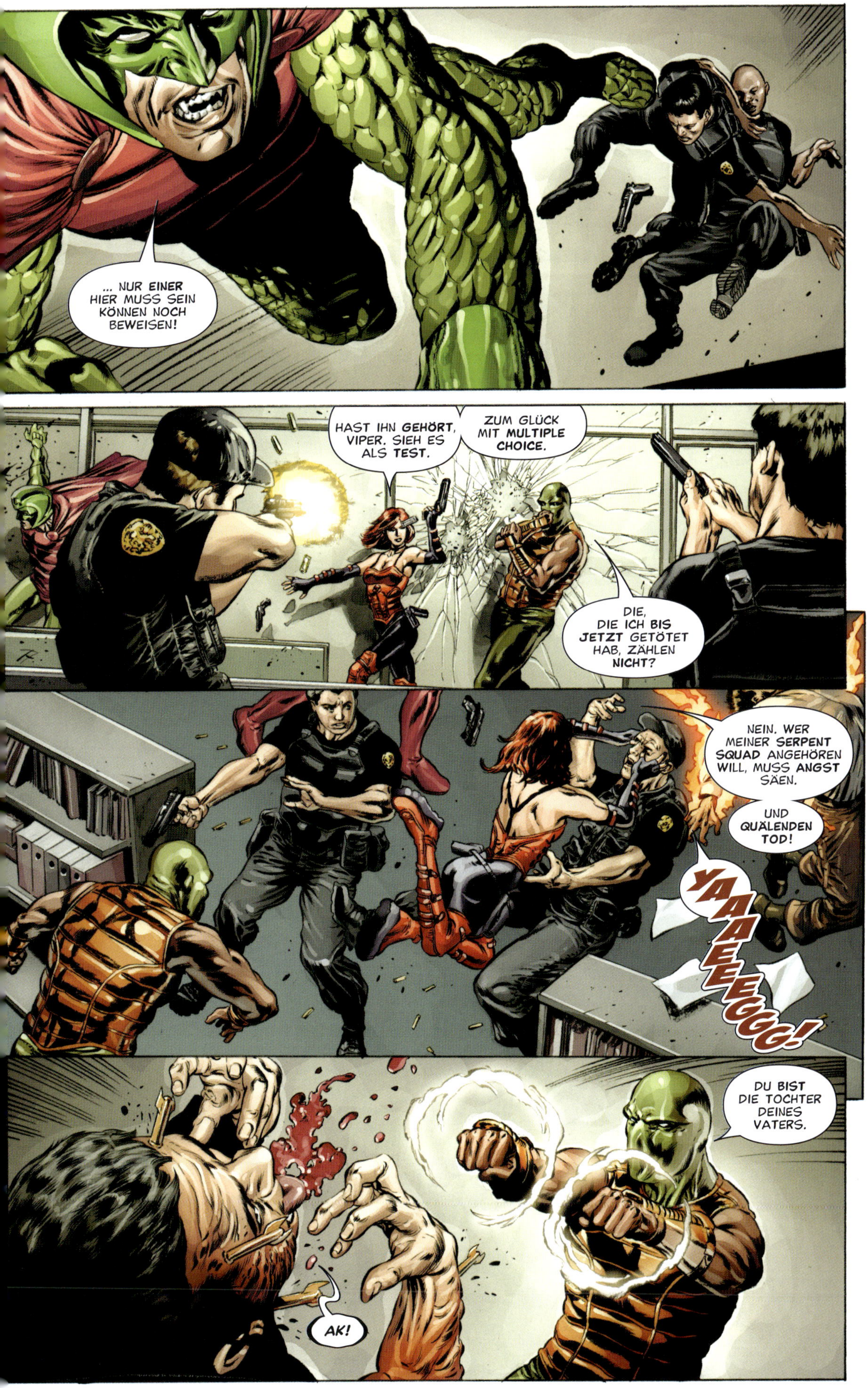
... NUR EINER HIER MUSS SEIN KÖNNEN NOCH BEWEISEN!
HAST IHN GEHÖRT, VIPER. SIEH ES ALS TEST.
ZUM GLÜCK MIT MULTIPLE CHOICE.
DIE, DIE ICH BIS JETZT GETÖTET HAB, ZÄHLEN NICHT?
NEIN. WER MEINER SERPENT SQUAD ANGEHÖREN WILL, MUSS ANGST SÄEN.
UND QUÄLENDEN TOD!
YAAAEEEGGG!
DU BIST DIE TOCHTER DEINES VATERS.
AK!

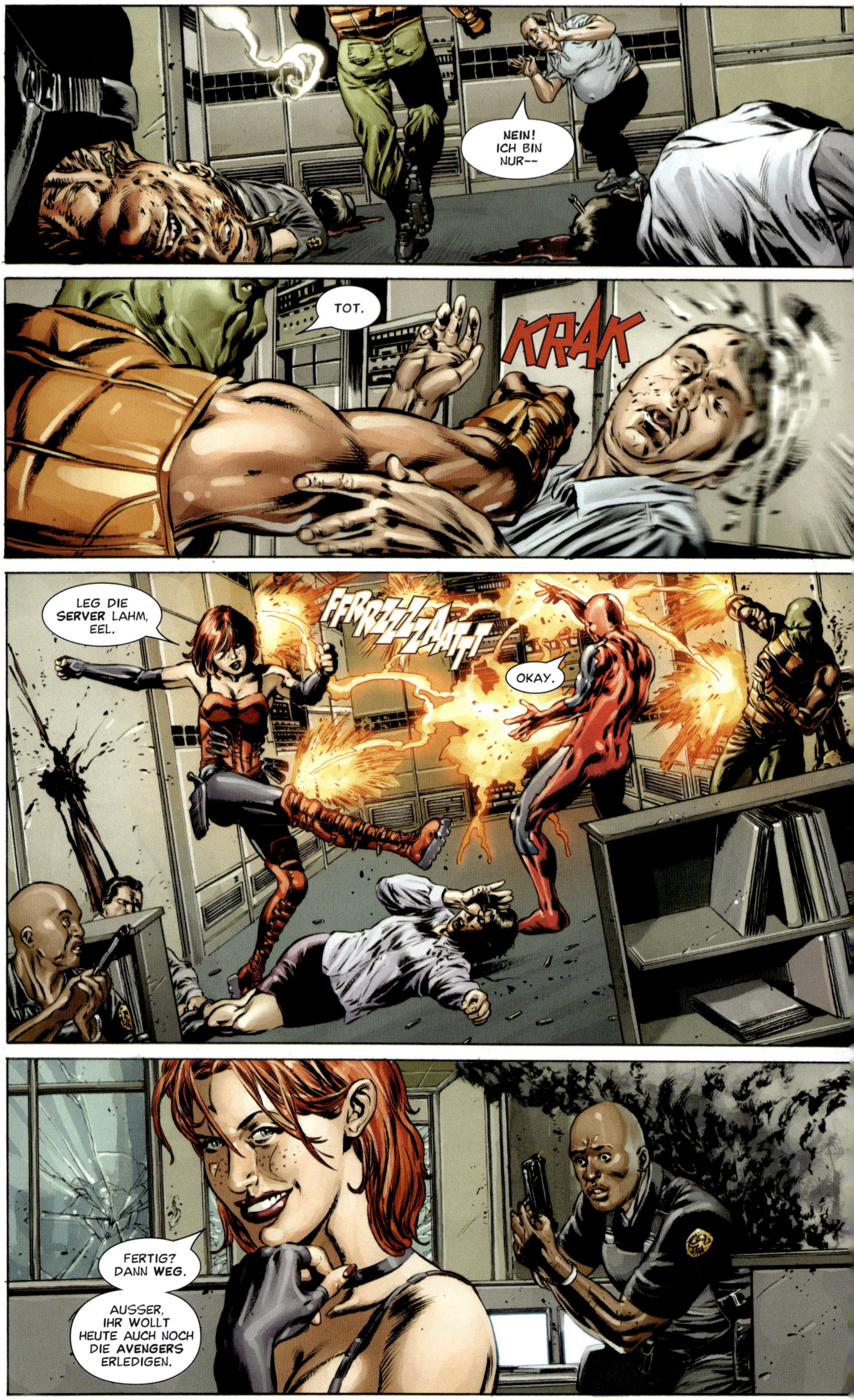
NEIN! ICH BIN NUR--
TOT.
KRAK
LEG DIE SERVER LAHM, EEL.
FFRRZZZZAATT!
OKAY.
FERTIG? DANN WEG.
AUSSER, IHR WOLLT HEUTE AUCH NOCH DIE AVENGERS ERLEDIGEN.

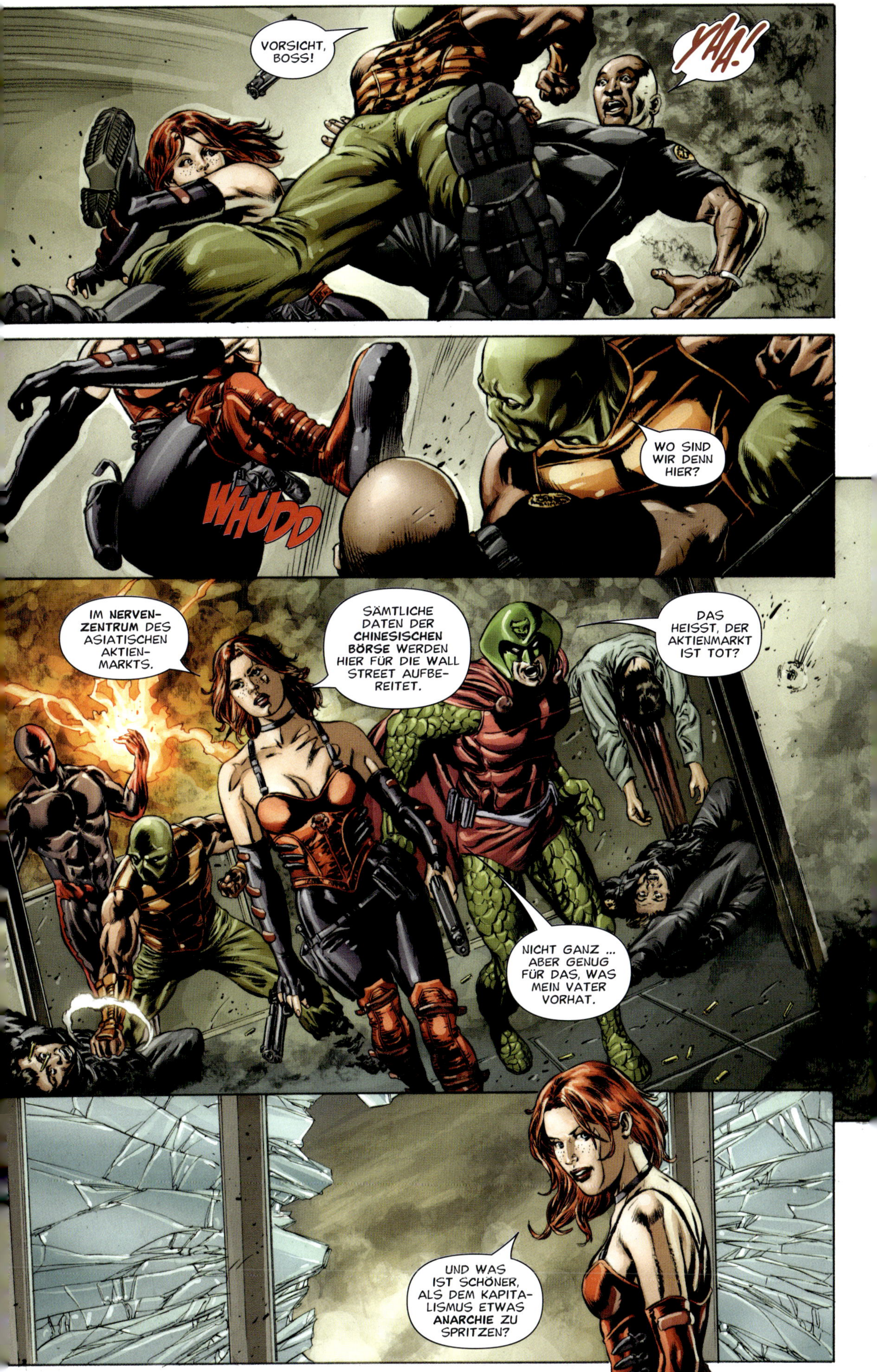
VORSICHT, BOSS!
YAA!
WO SIND WIR DENN HIER?
WHUDD
IM NERVENZENTRUM DES ASIATISCHEN AKTIENMARKTS.
SÄMTLICHE DATEN DER CHINESISCHEN BÖRSE WERDEN HIER FÜR DIE WALL STREET AUFBEREITET.
DAS HEISST, DER AKTIENMARKT IST TOT?
NICHT GANZ ... ABER GENUG FÜR DAS, WAS MEIN VATER VORHAT.
UND WAS IST SCHÖNER, ALS DEM KAPITALISMUS ETWAS ANARCHIE ZU SPRITZEN?

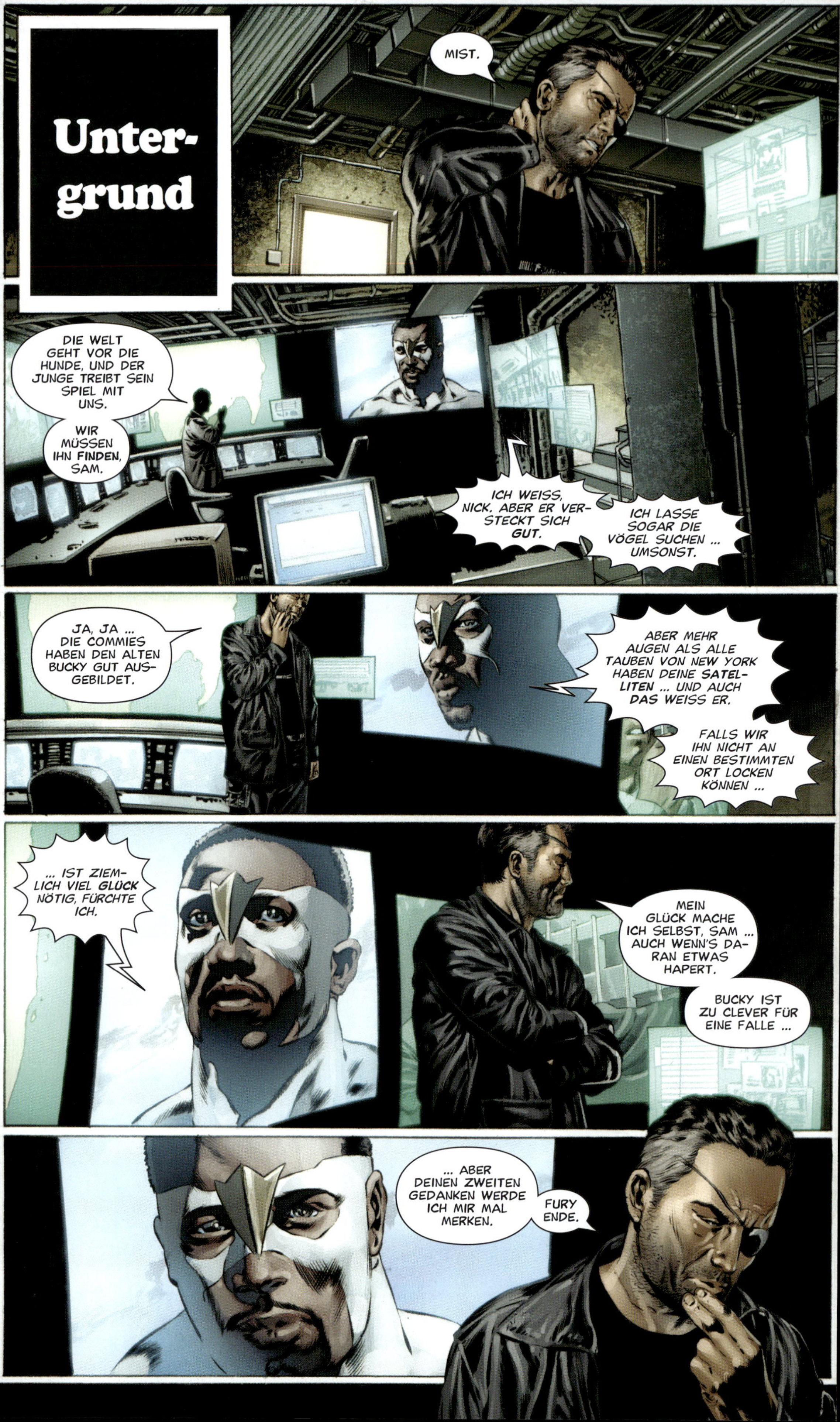
Unter-
grund
MIST.
DIE WELT GEHT VOR DIE HUNDE, UND DER JUNGE TREIBT SEIN SPIEL MIT UNS.
WIR MÜSSEN IHN FINDEN, SAM.
ICH WEISS, NICK. ABER ER VERSTECKT SICH GUT.
ICH LASSE SOGAR DIE VÖGEL SUCHEN ... UMSONST.
JA, JA ... DIE COMMIES HABEN DEN ALTEN BUCKY GUT AUSGEBILDET.
ABER MEHR AUGEN ALS ALLE TAUBEN VON NEW YORK HABEN DEINE SATELLITEN ... UND AUCH DAS WEISS ER.
FALLS WIR IHN NICHT AN EINEN BESTIMMTEN ORT LOCKEN KÖNNEN ...
... IST ZIEMLICH VIEL GLÜCK NÖTIG, FÜRCHTE ICH.
MEIN GLÜCK MACHE ICH SELBST, SAM ... AUCH WENN'S DARAN ETWAS HAPERT.
BUCKY IST ZU CLEVER FÜR EINE FALLE ...
... ABER DEINEN ZWEITEN GEDANKEN WERDE ICH MIR MAL MERKEN.
FURY ENDE.

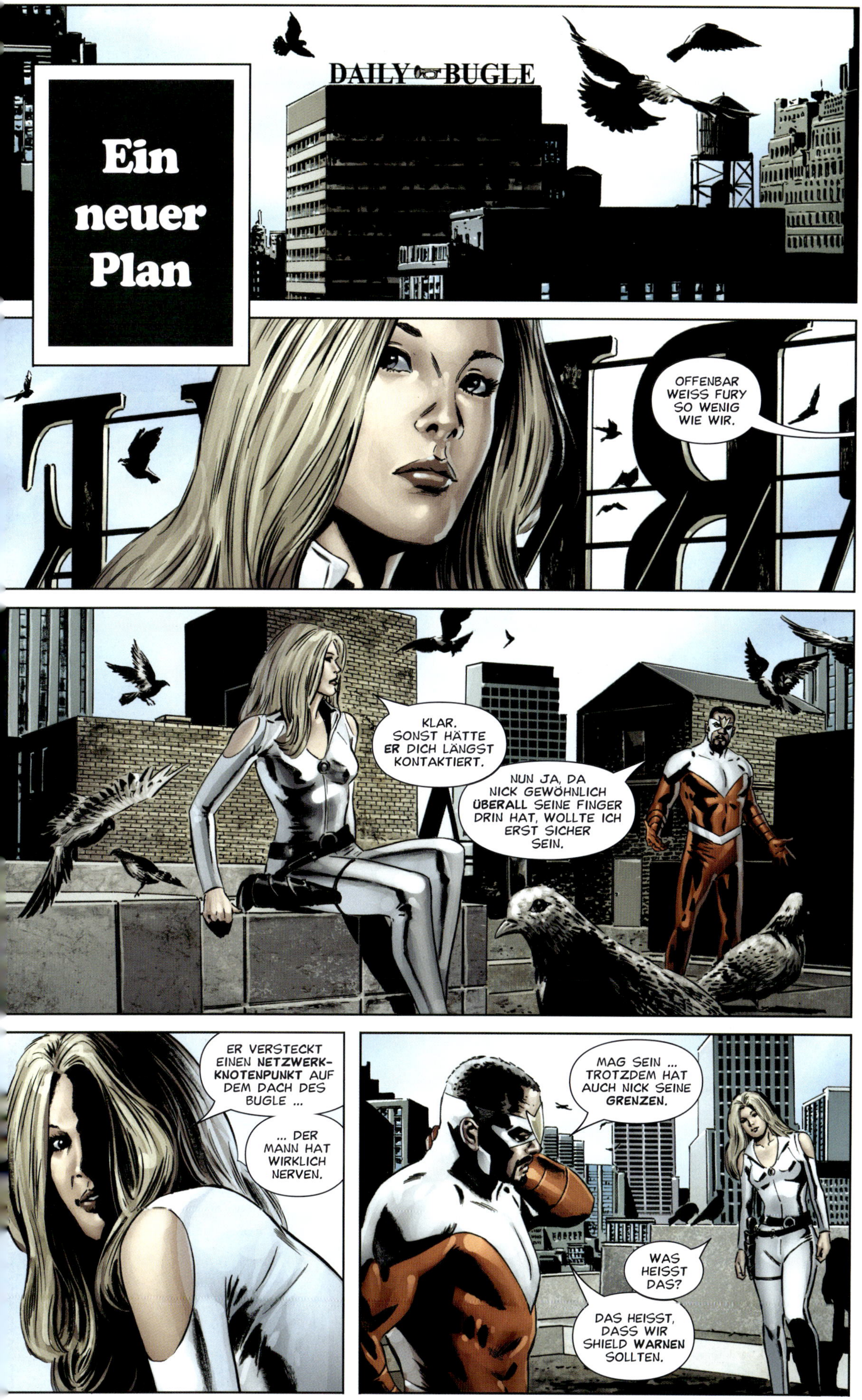
DAILY BUGLE
Ein neuer Plan
OFFENBAR WEISS FURY SO WENIG WIE WIR.
KLAR. SONST HÄTTE ER DICH LÄNGST KONTAKTIERT.
NUN JA, DA NICK GEWÖHNLICH ÜBERALL SEINE FINGER DRIN HAT, WOLLTE ICH ERST SICHER SEIN.
ER VERSTECKT EINEN NETZWERK-KNOTENPUNKT AUF DEM DACH DES BUGLE ...
... DER MANN HAT WIRKLICH NERVEN.
MAG SEIN ... TROTZDEM HAT AUCH NICK SEINE GRENZEN.
WAS HEISST DAS?
DAS HEISST, DASS WIR SHIELD WARNEN SOLLTEN.

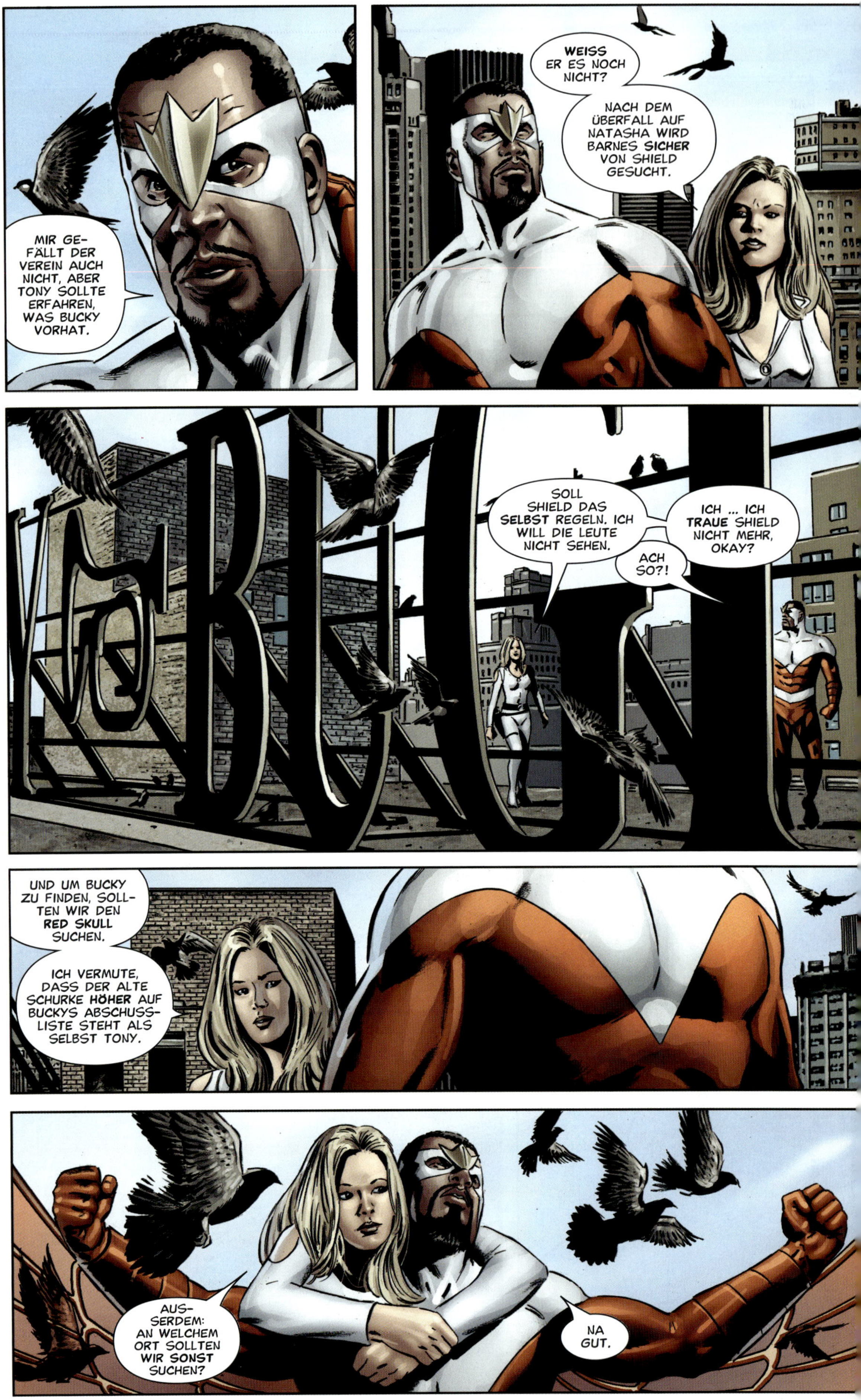

MIR GEFÄLLT DER VEREIN AUCH NICHT, ABER TONY SOLLTE ERFAHREN, WAS BUCKY VORHAT.
WEISS ER ES NOCH NICHT?
NACH DEM ÜBERFALL AUF NATASHA WIRD BARNES SICHER VON SHIELD GESUCHT.
SOLL SHIELD DAS SELBST REGELN. ICH WILL DIE LEUTE NICHT SEHEN.
ICH ... ICH TRAUE SHIELD NICHT MEHR, OKAY?
ACH SO?!
UND UM BUCKY ZU FINDEN, SOLLTEN WIR DEN RED SKULL SUCHEN.
ICH VERMUTE, DASS DER ALTE SCHURKE HÖHER AUF BUCKYS ABSCHUSSLISTE STEHT ALS SELBST TONY.
AUSSERDEM: AN WELCHEM ORT SOLLTEN WIR SONST SUCHEN?
NA GUT.

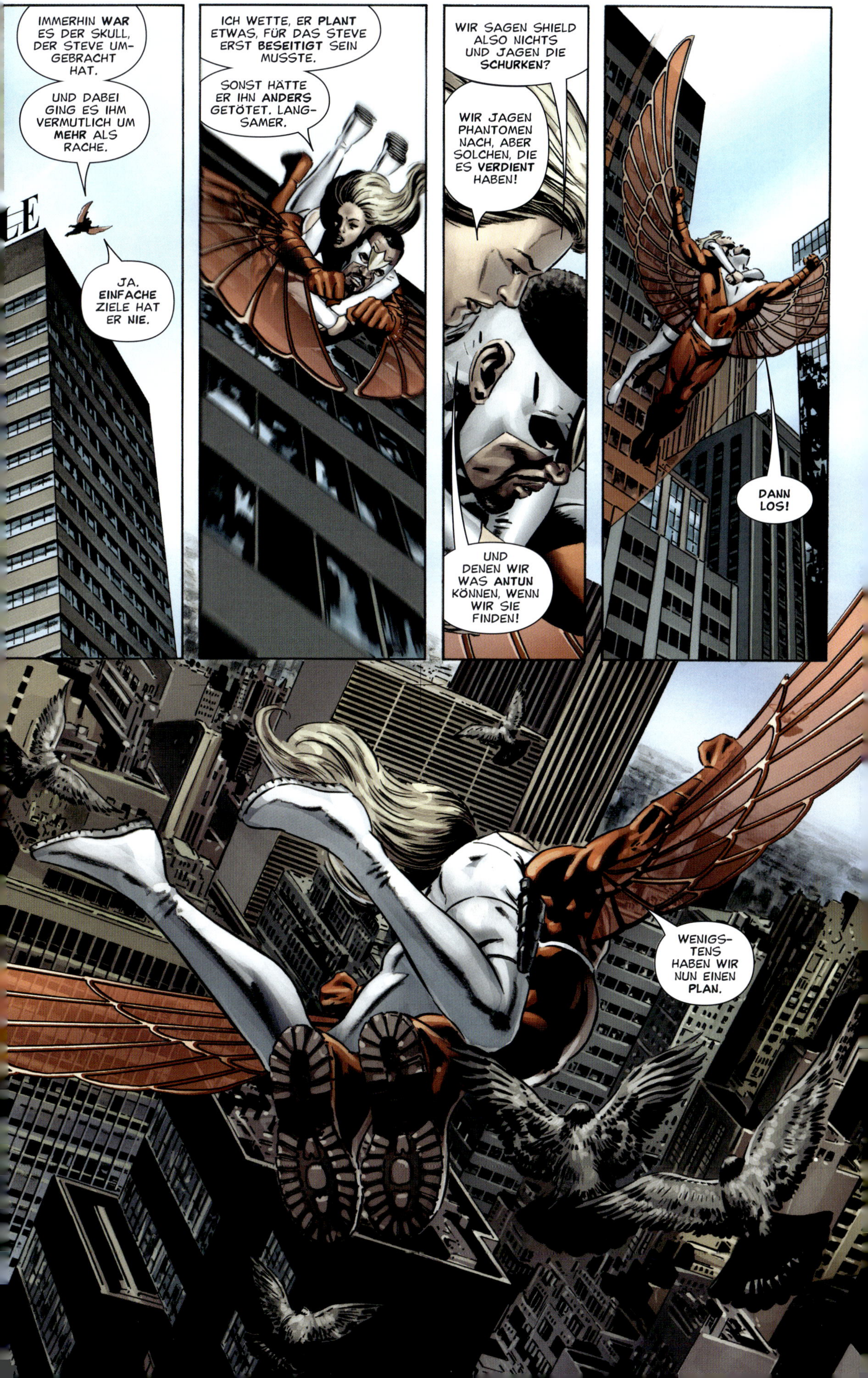
IMMERHIN WAR ES DER SKULL, DER STEVE UMGEBRACHT HAT.
UND DABEI GING ES IHM VERMUTLICH UM MEHR ALS RACHE.
JA. EINFACHE ZIELE HAT ER NIE.
ICH WETTE, ER PLANT ETWAS, FÜR DAS STEVE ERST BESEITIGT SEIN MUSSTE.
SONST HÄTTE ER IHN ANDERS GETÖTET. LANGSAMER.
WIR SAGEN SHIELD ALSO NICHTS UND JAGEN DIE SCHURKEN?
WIR JAGEN PHANTOMEN NACH, ABER SOLCHEN, DIE ES VERDIENT HABEN!
UND DENEN WIR WAS ANTUN KÖNNEN, WENN WIR SIE FINDEN!
DANN LOS!
WENIGSTENS HABEN WIR NUN EINEN PLAN.

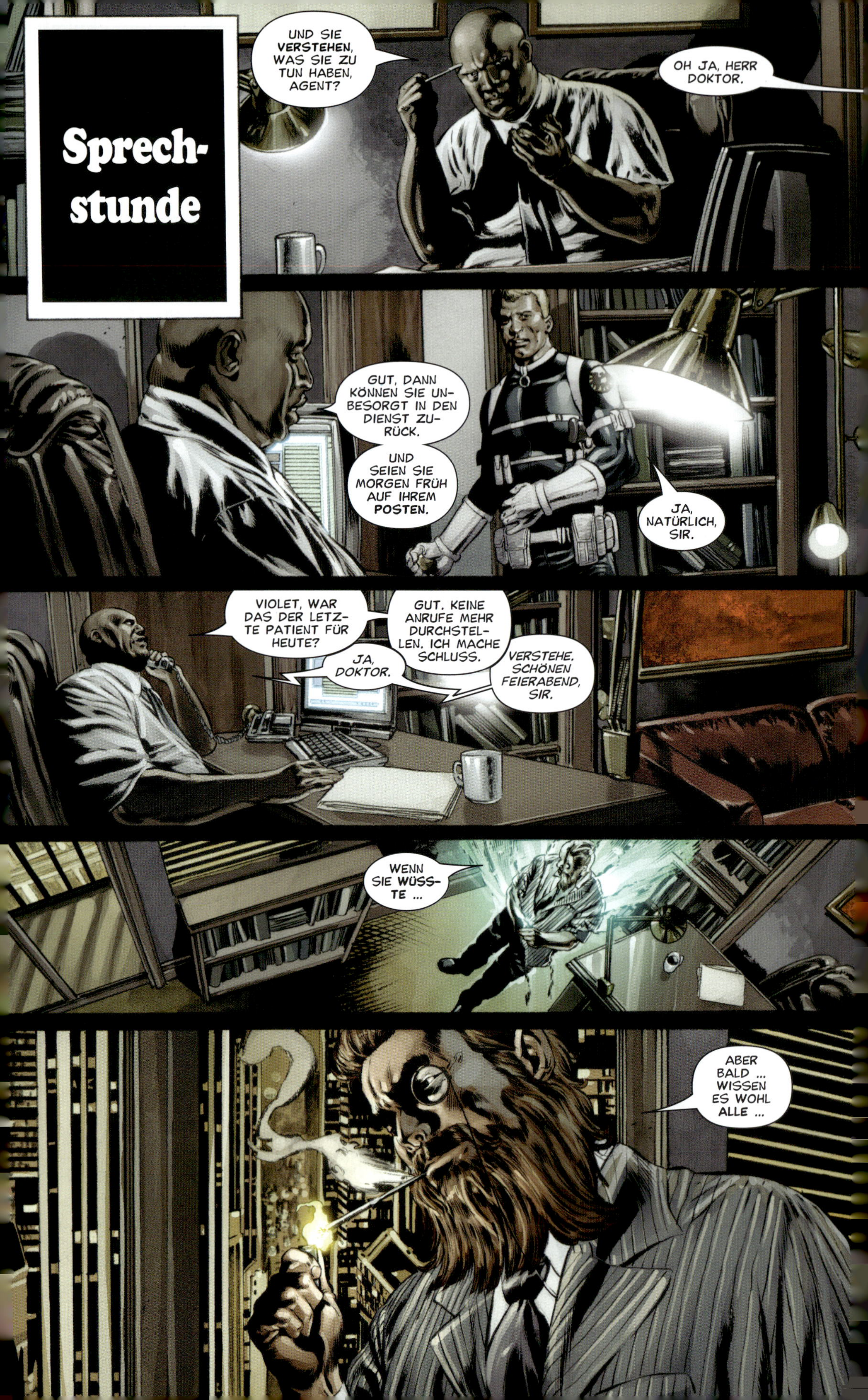
Sprechstunde
UND SIE VERSTEHEN, WAS SIE ZU TUN HABEN, AGENT?
OH JA, HERR DOKTOR.
GUT, DANN KÖNNEN SIE UNBESORGT IN DEN DIENST ZURÜCK.
UND SEIEN SIE MORGEN FRÜH AUF IHREM POSTEN.
JA, NATÜRLICH, SIR.
VIOLET, WAR DAS DER LETZTE PATIENT FÜR HEUTE?
JA, DOKTOR.
GUT. KEINE ANRUFE MEHR DURCHSTELLEN. ICH MACHE SCHLUSS.
VERSTEHE. SCHÖNEN FEIERABEND, SIR.
WENN SIE WÜSSTE ...
ABER BALD ... WISSEN ES WOHL ALLE ...

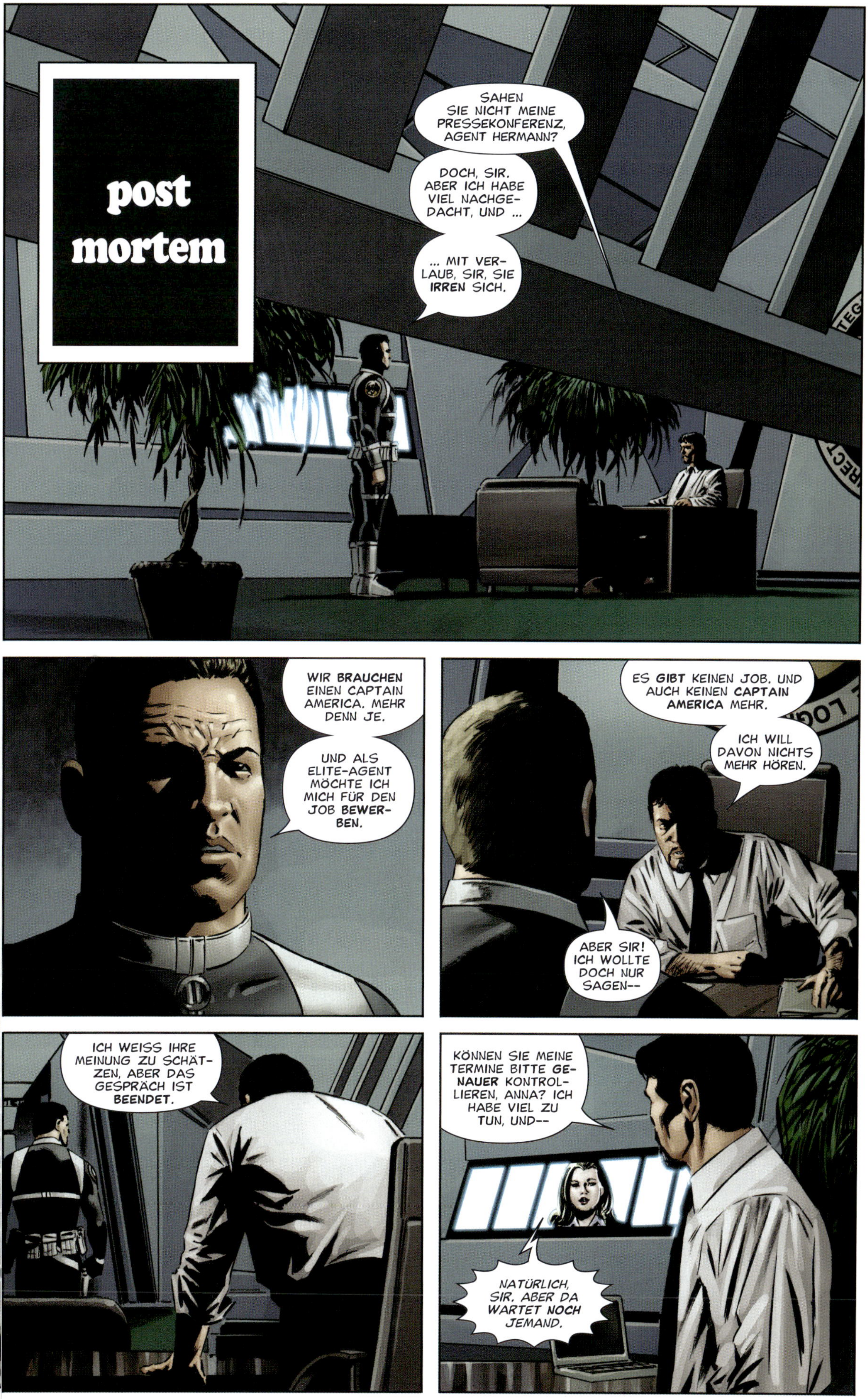
post mortem
SAHEN SIE NICHT MEINE PRESSEKONFERENZ, AGENT HERMANN?
DOCH, SIR. ABER ICH HABE VIEL NACHGEDACHT, UND ...
... MIT VERLAUB, SIR, SIE IRREN SICH.
WIR BRAUCHEN EINEN CAPTAIN AMERICA. MEHR DENN JE.
UND ALS ELITE-AGENT MÖCHTE ICH MICH FÜR DEN JOB BEWERBEN.
ES GIBT KEINEN JOB. UND AUCH KEINEN CAPTAIN AMERICA MEHR.
ICH WILL DAVON NICHTS MEHR HÖREN.
ABER SIR! ICH WOLLTE DOCH NUR SAGEN--
ICH WEISS IHRE MEINUNG ZU SCHÄTZEN, ABER DAS GESPRÄCH IST BEENDET.
KÖNNEN SIE MEINE TERMINE BITTE GENAUER KONTROLLIEREN, ANNA? ICH HABE VIEL ZU TUN, UND--
NATÜRLICH, SIR. ABER DA WARTET NOCH JEMAND.

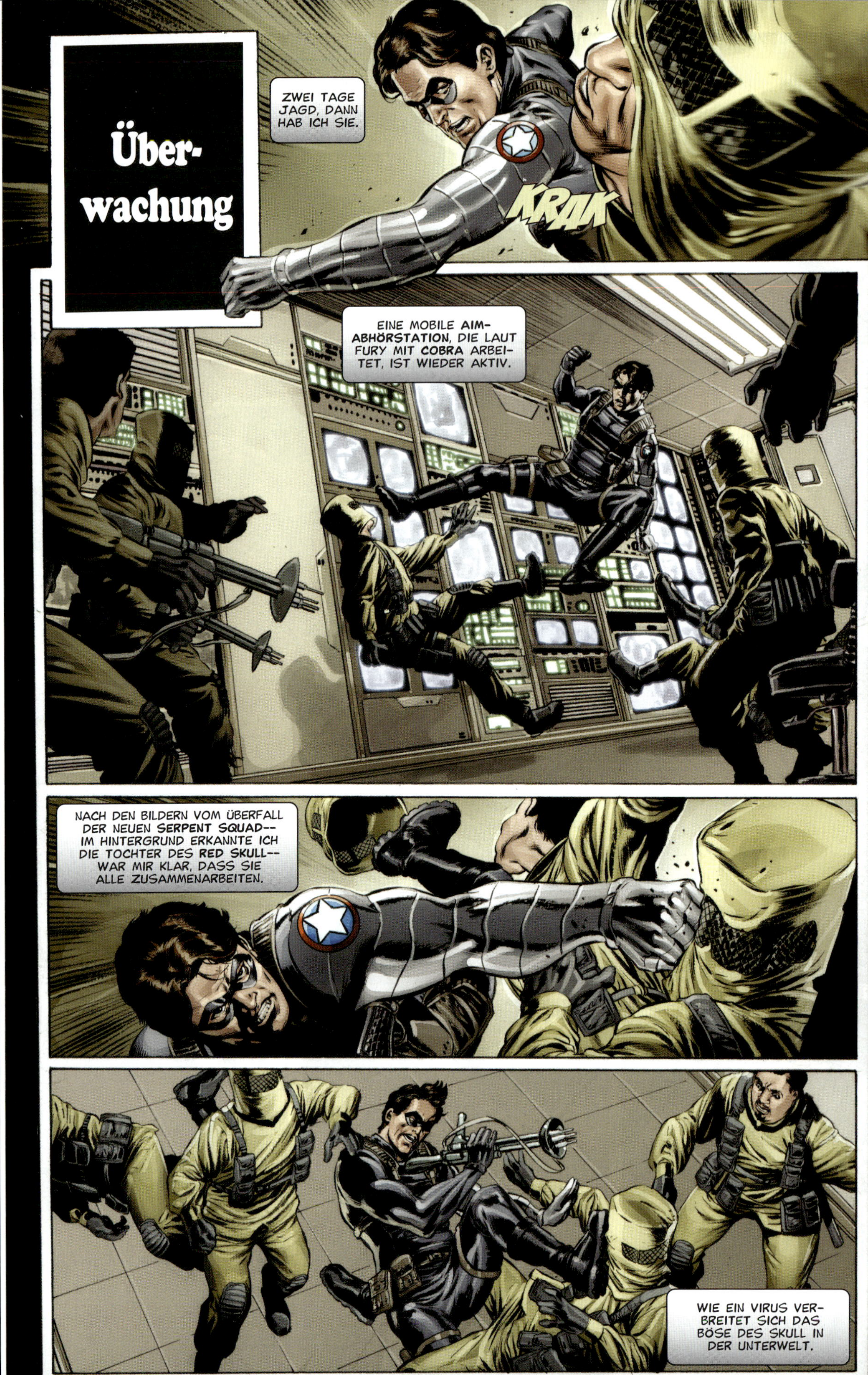
Über-
wachung
ZWEI TAGE JAGD, DANN HAB ICH SIE.
KRAK
EINE MOBILE **AIM-ABHÖRSTATION**, DIE LAUT FURY MIT **COBRA** ARBEITET, IST WIEDER AKTIV.
NACH DEN BILDERN VOM ÜBERFALL DER NEUEN **SERPENT SQUAD**-- IM HINTERGRUND ERKANNTE ICH DIE TOCHTER DES **RED SKULL**-- WAR MIR KLAR, DASS SIE ALLE ZUSAMMENARBEITEN.
WIE EIN VIRUS VERBREITET SICH DAS BÖSE DES SKULL IN DER UNTERWELT.

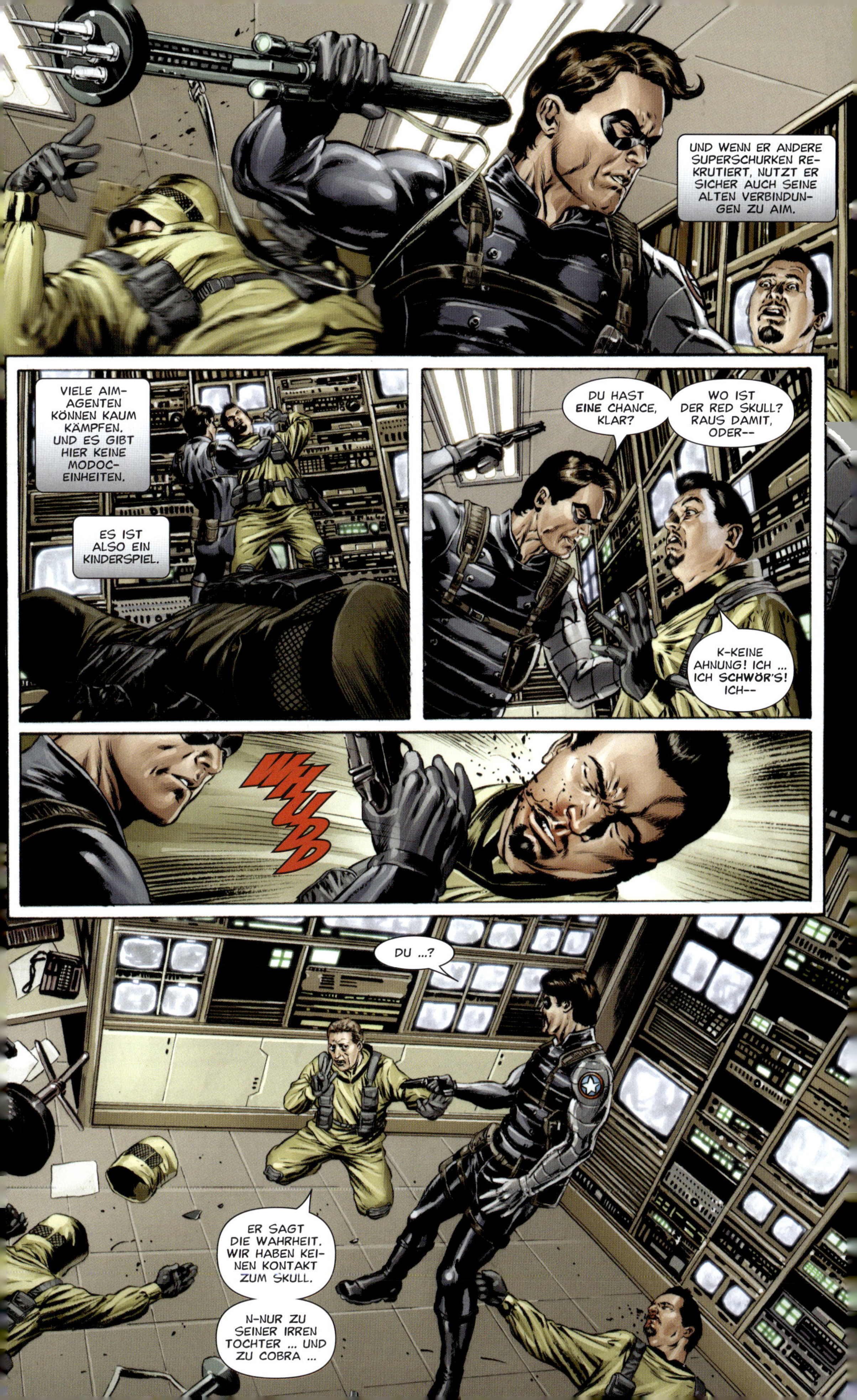
UND WENN ER ANDERE SUPERSCHURKEN REKRUTIERT, NUTZT ER SICHER AUCH SEINE ALTEN VERBINDUNGEN ZU AIM.
VIELE AIM-AGENTEN KÖNNEN KAUM KÄMPFEN. UND ES GIBT HIER KEINE MODOC-EINHEITEN.
ES IST ALSO EIN KINDERSPIEL.
DU HAST EINE CHANCE, KLAR?
WO IST DER RED SKULL? RAUS DAMIT, ODER--
K-KEINE AHNUNG! ICH ... ICH SCHWÖR'S! ICH--
WHUD
DU ...?
ER SAGT DIE WAHRHEIT. WIR HABEN KEINEN KONTAKT ZUM SKULL.
N-NUR ZU SEINER IRREN TOCHTER ... UND ZU COBRA ...

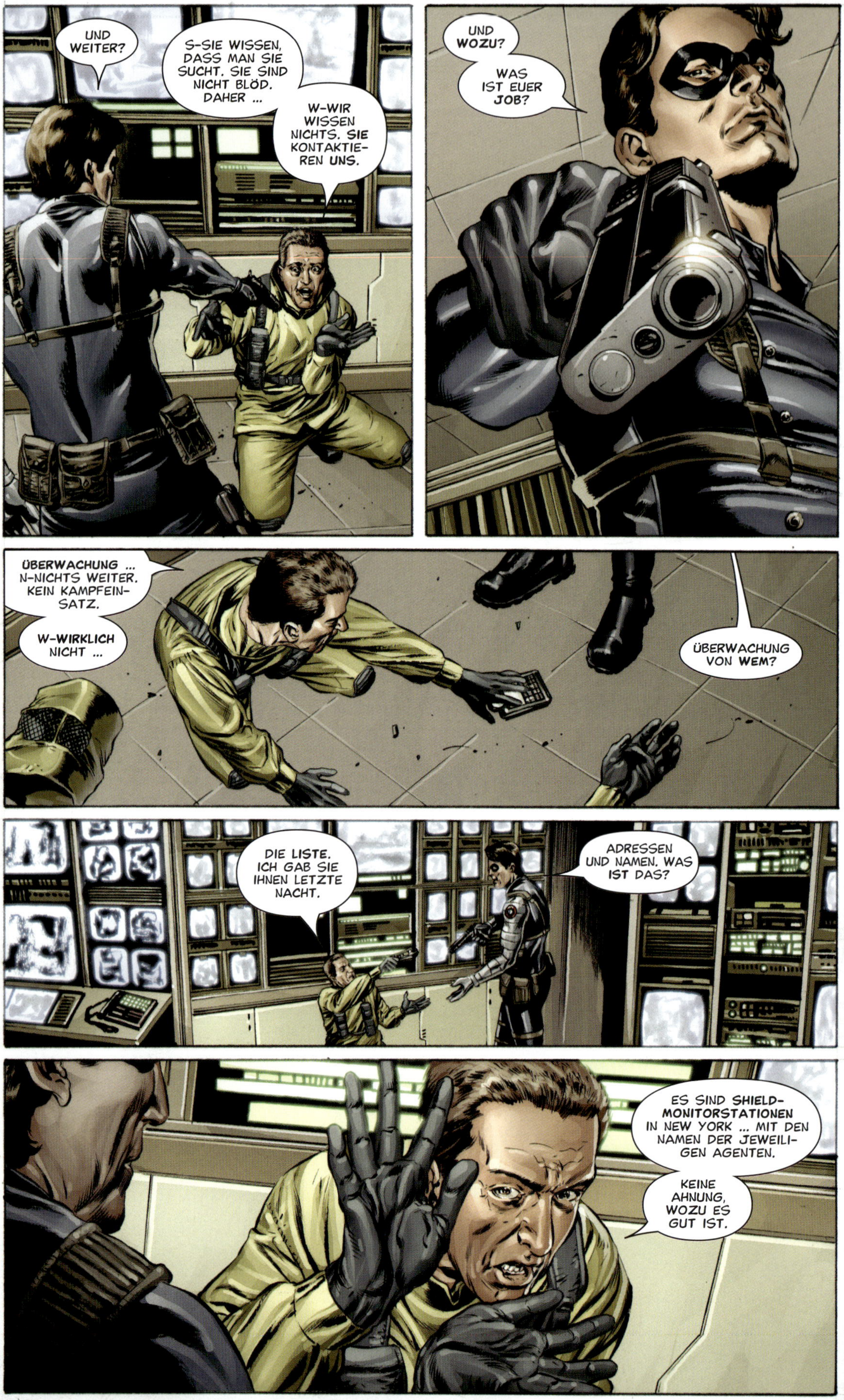
UND WEITER?
S-SIE WISSEN, DASS MAN SIE SUCHT. SIE SIND NICHT BLÖD. DAHER ...
W-WIR WISSEN NICHTS. SIE KONTAKTIEREN UNS.
UND WOZU?
WAS IST EUER JOB?
ÜBERWACHUNG ... N-NICHTS WEITER. KEIN KAMPFEINSATZ.
W-WIRKLICH NICHT ...
ÜBERWACHUNG VON WEM?
DIE LISTE. ICH GAB SIE IHNEN LETZTE NACHT.
ADRESSEN UND NAMEN. WAS IST DAS?
ES SIND SHIELD-MONITORSTATIONEN IN NEW YORK ... MIT DEN NAMEN DER JEWEILIGEN AGENTEN.
KEINE AHNUNG, WOZU ES GUT IST.

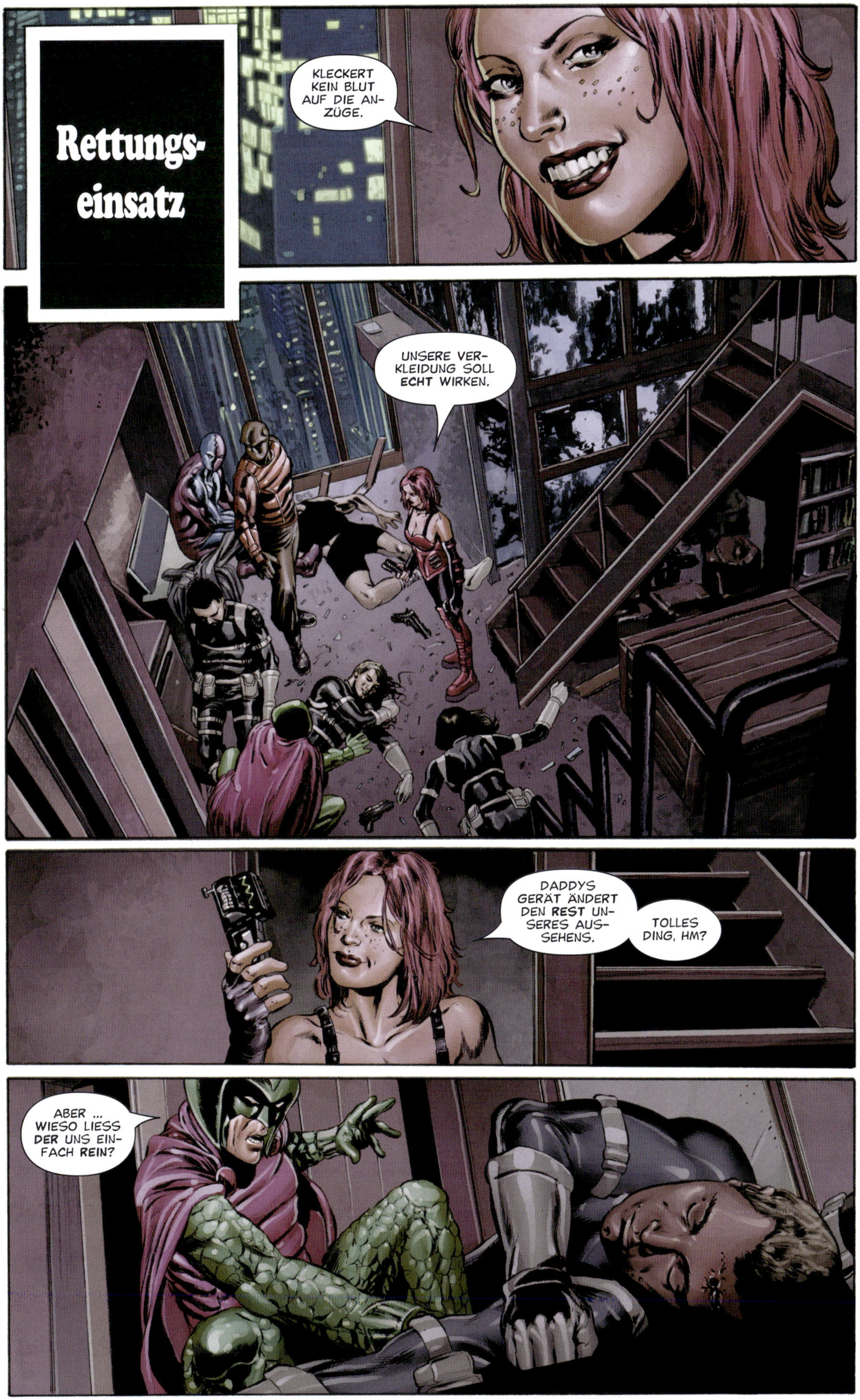
Rettungs-
einsatz
KLECKERT KEIN BLUT AUF DIE ANZÜGE.
UNSERE VERKLEIDUNG SOLL ECHT WIRKEN.
DADDYS GERÄT ÄNDERT DEN REST UNSERES AUSSEHENS.
TOLLES DING, HM?
ABER ... WIESO LIESS DER UNS EINFACH REIN?

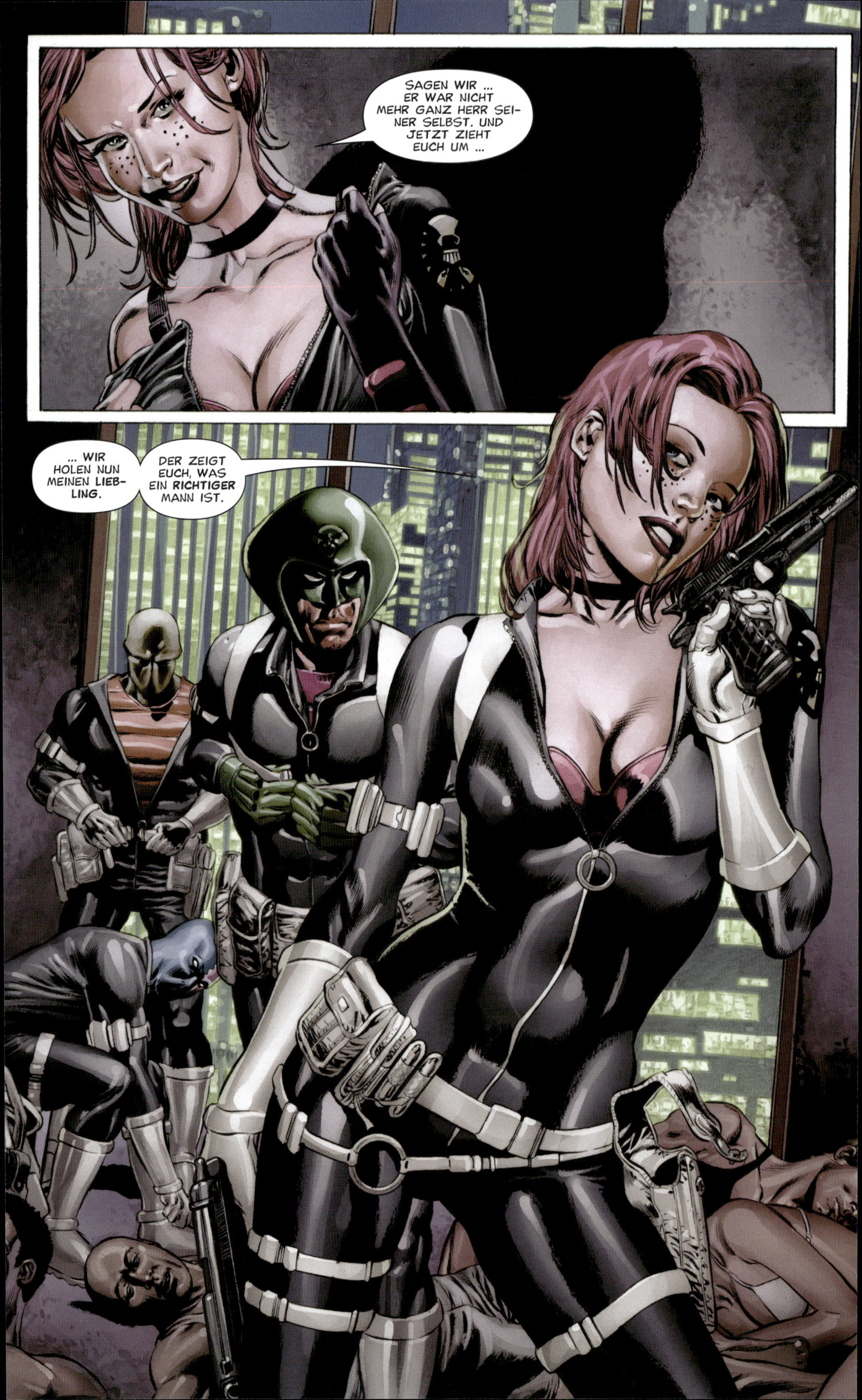
SAGEN WIR ... ER WAR NICHT MEHR GANZ HERR SEINER SELBST. UND JETZT ZIEHT EUCH UM ...
... WIR HOLEN NUN MEINEN LIEBLING.
DER ZEIGT EUCH, WAS EIN RICHTIGER MANN IST.

DER TOD EINES TRAUMS, TEIL 5

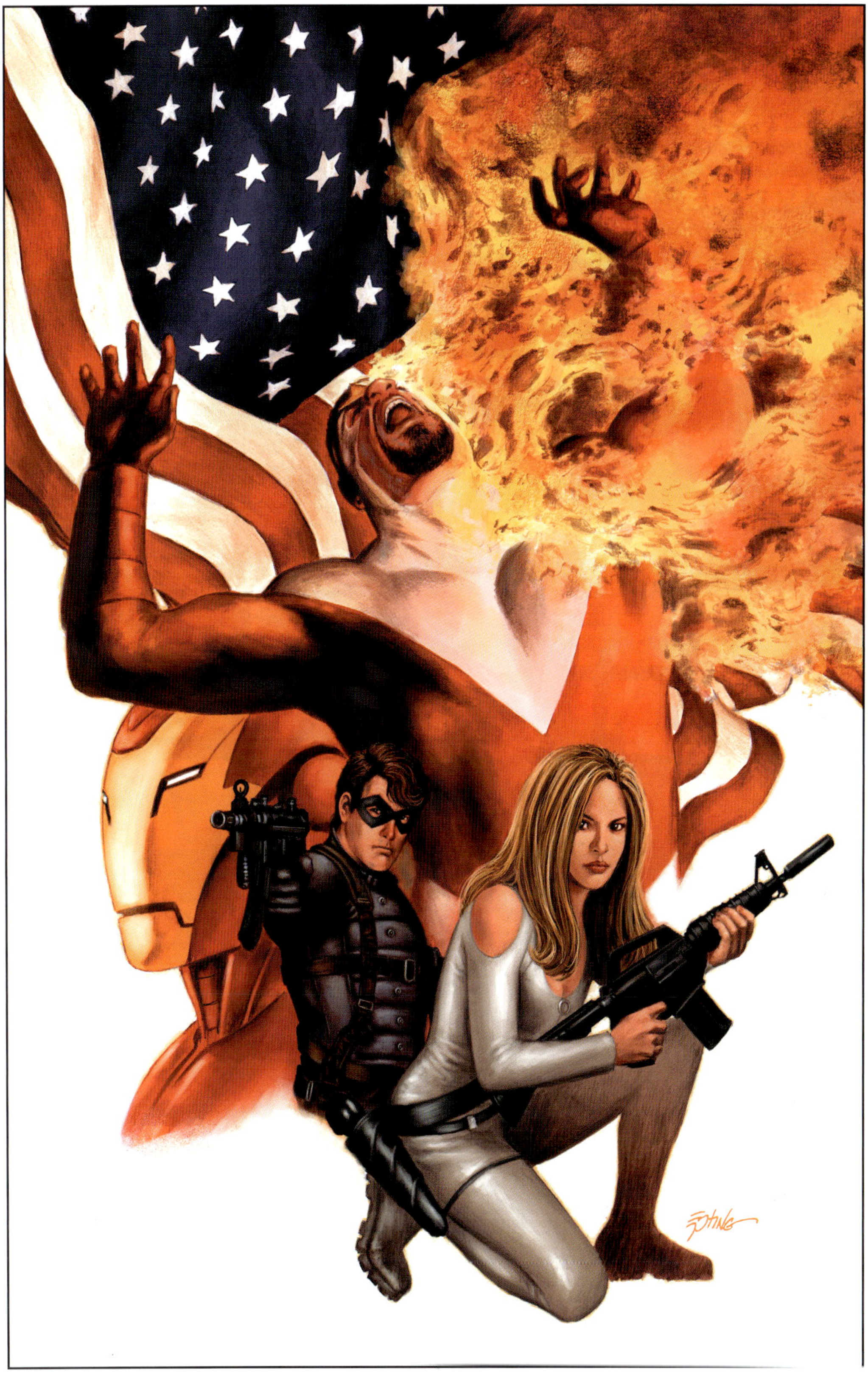

Captain America (2005) 29
Cover von **STEVE EPTING**

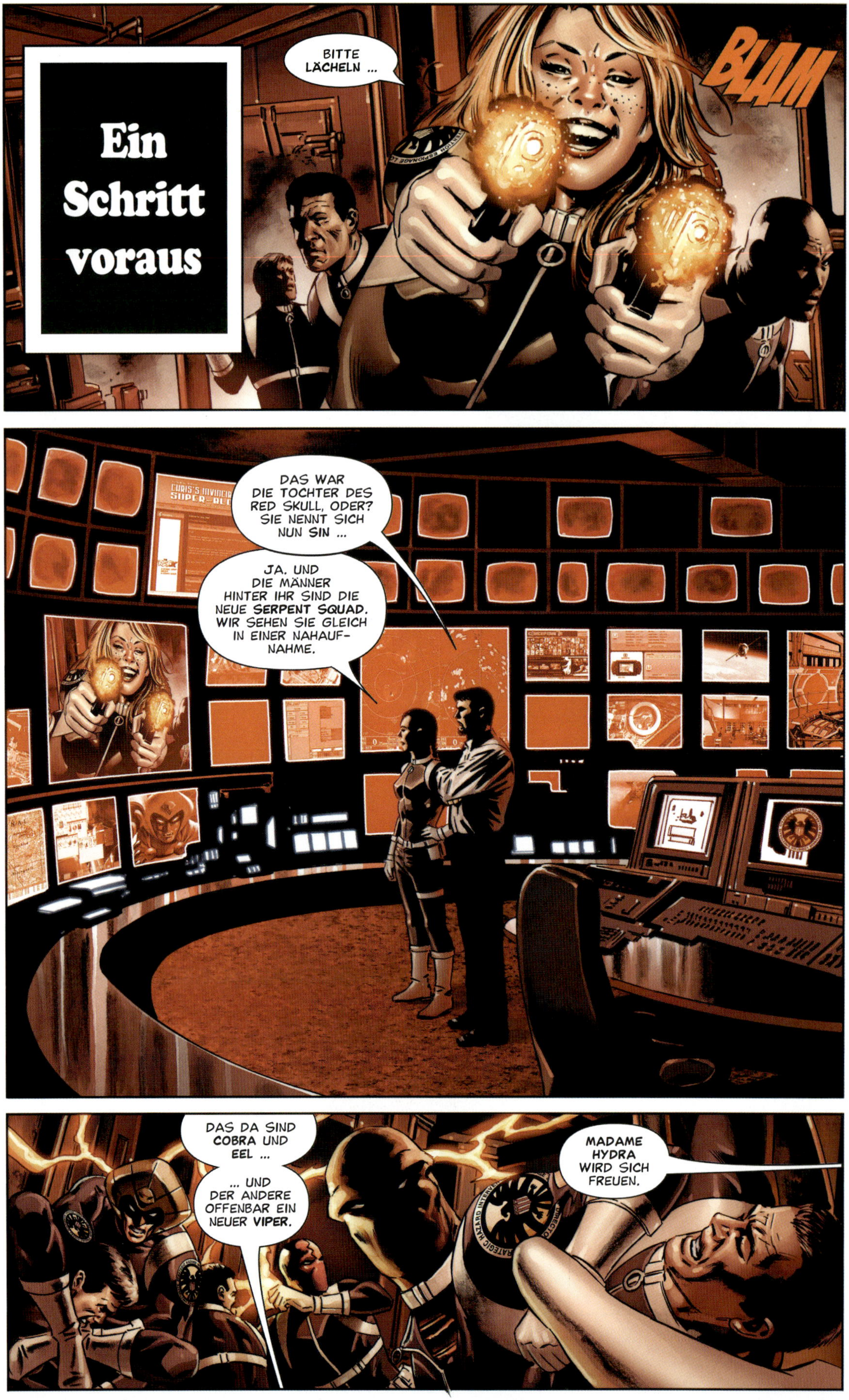
Ein Schritt voraus
BITTE LÄCHELN ...
BLAM
DAS WAR DIE TOCHTER DES RED SKULL, ODER? SIE NENNT SICH NUN SIN ...
JA. UND DIE MÄNNER HINTER IHR SIND DIE NEUE SERPENT SQUAD. WIR SEHEN SIE GLEICH IN EINER NAHAUFNAHME.
DAS DA SIND COBRA UND EEL ...
... UND DER ANDERE OFFENBAR EIN NEUER VIPER.
MADAME HYDRA WIRD SICH FREUEN.

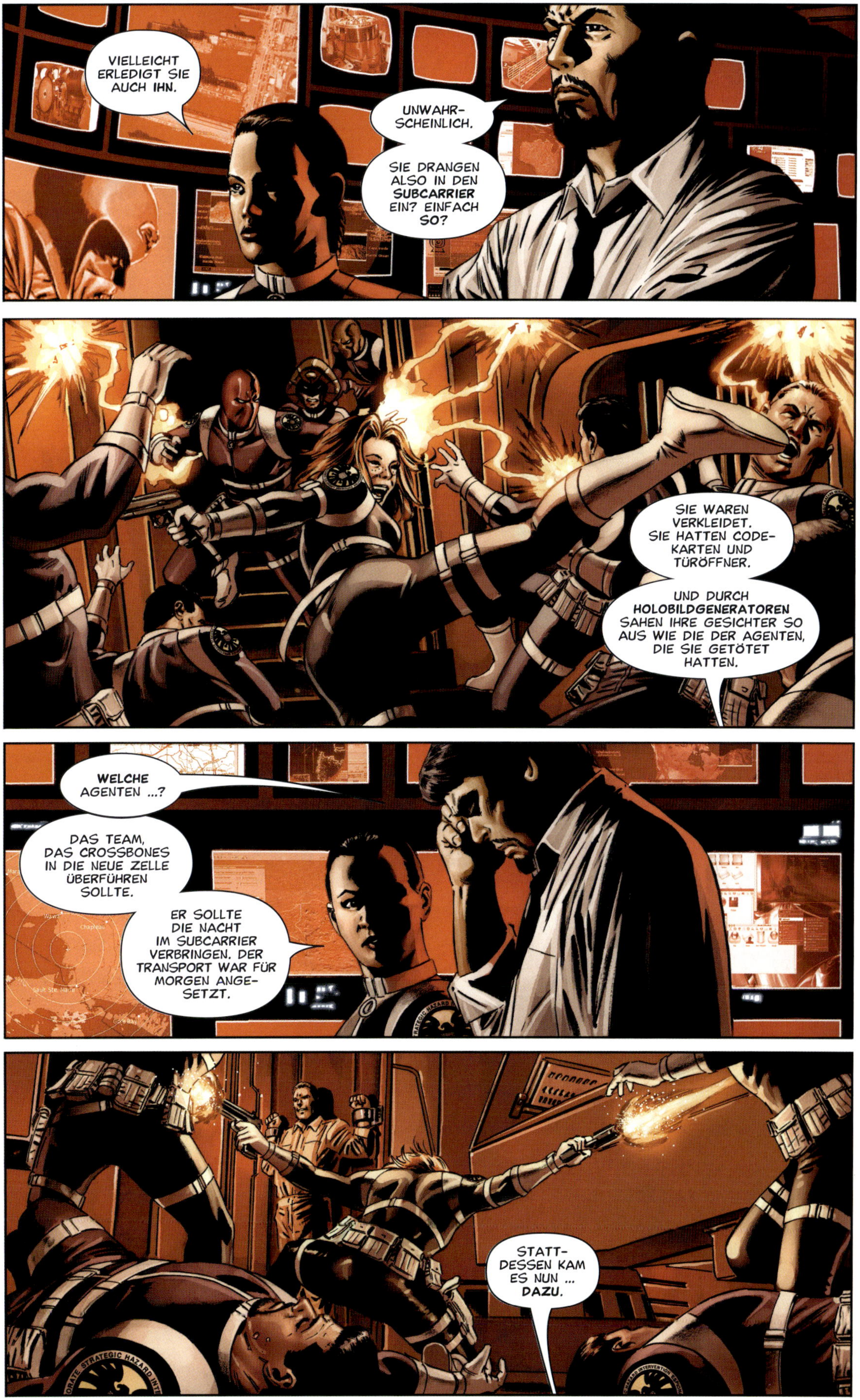
VIELLEICHT ERLEDIGT SIE AUCH IHN.
UNWAHRSCHEINLICH.
SIE DRANGEN ALSO IN DEN **SUBCARRIER** EIN? EINFACH SO?
SIE WAREN VERKLEIDET. SIE HATTEN CODEKARTEN UND TÜRÖFFNER.
UND DURCH **HOLOBILDGENERATOREN** SAHEN IHRE GESICHTER SO AUS WIE DIE DER AGENTEN, DIE SIE GETÖTET HATTEN.
WELCHE AGENTEN ...?
DAS TEAM, DAS CROSSBONES IN DIE NEUE ZELLE ÜBERFÜHREN SOLLTE.
ER SOLLTE DIE NACHT IM SUBCARRIER VERBRINGEN. DER TRANSPORT WAR FÜR MORGEN ANGESETZT.
STATTDESSEN KAM ES NUN ... **DAZU**.

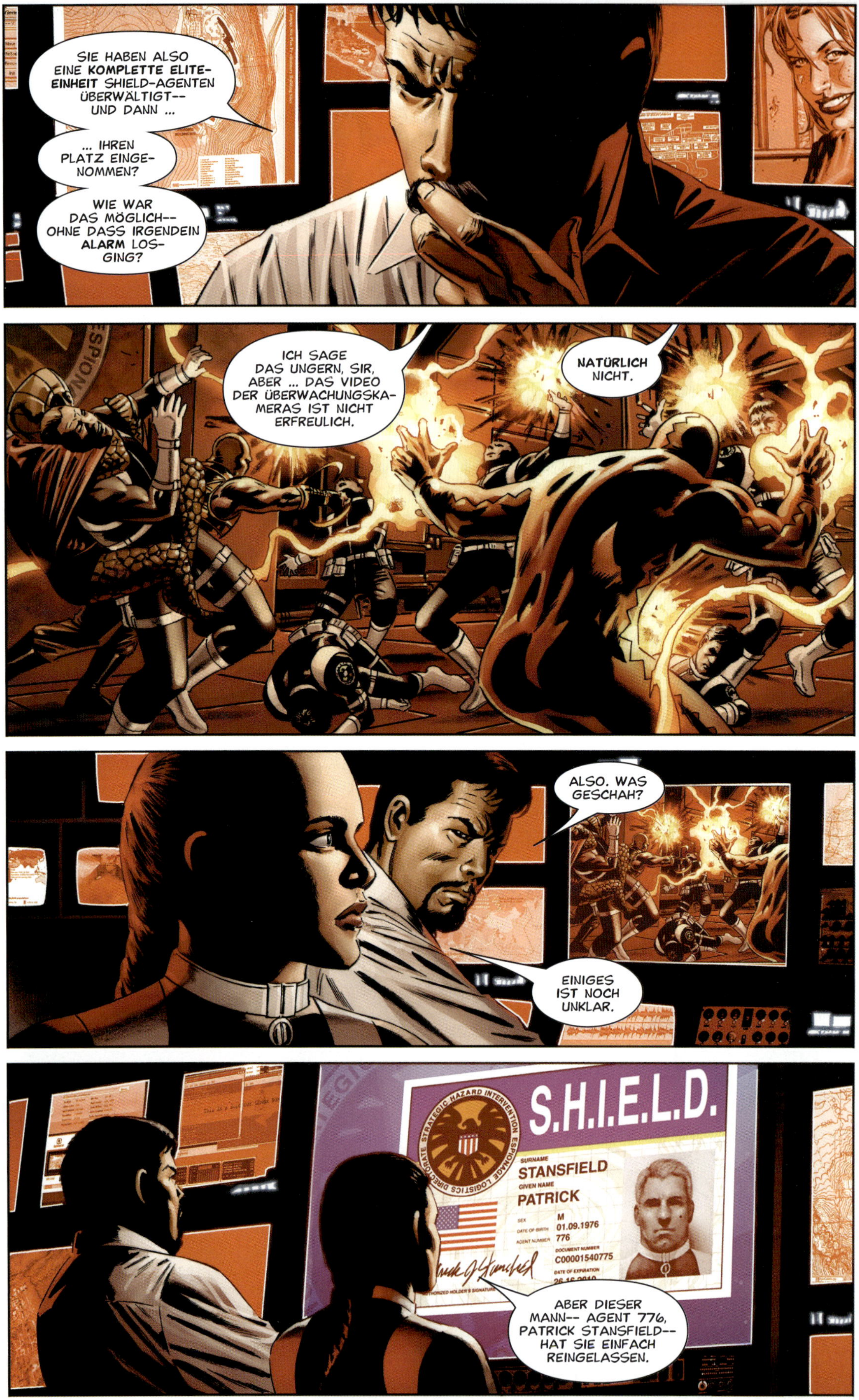
SIE HABEN ALSO EINE KOMPLETTE ELITE-EINHEIT SHIELD-AGENTEN ÜBERWÄLTIGT-- UND DANN ...
... IHREN PLATZ EINGE-NOMMEN?
WIE WAR DAS MÖGLICH-- OHNE DASS IRGENDEIN ALARM LOS-GING?
ICH SAGE DAS UNGERN, SIR, ABER ... DAS VIDEO DER ÜBERWACHUNGSKA-MERAS IST NICHT ERFREULICH.
NATÜRLICH NICHT.
ALSO. WAS GESCHAH?
EINIGES IST NOCH UNKLAR.
S.H.I.E.L.D.
STRATEGIC HAZARD INTERVENTION ESPIONAGE LOGISTICS DIRECTORATE
SURNAME
STANSFIELD
GIVEN NAME
PATRICK
SEX M
DATE OF BIRTH 01.09.1976
AGENT NUMBER 776
DOCUMENT NUMBER
C00001540775
DATE OF EXPIRATION
AUTHORIZED HOLDER'S SIGNATURE
ABER DIESER MANN-- AGENT 776, PATRICK STANSFIELD-- HAT SIE EINFACH REINGELASSEN.

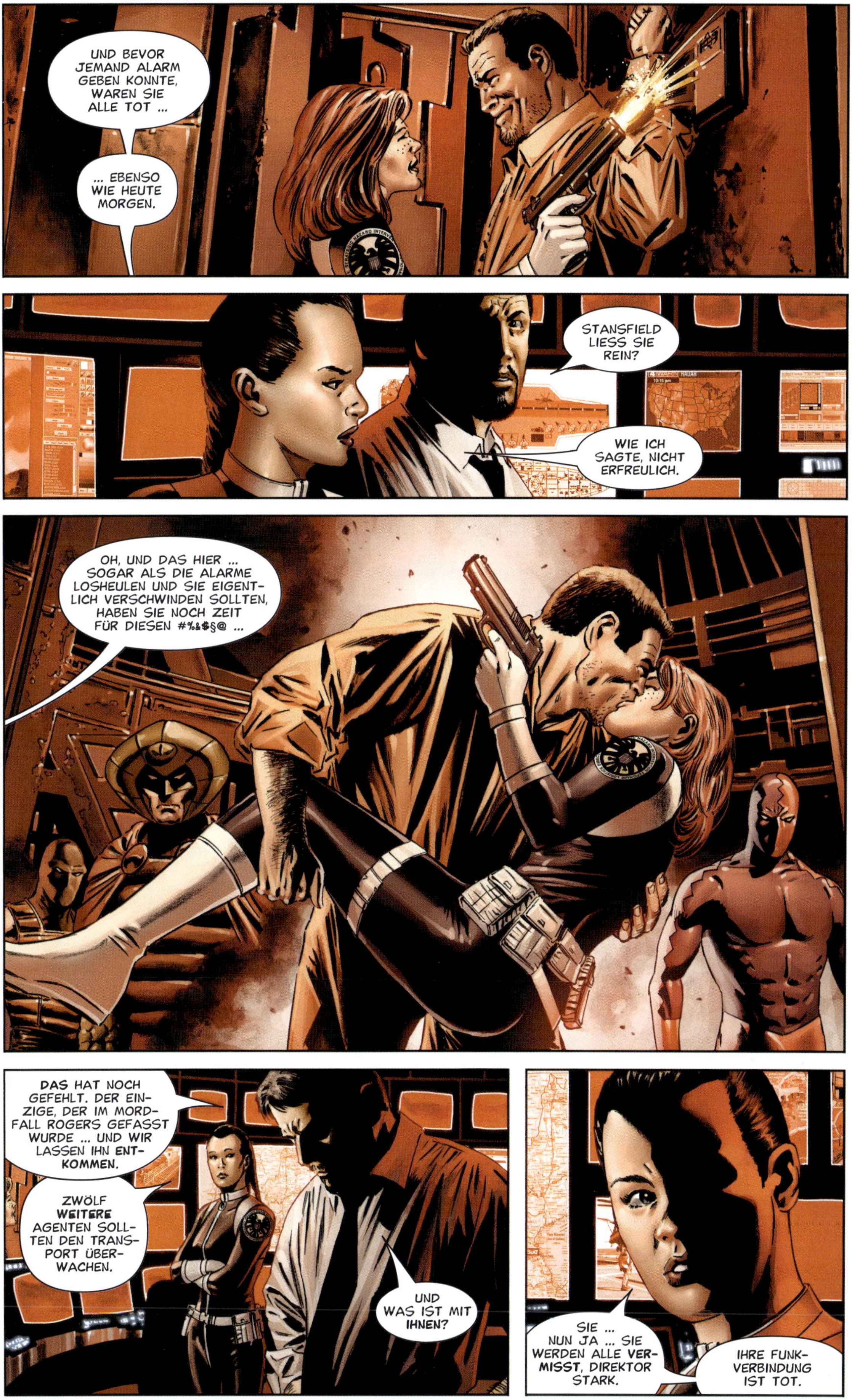

UND BEVOR JEMAND ALARM GEBEN KONNTE, WAREN SIE ALLE TOT ...
... EBENSO WIE HEUTE MORGEN.
STANSFIELD LIESS SIE REIN?
WIE ICH SAGTE, NICHT ERFREULICH.
OH, UND DAS HIER ... SOGAR ALS DIE ALARME LOSHEULEN UND SIE EIGENTLICH VERSCHWINDEN SOLLTEN, HABEN SIE NOCH ZEIT FÜR DIESEN #%&$§@ ...
DAS HAT NOCH GEFEHLT. DER EINZIGE, DER IM MORDFALL ROGERS GEFASST WURDE ... UND WIR LASSEN IHN ENTKOMMEN.
ZWÖLF WEITERE AGENTEN SOLLTEN DEN TRANSPORT ÜBERWACHEN.
UND WAS IST MIT IHNEN?
SIE ... NUN JA ... SIE WERDEN ALLE VERMISST, DIREKTOR STARK.
IHRE FUNKVERBINDUNG IST TOT.

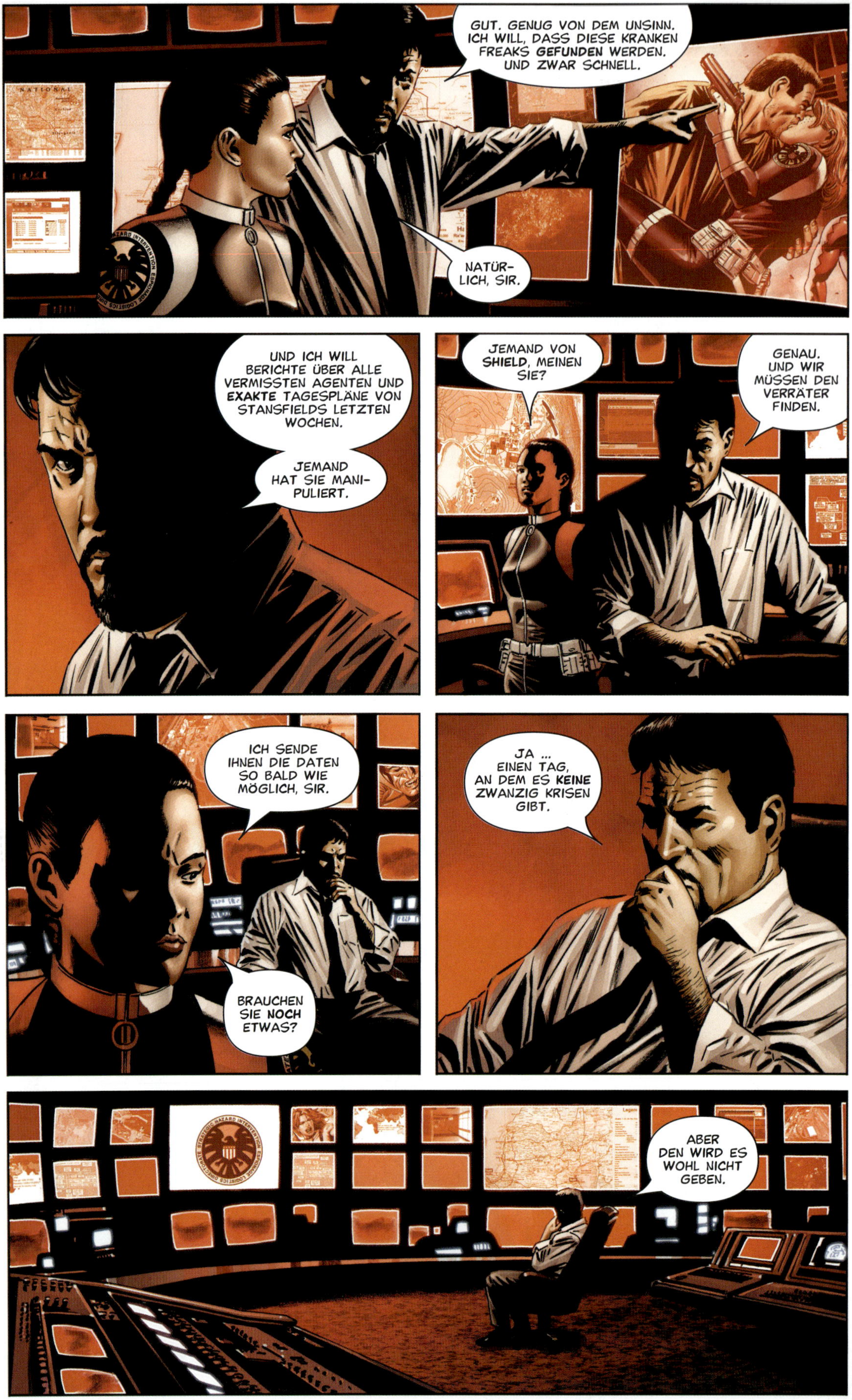
GUT. GENUG VON DEM UNSINN. ICH WILL, DASS DIESE KRANKEN FREAKS GEFUNDEN WERDEN. UND ZWAR SCHNELL.
NATÜRLICH, SIR.
UND ICH WILL BERICHTE ÜBER ALLE VERMISSTEN AGENTEN UND EXAKTE TAGESPLÄNE VON STANSFIELDS LETZTEN WOCHEN.
JEMAND HAT SIE MANIPULIERT.
JEMAND VON SHIELD, MEINEN SIE?
GENAU. UND WIR MÜSSEN DEN VERRÄTER FINDEN.
ICH SENDE IHNEN DIE DATEN SO BALD WIE MÖGLICH, SIR.
BRAUCHEN SIE NOCH ETWAS?
JA ... EINEN TAG, AN DEM ES KEINE ZWANZIG KRISEN GIBT.
ABER DEN WIRD ES WOHL NICHT GEBEN.

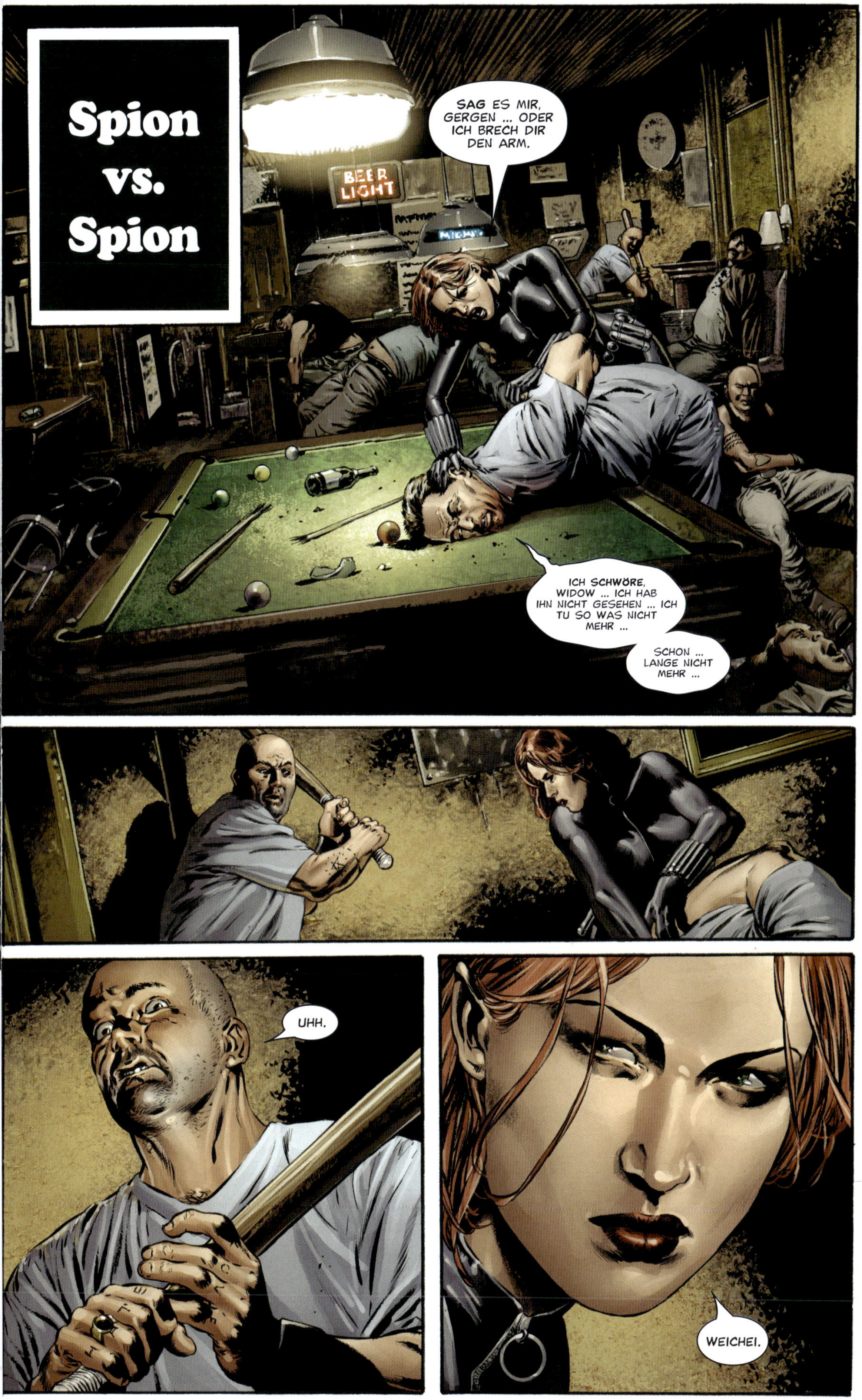
Spion vs. Spion
BEER LIGHT
SAG ES MIR, GERGEN ... ODER ICH BRECH DIR DEN ARM.
ICH SCHWÖRE, WIDOW ... ICH HAB IHN NICHT GESEHEN ... ICH TU SO WAS NICHT MEHR ...
SCHON ... LANGE NICHT MEHR ...
UHH.
WEICHEI.

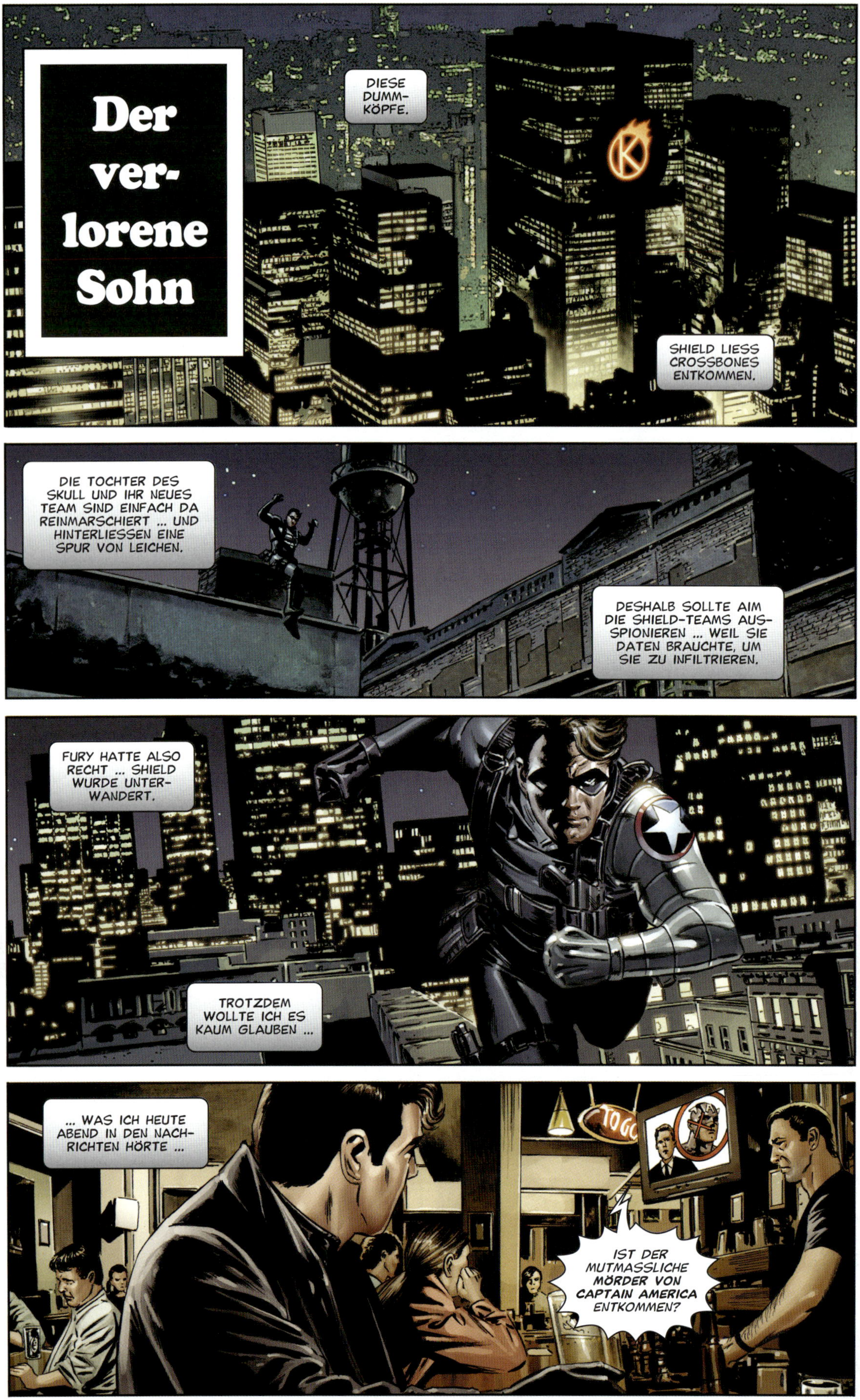
Der verlorene Sohn
DIESE DUMMKÖPFE.
SHIELD LIESS CROSSBONES ENTKOMMEN.
DIE TOCHTER DES SKULL UND IHR NEUES TEAM SIND EINFACH DA REINMARSCHIERT ... UND HINTERLIESSEN EINE SPUR VON LEICHEN.
DESHALB SOLLTE AIM DIE SHIELD-TEAMS AUSSPIONIEREN ... WEIL SIE DATEN BRAUCHTE, UM SIE ZU INFILTRIEREN.
FURY HATTE ALSO RECHT ... SHIELD WURDE UNTERWANDERT.
TROTZDEM WOLLTE ICH ES KAUM GLAUBEN ...
... WAS ICH HEUTE ABEND IN DEN NACHRICHTEN HÖRTE ...
IST DER MUTMASSLICHE MÖRDER VON CAPTAIN AMERICA ENTKOMMEN?

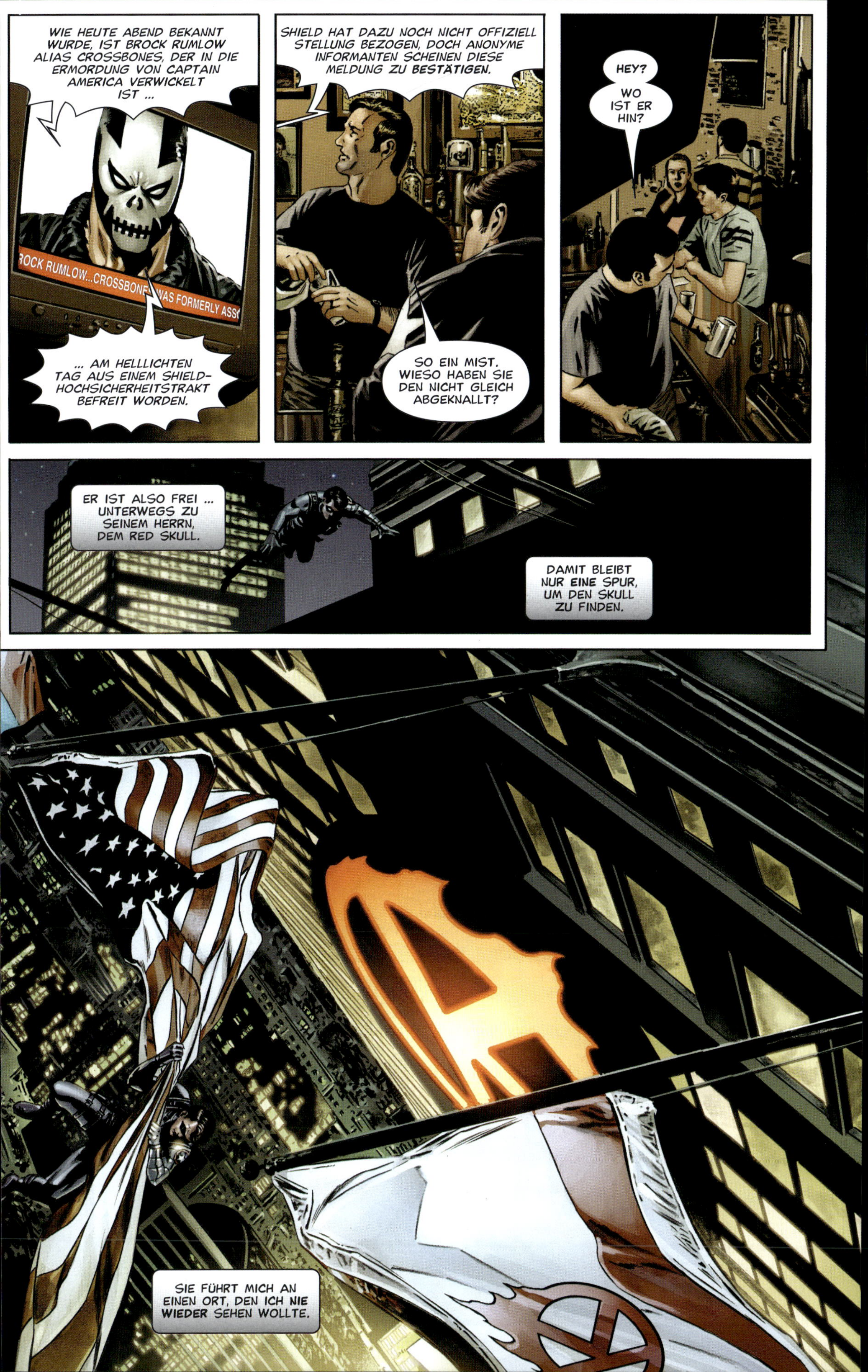
WIE HEUTE ABEND BEKANNT WURDE, IST BROCK RUMLOW ALIAS CROSSBONES, DER IN DIE ERMORDUNG VON CAPTAIN AMERICA VERWICKELT IST ...
BROCK RUMLOW...CROSSBONES WAS FORMERLY ASS
... AM HELLLICHTEN TAG AUS EINEM SHIELD-HOCHSICHERHEITSTRAKT BEFREIT WORDEN.
SHIELD HAT DAZU NOCH NICHT OFFIZIELL STELLUNG BEZOGEN, DOCH ANONYME INFORMANTEN SCHEINEN DIESE MELDUNG ZU BESTÄTIGEN.
SO EIN MIST. WIESO HABEN SIE DEN NICHT GLEICH ABGEKNALLT?
HEY?
WO IST ER HIN?
ER IST ALSO FREI ... UNTERWEGS ZU SEINEM HERRN, DEM RED SKULL.
DAMIT BLEIBT NUR EINE SPUR, UM DEN SKULL ZU FINDEN.
SIE FÜHRT MICH AN EINEN ORT, DEN ICH NIE WIEDER SEHEN WOLLTE.

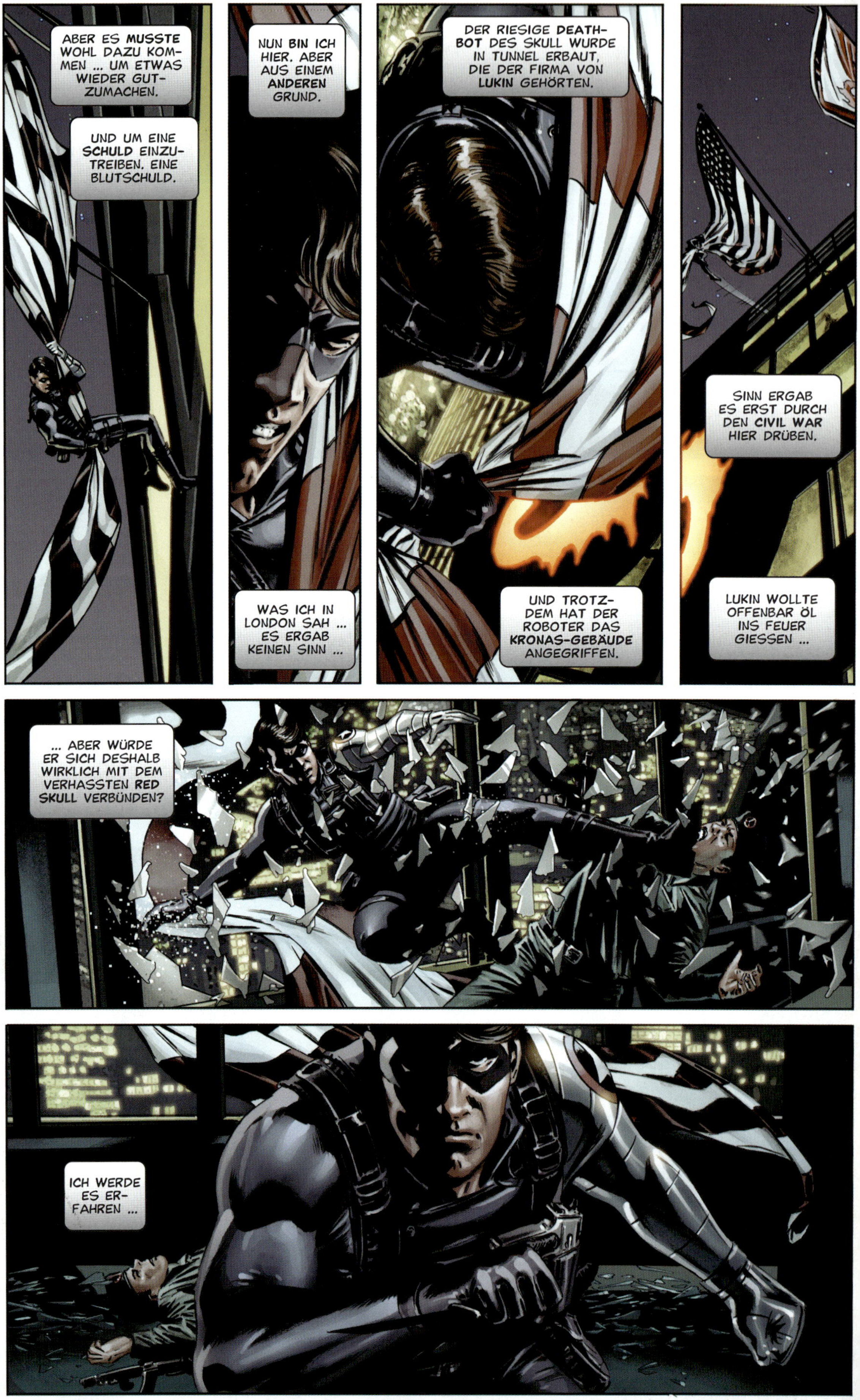

ABER ES MUSSTE WOHL DAZU KOMMEN ... UM ETWAS WIEDER GUTZUMACHEN.
UND UM EINE SCHULD EINZUTREIBEN. EINE BLUTSCHULD.
NUN BIN ICH HIER. ABER AUS EINEM ANDEREN GRUND.
WAS ICH IN LONDON SAH ... ES ERGAB KEINEN SINN ...
DER RIESIGE DEATHBOT DES SKULL WURDE IN TUNNEL ERBAUT, DIE DER FIRMA VON LUKIN GEHÖRTEN.
UND TROTZDEM HAT DER ROBOTER DAS KRONAS-GEBÄUDE ANGEGRIFFEN.
SINN ERGAB ES ERST DURCH DEN CIVIL WAR HIER DRÜBEN.
LUKIN WOLLTE OFFENBAR ÖL INS FEUER GIESSEN ...
... ABER WÜRDE ER SICH DESHALB WIRKLICH MIT DEM VERHASSTEN RED SKULL VERBÜNDEN?
ICH WERDE ES ERFAHREN ...

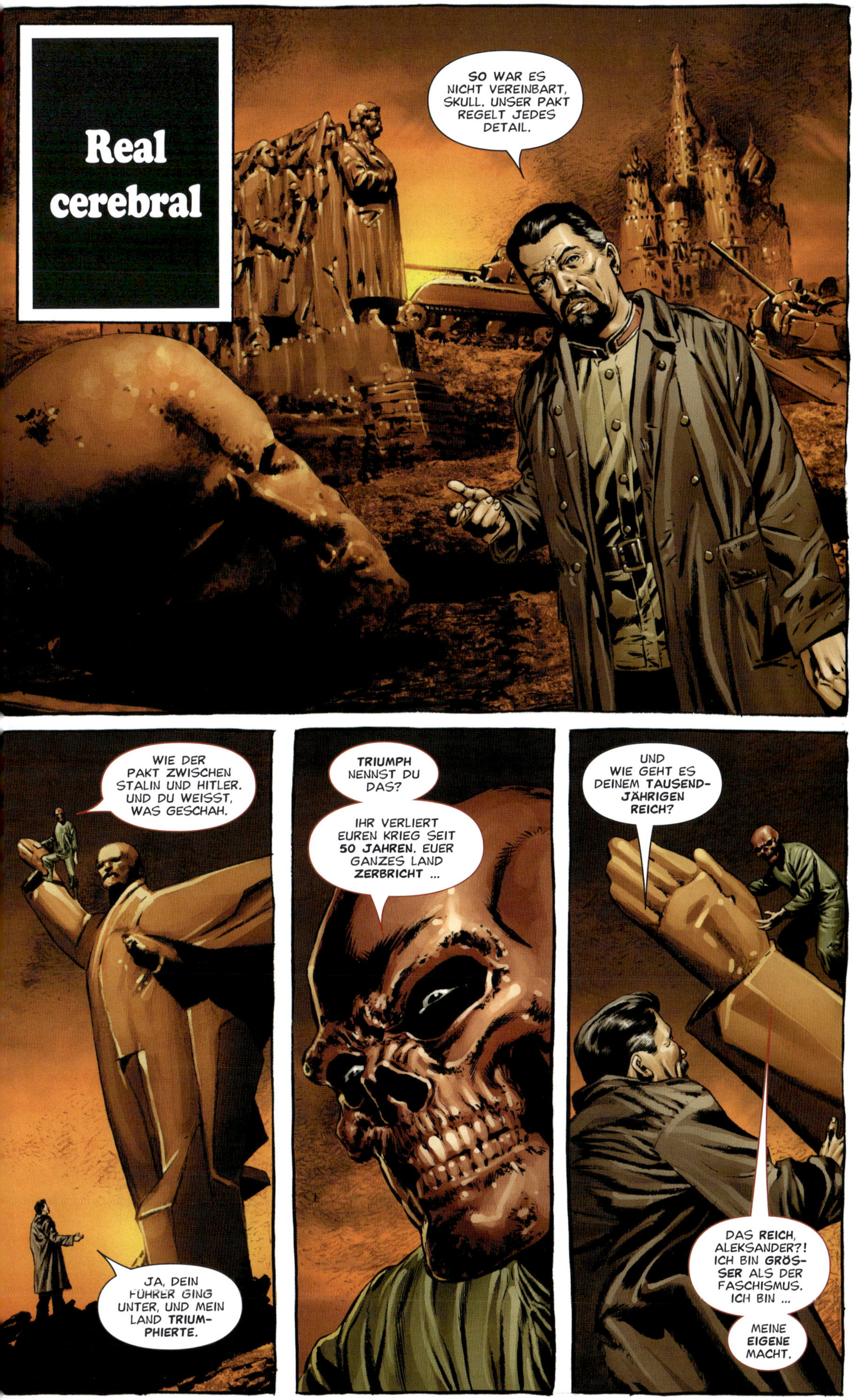
Real cerebral
SO WAR ES NICHT VEREINBART, SKULL. UNSER PAKT REGELT JEDES DETAIL.
WIE DER PAKT ZWISCHEN STALIN UND HITLER. UND DU WEISST, WAS GESCHAH.
JA, DEIN FÜHRER GING UNTER, UND MEIN LAND TRIUMPHIERTE.
TRIUMPH NENNST DU DAS?
IHR VERLIERT EUREN KRIEG SEIT 50 JAHREN. EUER GANZES LAND ZERBRICHT ...
UND WIE GEHT ES DEINEM TAUSENDJÄHRIGEN REICH?
DAS REICH, ALEKSANDER?! ICH BIN GRÖSSER ALS DER FASCHISMUS. ICH BIN ...
MEINE EIGENE MACHT.

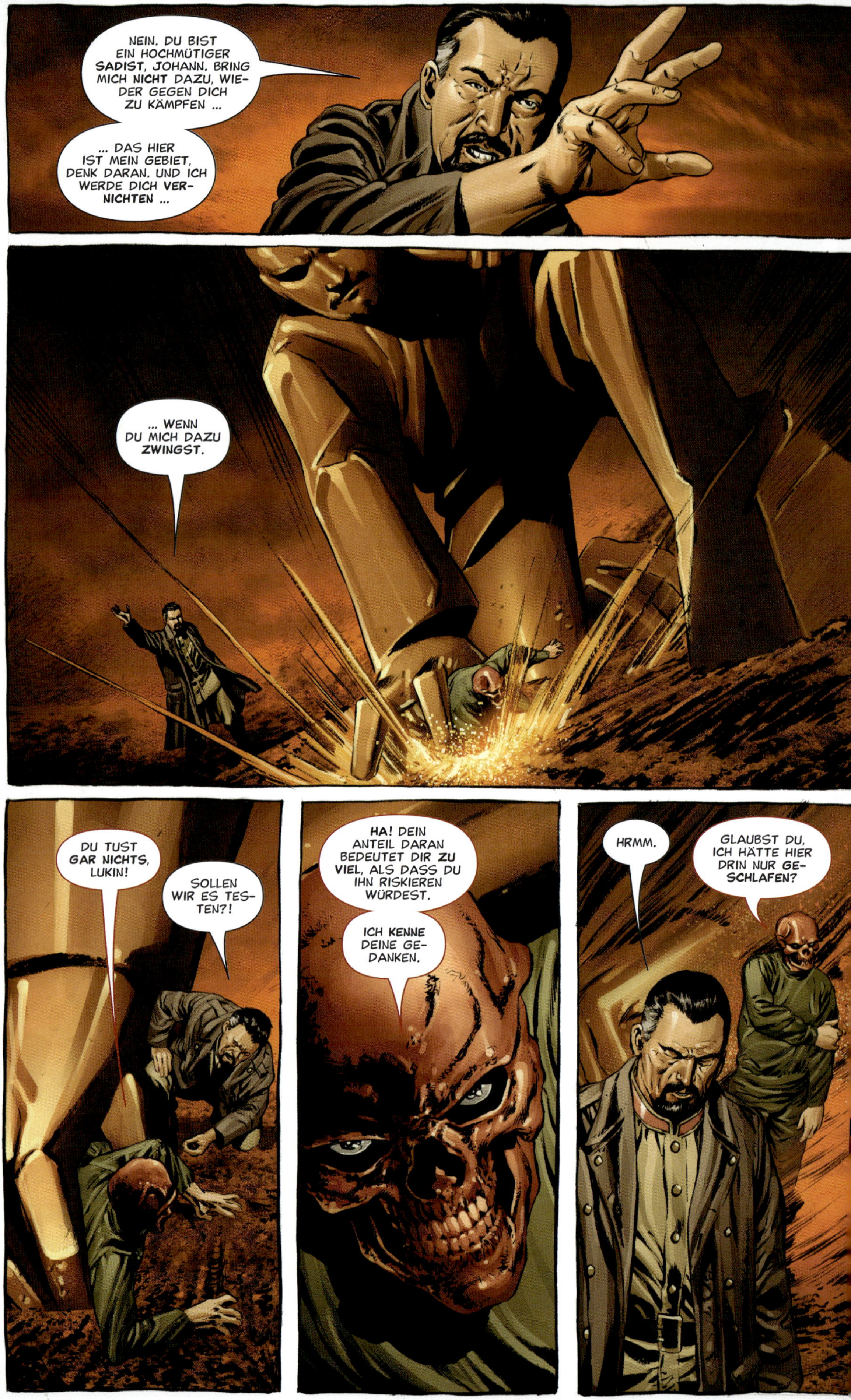
NEIN. DU BIST EIN HOCHMÜTIGER SADIST, JOHANN. BRING MICH NICHT DAZU, WIEDER GEGEN DICH ZU KÄMPFEN ...
... DAS HIER IST MEIN GEBIET, DENK DARAN. UND ICH WERDE DICH VERNICHTEN ...
... WENN DU MICH DAZU ZWINGST.
DU TUST GAR NICHTS, LUKIN!
SOLLEN WIR ES TESTEN?!
HA! DEIN ANTEIL DARAN BEDEUTET DIR ZU VIEL, ALS DASS DU IHN RISKIEREN WÜRDEST.
ICH KENNE DEINE GEDANKEN.
HRMM.
GLAUBST DU, ICH HÄTTE HIER DRIN NUR GESCHLAFEN?

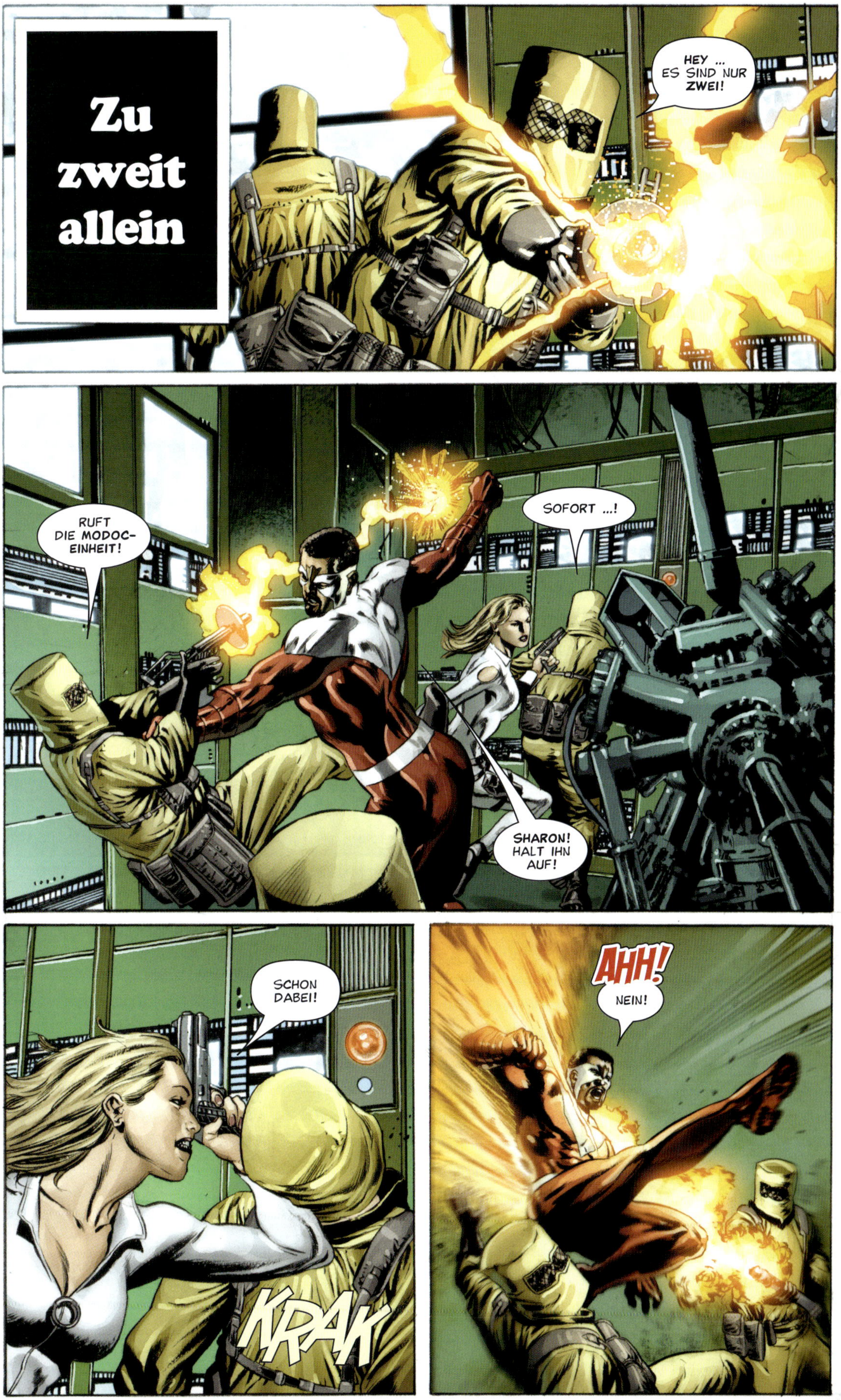
Zu zweit allein
HEY ... ES SIND NUR ZWEI!
RUFT DIE MODOC-EINHEIT!
SOFORT ...!
SHARON! HALT IHN AUF!
SCHON DABEI!
KRAK
AHH!
NEIN!

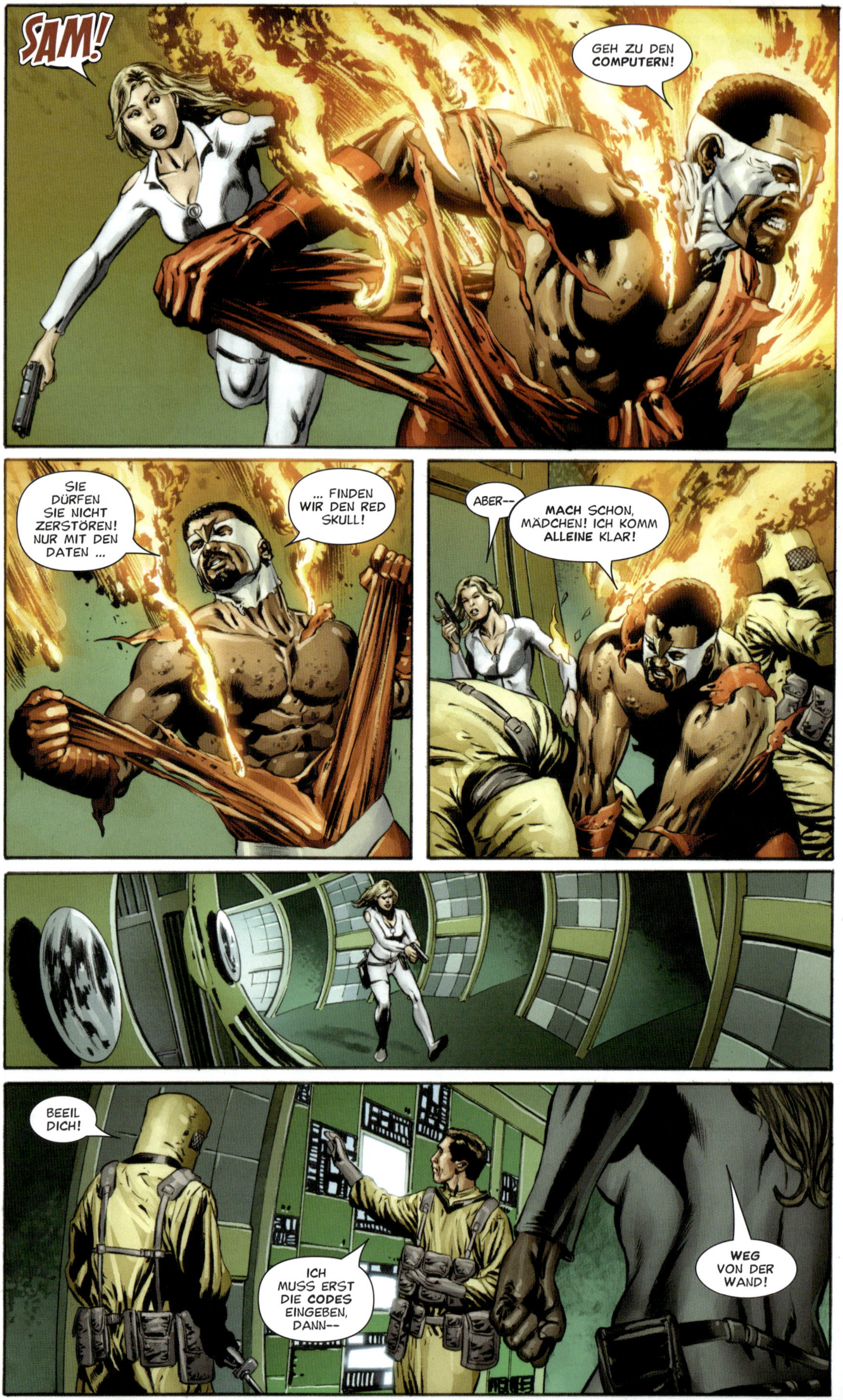
SAM!
GEH ZU DEN COMPUTERN!
SIE DÜRFEN SIE NICHT ZERSTÖREN! NUR MIT DEN DATEN ...
... FINDEN WIR DEN RED SKULL!
ABER--
MACH SCHON, MÄDCHEN! ICH KOMM ALLEINE KLAR!
BEEIL DICH!
ICH MUSS ERST DIE CODES EINGEBEN, DANN--
WEG VON DER WAND!

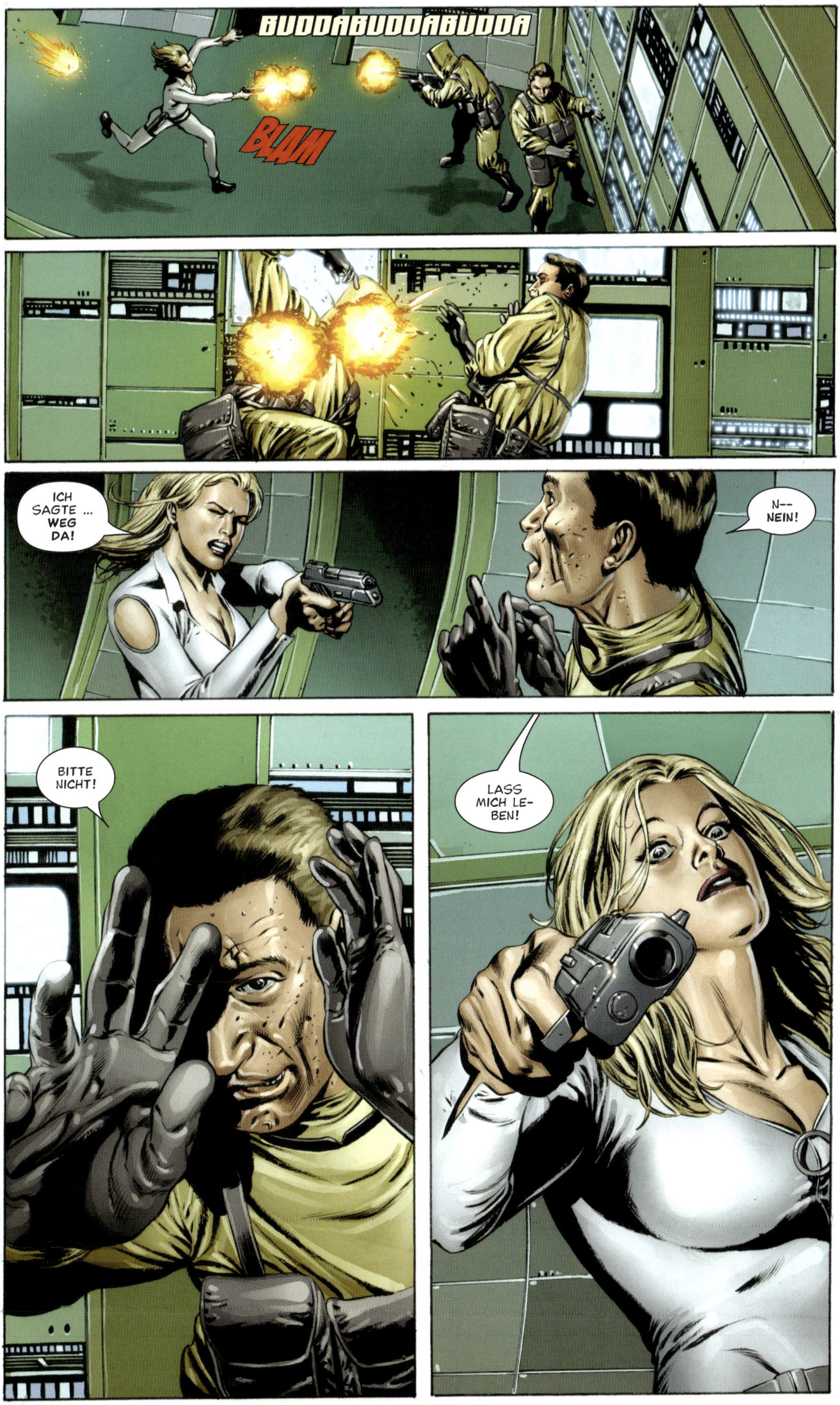
BUDDABUDDABUDDA
BLAM
ICH SAGTE ... WEG DA!
N-- NEIN!
BITTE NICHT!
LASS MICH LE-BEN!

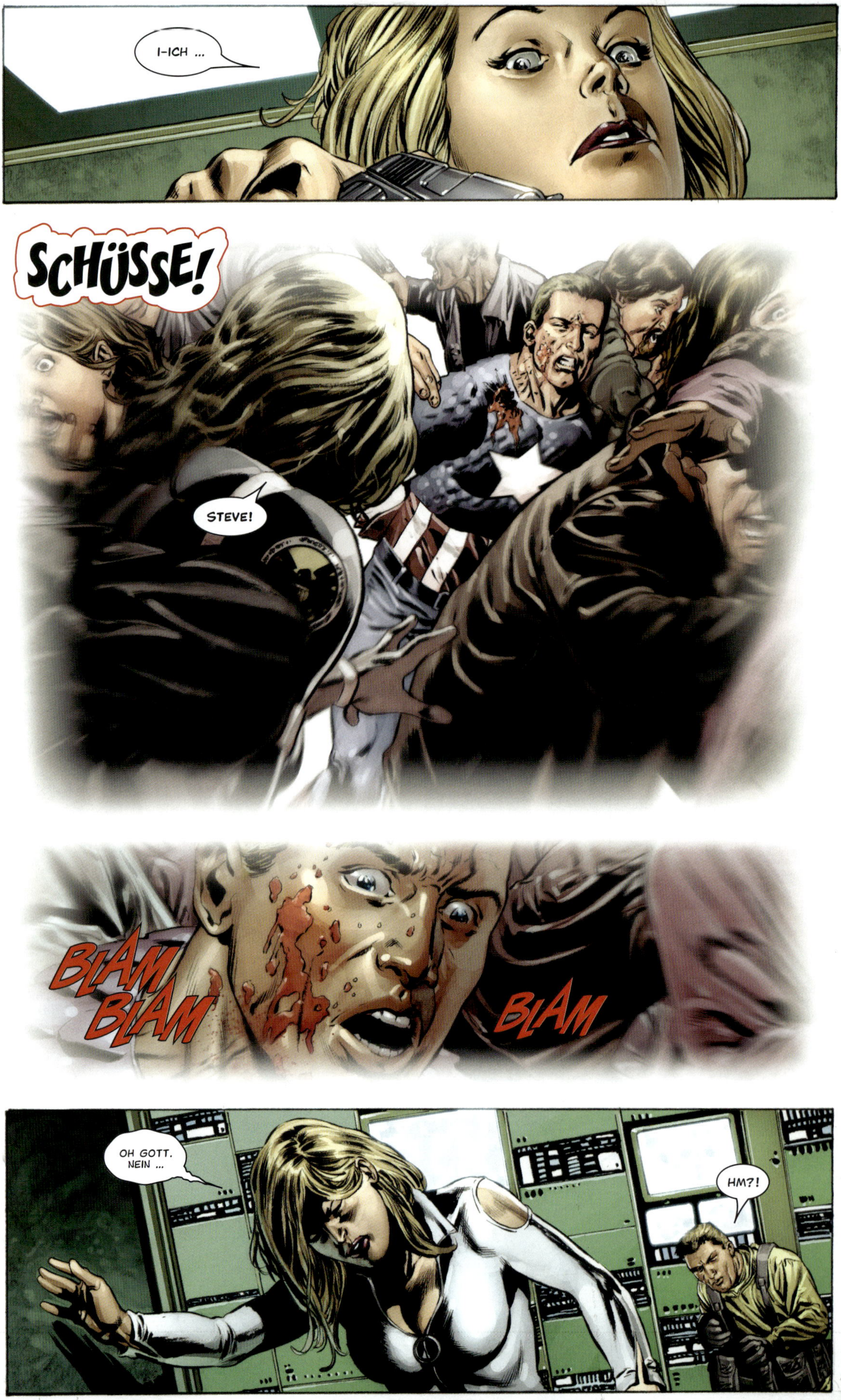
I-ICH ...
SCHÜSSE!
STEVE!
BLAM
BLAM
BLAM
OH GOTT. NEIN ...
HM?!

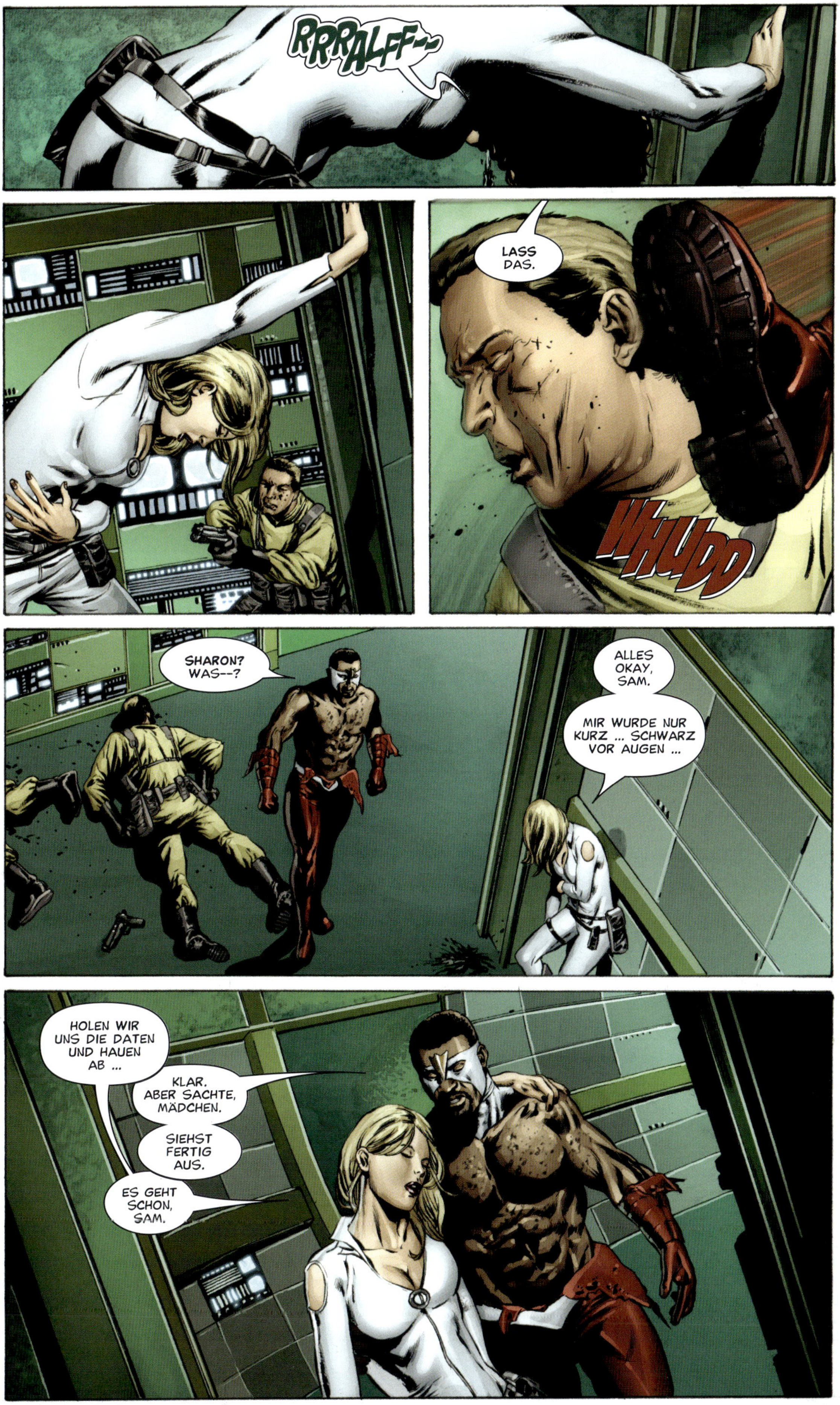
RRRALFF--
LASS DAS.
WHUDD
SHARON? WAS--?
ALLES OKAY, SAM.
MIR WURDE NUR KURZ ... SCHWARZ VOR AUGEN ...
HOLEN WIR UNS DIE DATEN UND HAUEN AB ...
KLAR. ABER SACHTE, MÄDCHEN.
SIEHST FERTIG AUS.
ES GEHT SCHON, SAM.

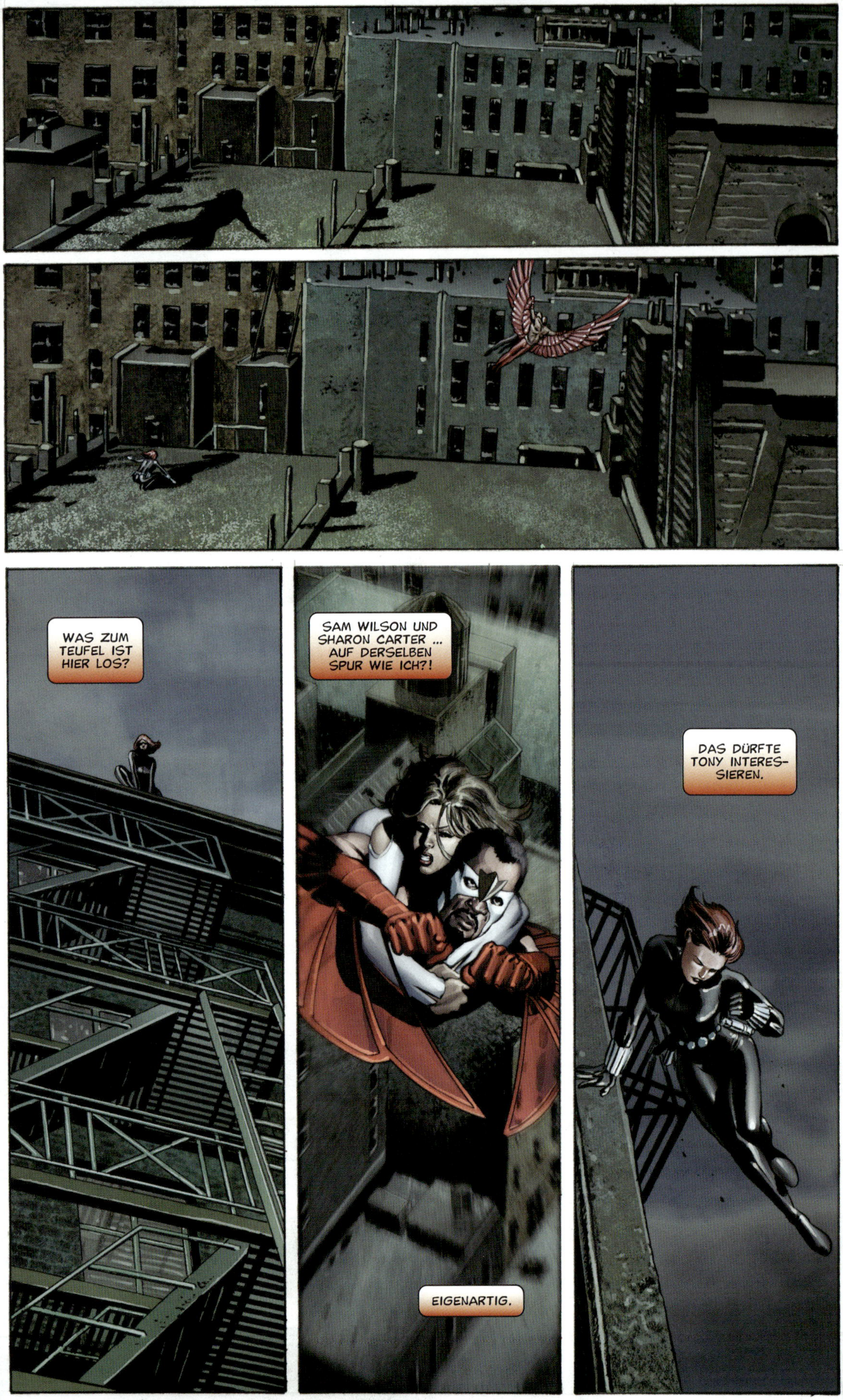
WAS ZUM TEUFEL IST HIER LOS?
SAM WILSON UND SHARON CARTER ... AUF DERSELBEN SPUR WIE ICH?!
EIGENARTIG.
DAS DÜRFTE TONY INTERESSIEREN.

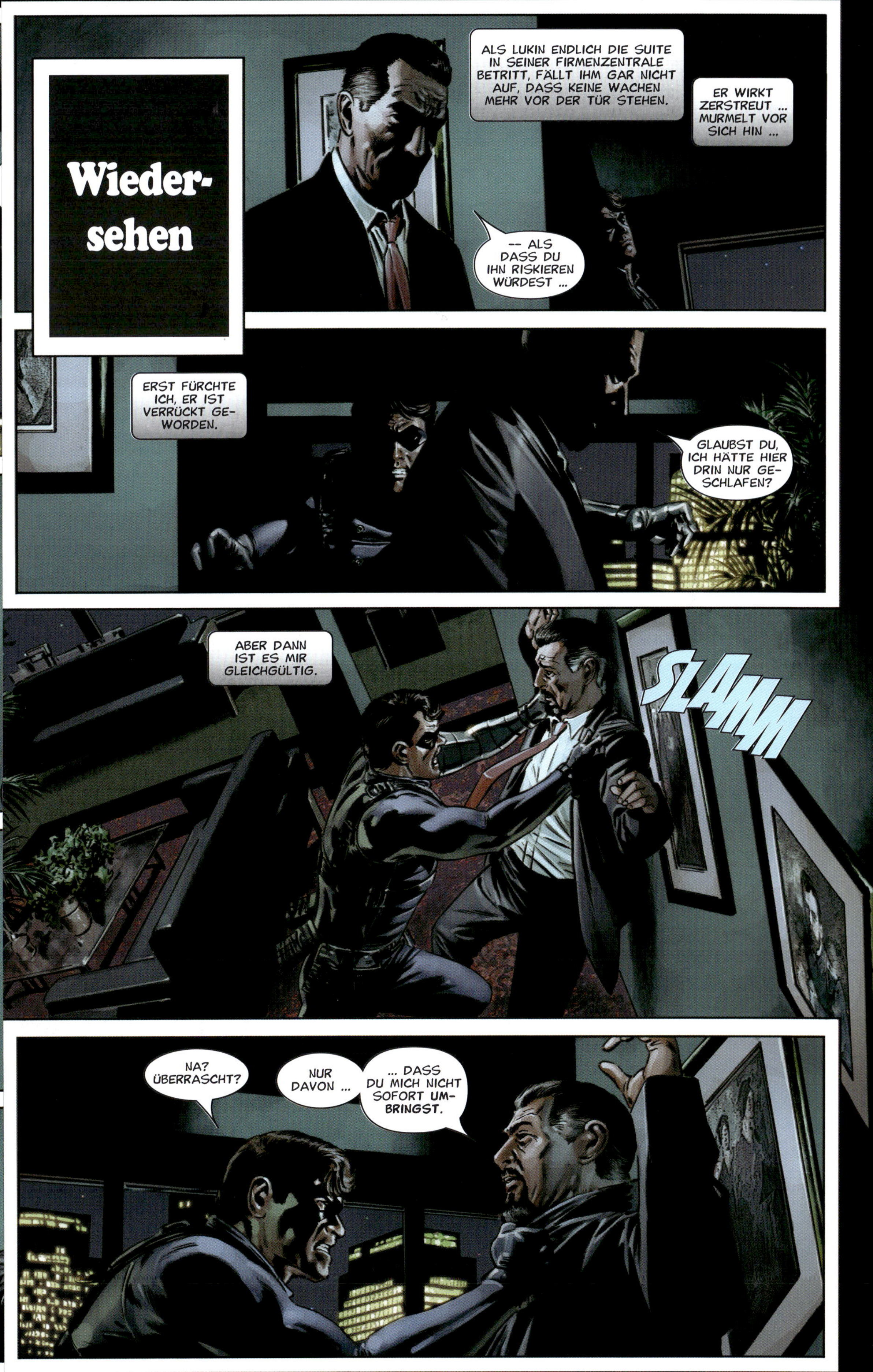
Wieder-
sehen
ALS LUKIN ENDLICH DIE SUITE IN SEINER FIRMENZENTRALE BETRITT, FÄLLT IHM GAR NICHT AUF, DASS KEINE WACHEN MEHR VOR DER TÜR STEHEN.
ER WIRKT ZERSTREUT ... MURMELT VOR SICH HIN ...
-- ALS DASS DU IHN RISKIEREN WÜRDEST ...
ERST FÜRCHTE ICH, ER IST VERRÜCKT GEWORDEN.
GLAUBST DU, ICH HÄTTE HIER DRIN NUR GESCHLAFEN?
ABER DANN IST ES MIR GLEICHGÜLTIG.
SLAMM
NA? ÜBERRASCHT?
NUR DAVON ...
... DASS DU MICH NICHT SOFORT UMBRINGST.

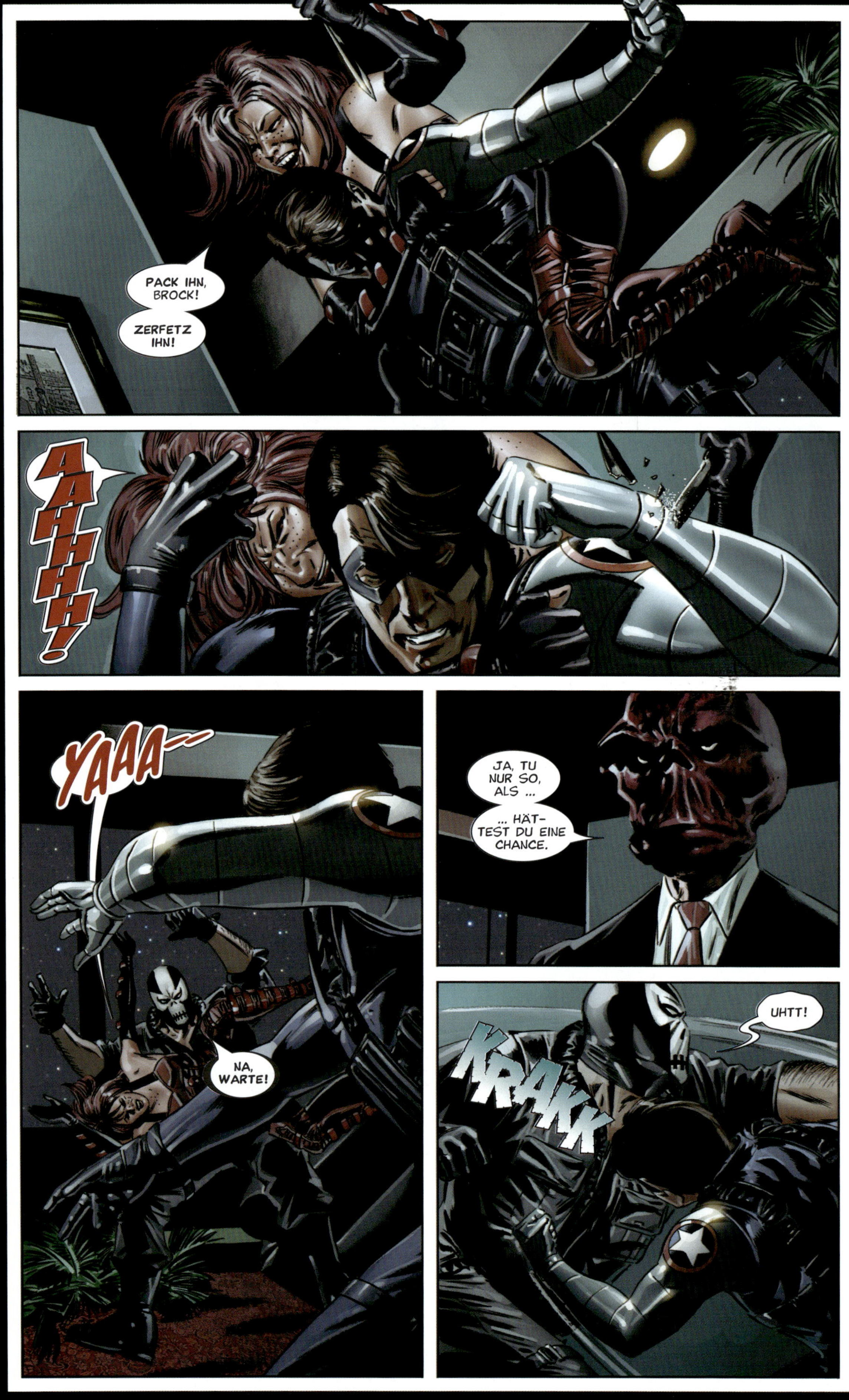

PACK IHN, BROCK!
ZERFETZ IHN!
AAHHHH!
YAAA--
NA, WARTE!
JA, TU NUR SO, ALS ...
... HÄT-TEST DU EINE CHANCE.
KRAKK
UHTT!

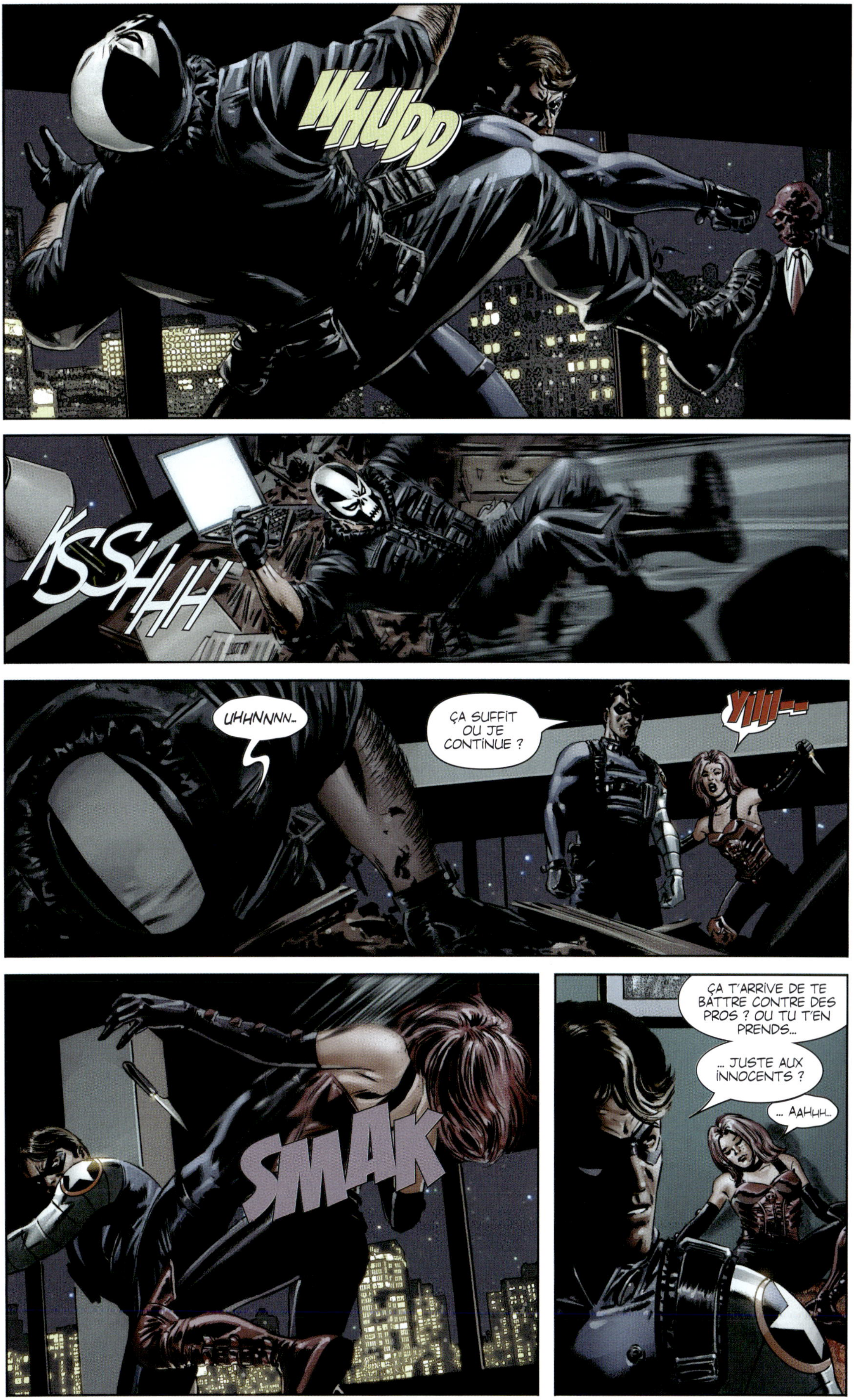
WHUDD
KSSHHH
UHHNNNN...
ÇA SUFFIT OU JE CONTINUE ?
YIIII--
SMAK
ÇA T'ARRIVE DE TE BATTRE CONTRE DES PROS ? OU TU T'EN PRENDS...
... JUSTE AUX INNOCENTS ?
... AAHHH...

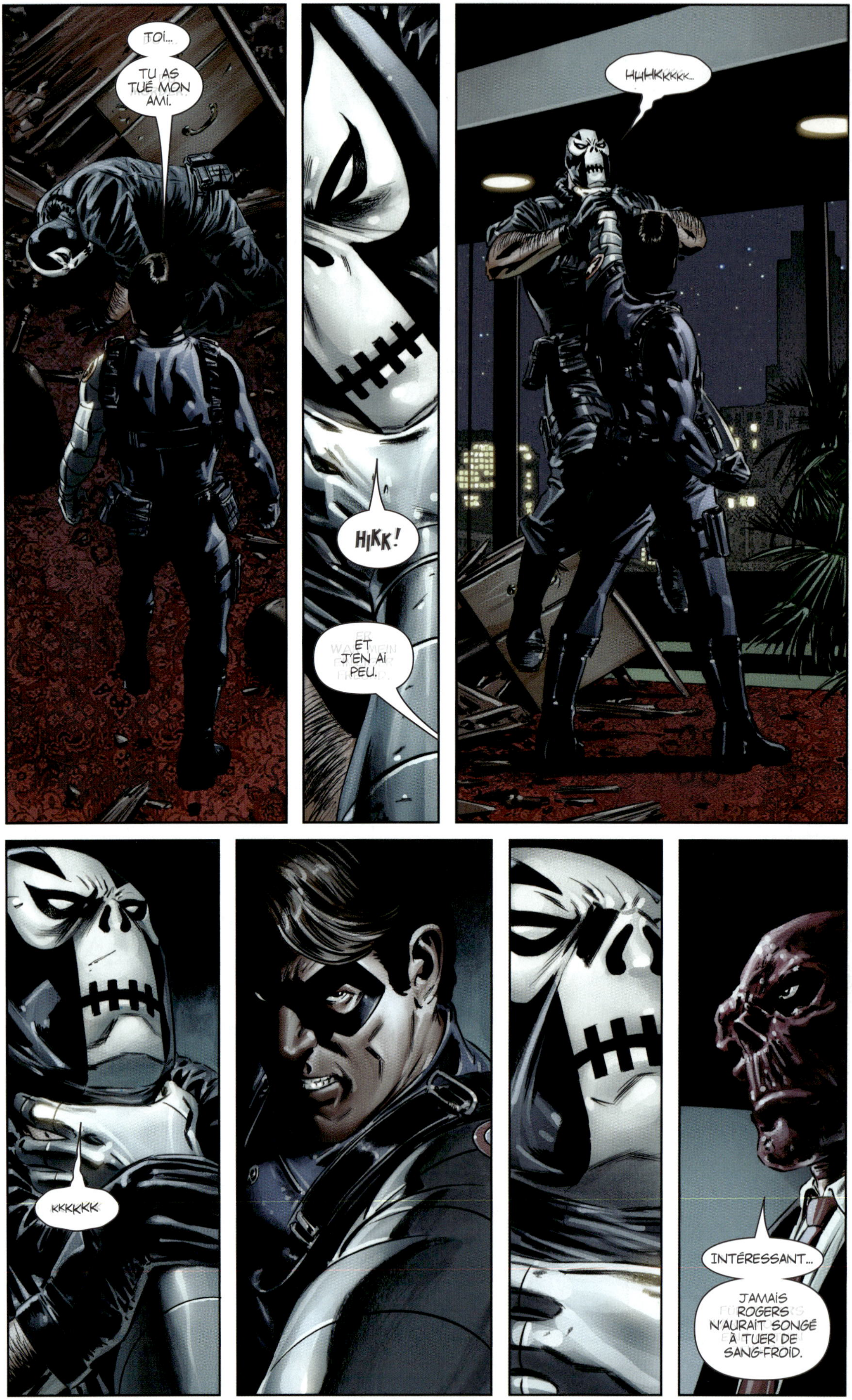
TOI...
TU AS TUÉ MON AMI.
HIKK!
ET J'EN AI PEU.
HUHKKKKK...
KKKKKK
INTÉRESSANT...
JAMAIS ROGERS N'AURAIT SONGÉ À TUER DE SANG-FROID.

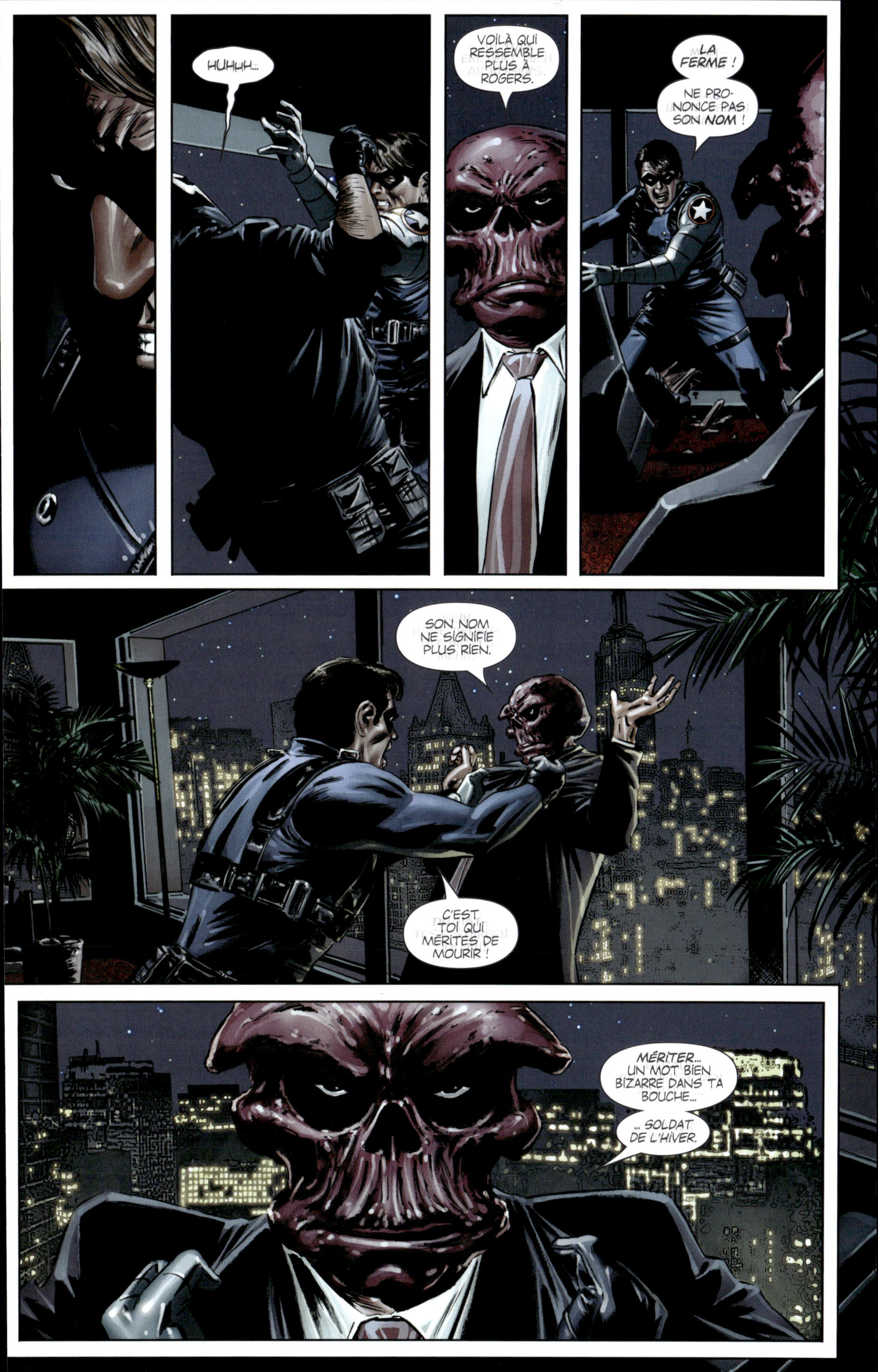
HUHHH...
VOILÀ QUI RESSEMBLE PLUS À ROGERS.
LA FERME !
NE PRONONCE PAS SON NOM !
SON NOM NE SIGNIFIE PLUS RIEN.
C'EST TOI QUI MÉRITES DE MOURIR !
MÉRITER... UN MOT BIEN BIZARRE DANS TA BOUCHE...
... SOLDAT DE L'HIVER.

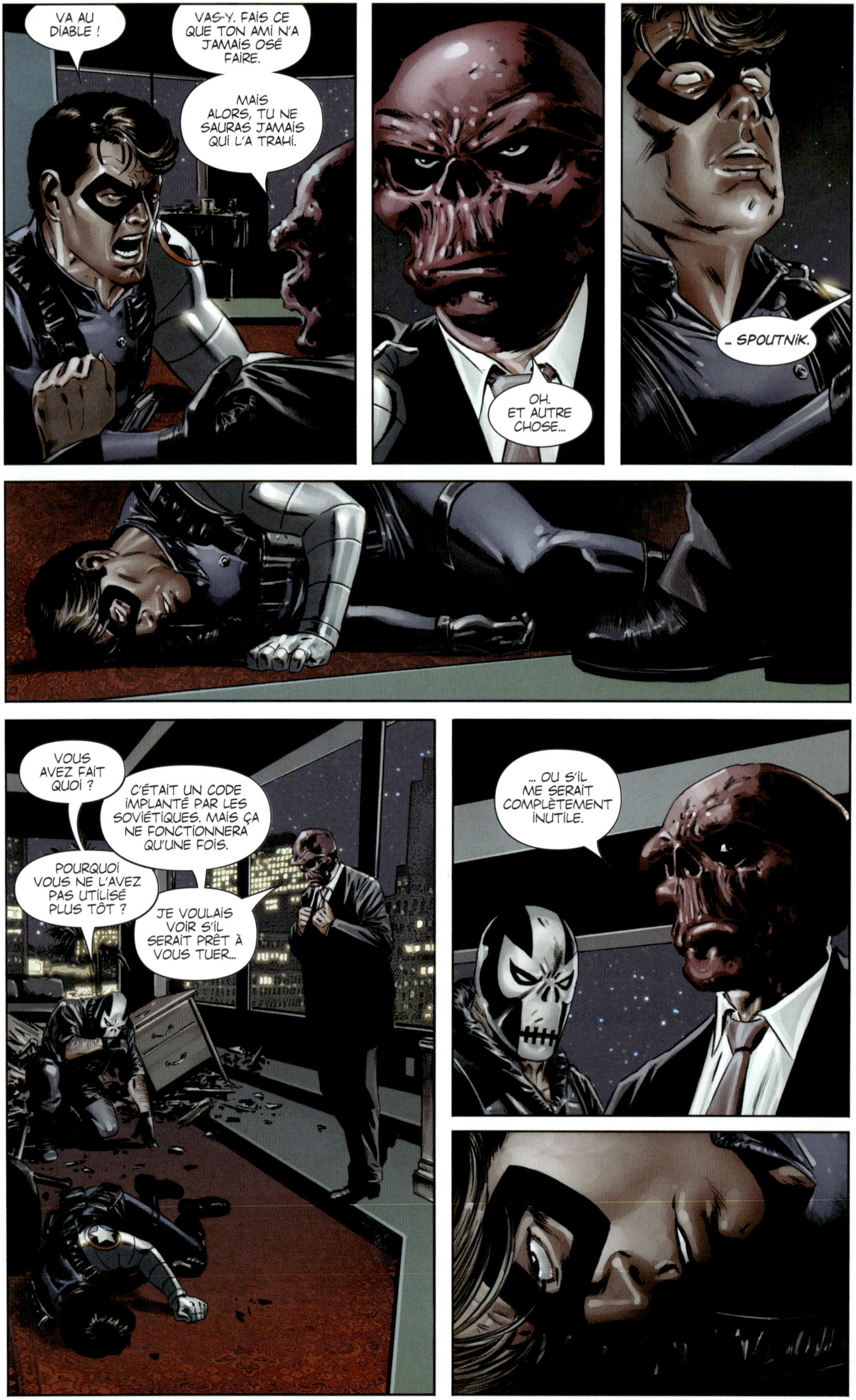
VA AU DIABLE !
VAS-Y. FAIS CE QUE TON AMI N'A JAMAIS OSÉ FAIRE.
MAIS ALORS, TU NE SAURAS JAMAIS QUI L'A TRAHI.
OH. ET AUTRE CHOSE...
... SPOUTNIK.
VOUS AVEZ FAIT QUOI ?
C'ÉTAIT UN CODE IMPLANTÉ PAR LES SOVIÉTIQUES. MAIS ÇA NE FONCTIONNERA QU'UNE FOIS.
POURQUOI VOUS NE L'AVEZ PAS UTILISÉ PLUS TÔT ?
JE VOULAIS VOIR S'IL SERAIT PRÊT À VOUS TUER...
... OU S'IL ME SERAIT COMPLÈTEMENT INUTILE.

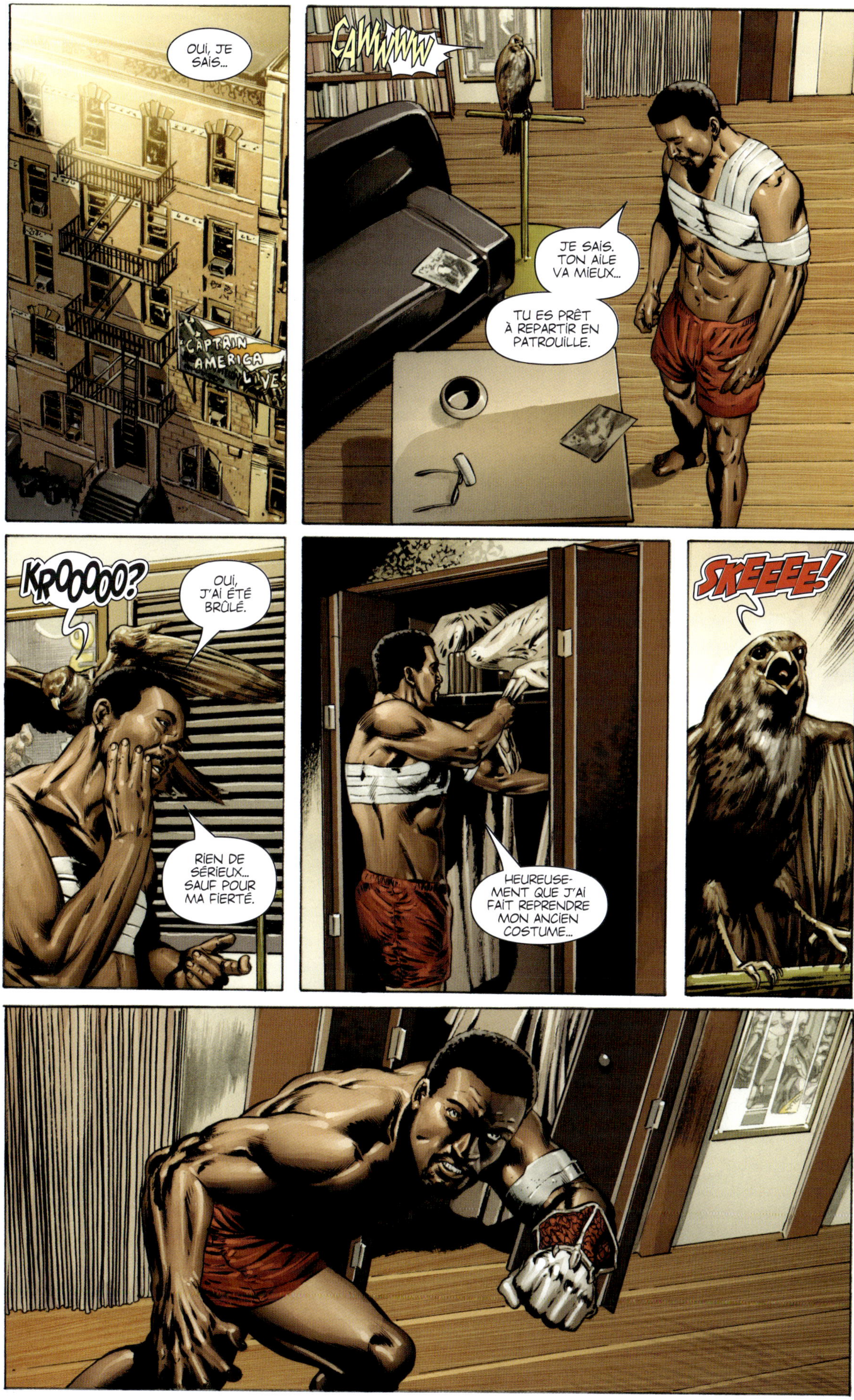
OUI, JE SAIS...
CAWWWW
JE SAIS. TON AILE VA MIEUX...
TU ES PRÊT À REPARTIR EN PATROUILLE.
CAPTAIN AMERICA LIVES
KROOOOO?
OUI, J'AI ÉTÉ BRÛLÉ.
RIEN DE SÉRIEUX... SAUF POUR MA FIERTÉ.
HEUREUSE-MENT QUE J'AI FAIT REPRENDRE MON ANCIEN COSTUME...
SKEEEE!

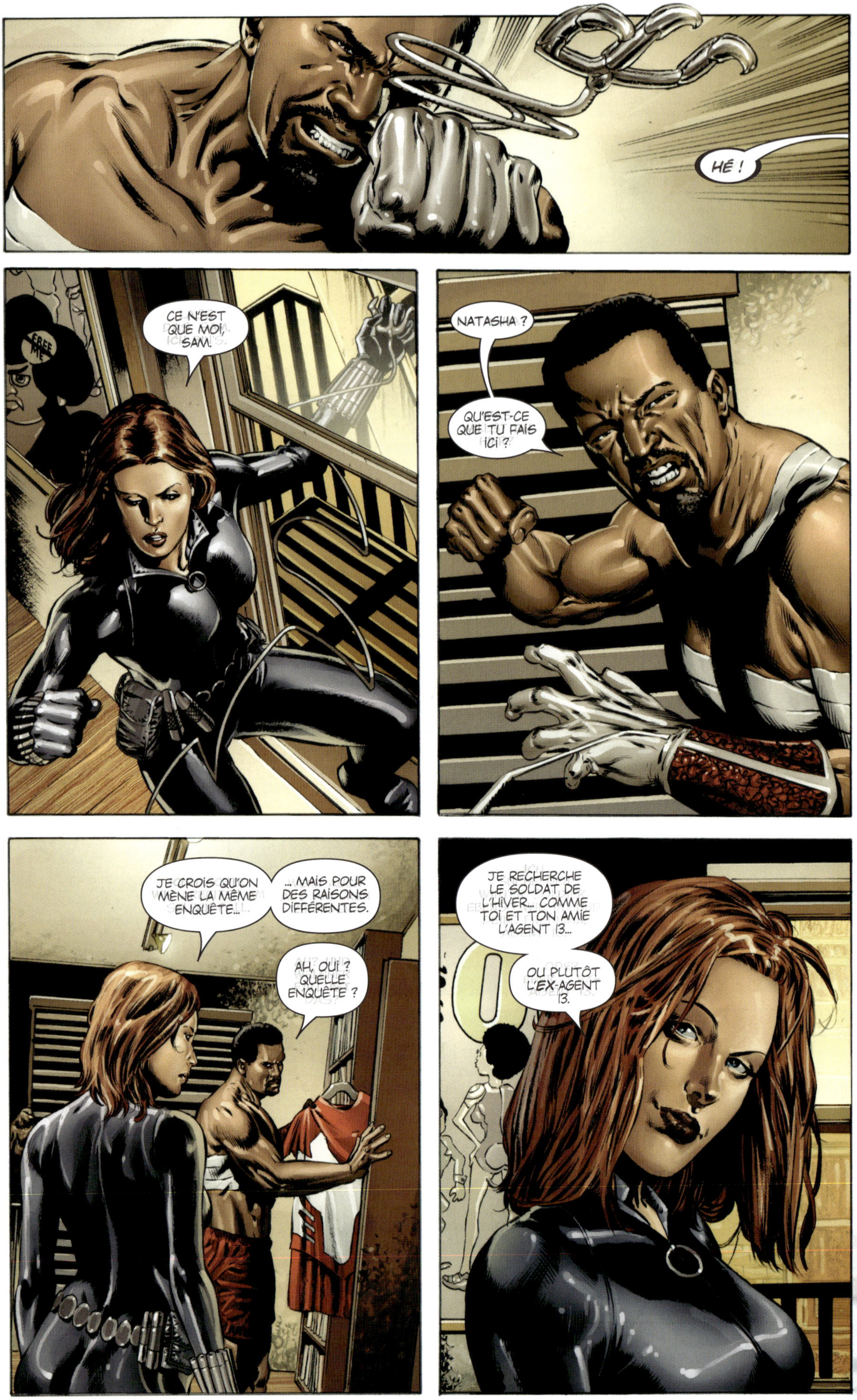
HÉ !
CE N'EST QUE MOI, SAM.
NATASHA ?
QU'EST-CE QUE TU FAIS ICI ?
JE CROIS QU'ON MÈNE LA MÊME ENQUÊTE...
... MAIS POUR DES RAISONS DIFFÉRENTES.
AH, OUI ? QUELLE ENQUÊTE ?
JE RECHERCHE LE SOLDAT DE L'HIVER... COMME TOI ET TON AMIE L'AGENT 13...
OU PLUTÔT L'EX-AGENT 13.

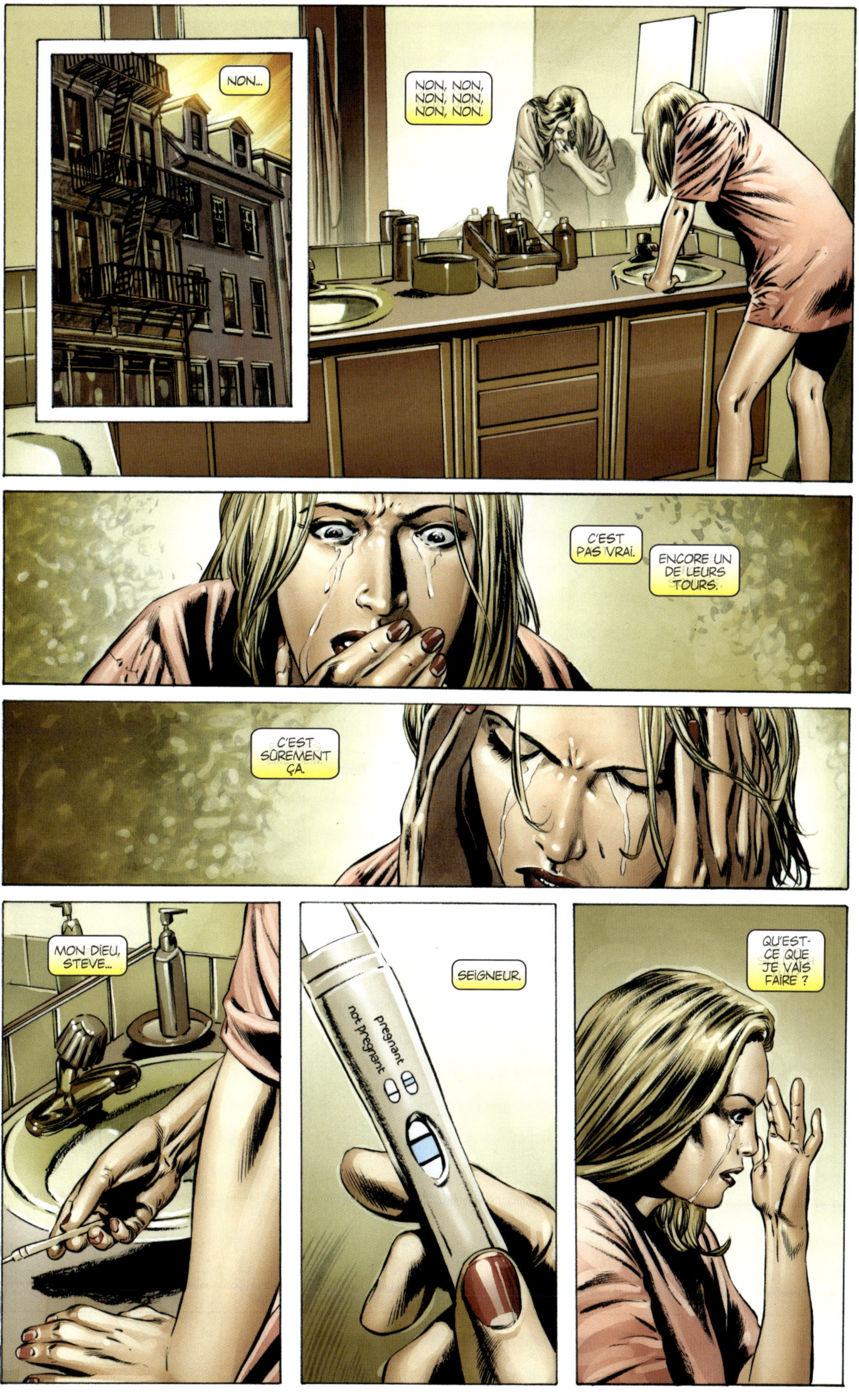
NON...
NON, NON,
NON, NON,
NON, NON.
C'EST PAS VRAI.
ENCORE UN DE LEURS TOURS.
C'EST SÛREMENT ÇA.
MON DIEU, STEVE...
SEIGNEUR.
pregnant
not pregnant
QU'EST-CE QUE JE VAIS FAIRE ?

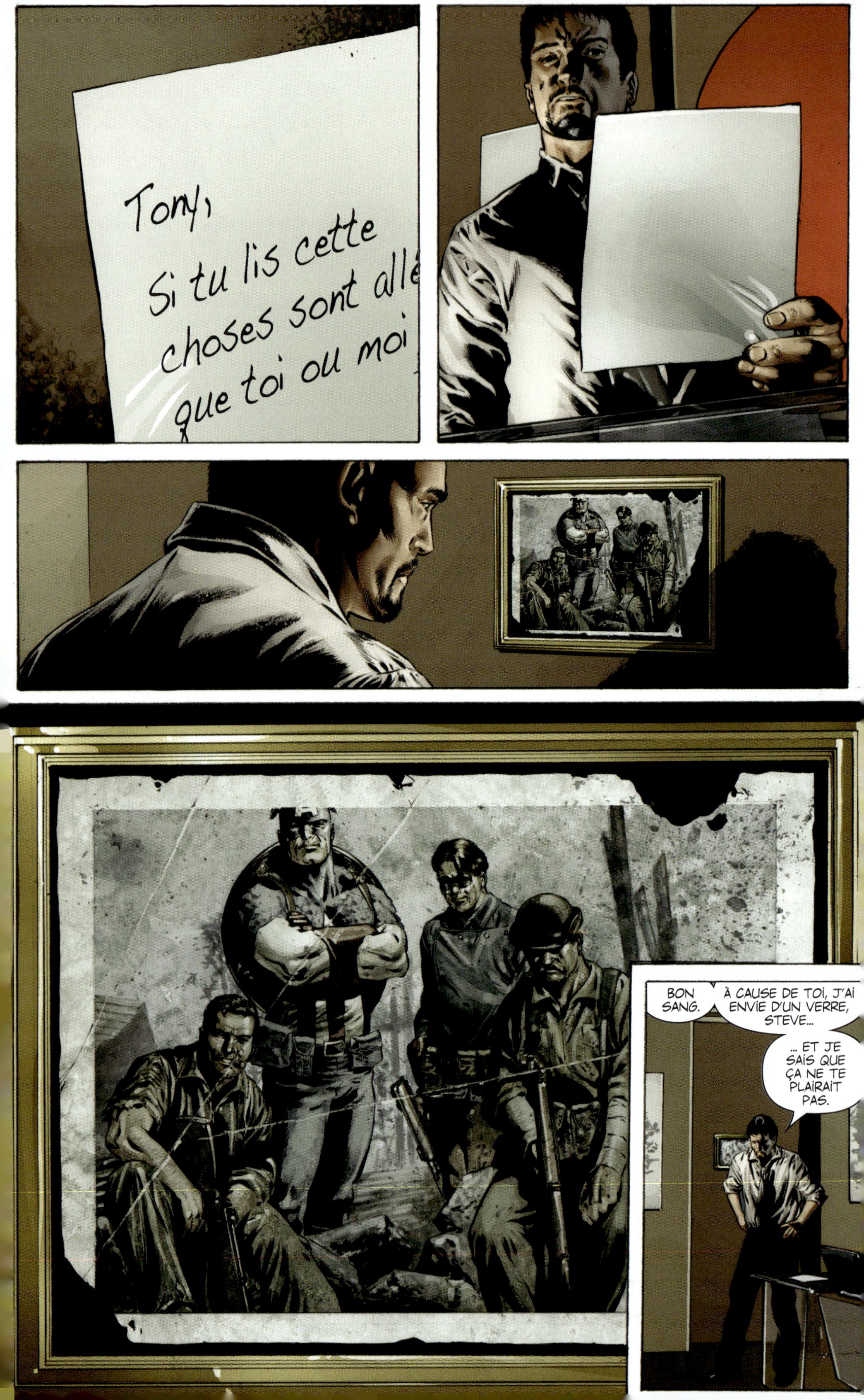

Tony,
Si tu lis cette
choses sont allé
que toi ou moi
BON SANG.
À CAUSE DE TOI, J'AI ENVIE D'UN VERRE, STEVE...
... ET JE SAIS QUE ÇA NE TE PLAIRAIT PAS.

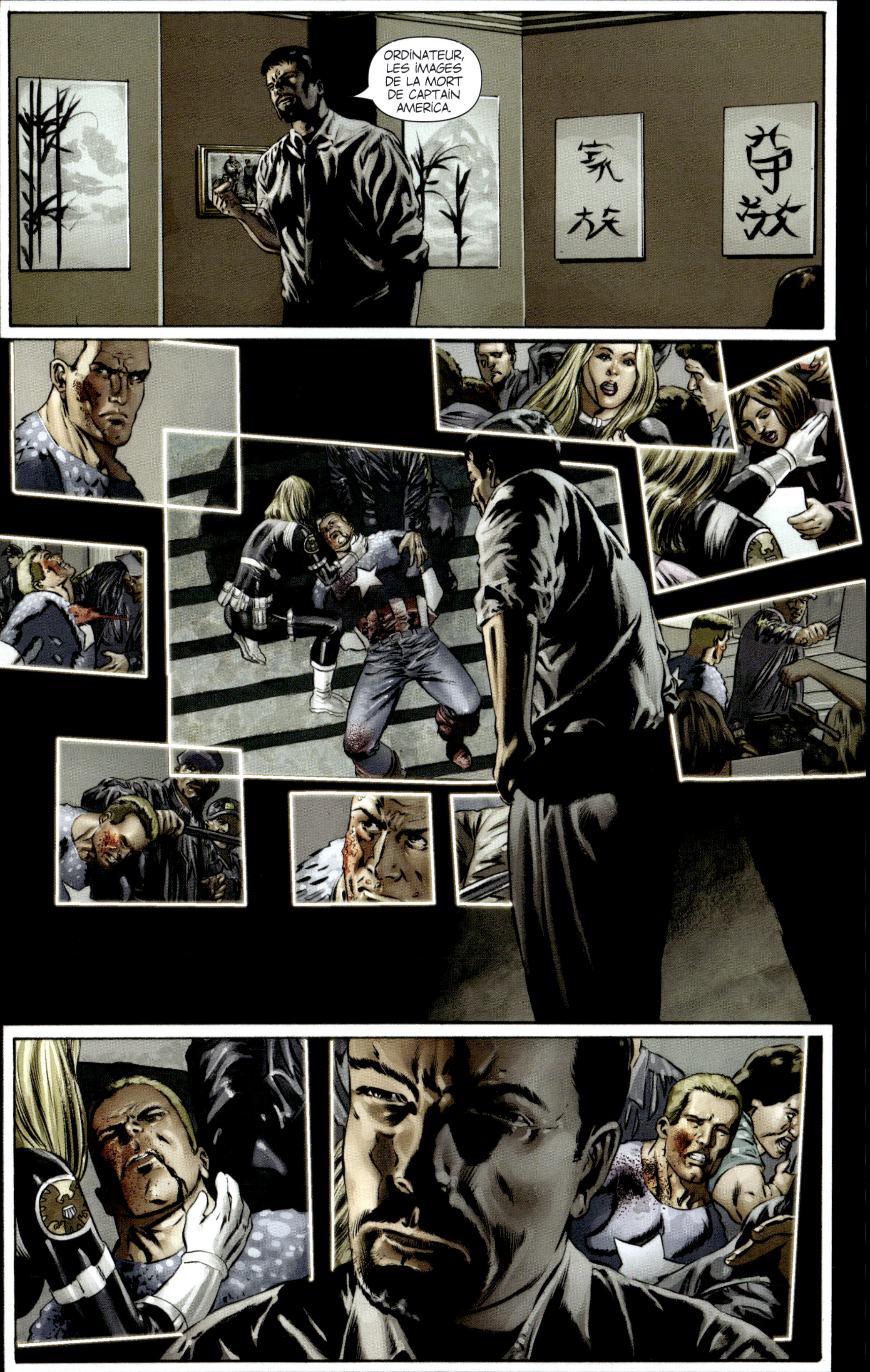
ORDINATEUR, LES IMAGES DE LA MORT DE CAPTAIN AMERICA.

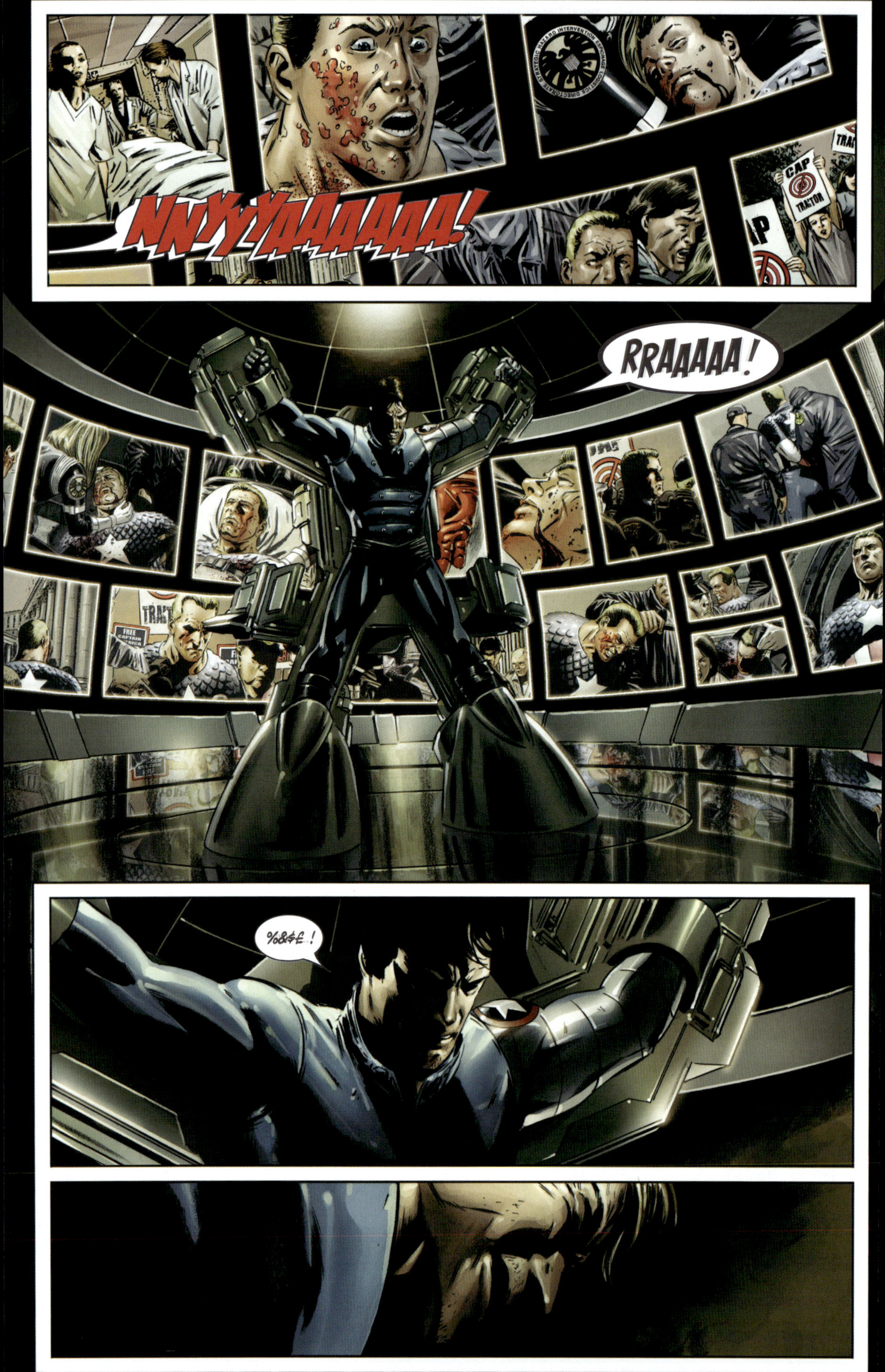
NNYYYAAAAAAA!
RRAAAAA!
%&$£!

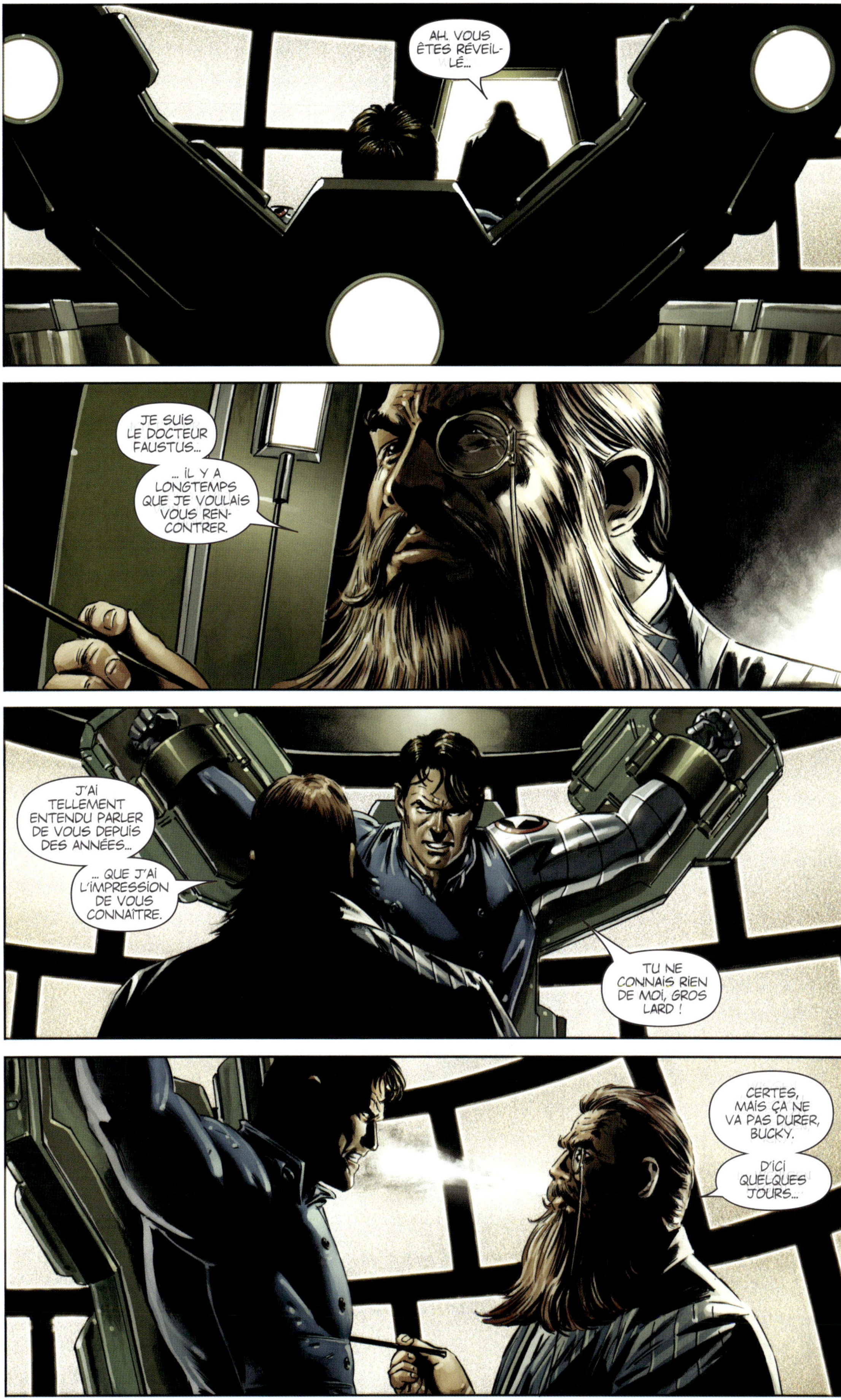
AH. VOUS ÊTES RÉVEIL-LÉ...
JE SUIS LE DOCTEUR FAUSTUS...
... IL Y A LONGTEMPS QUE JE VOULAIS VOUS REN-CONTRER.
J'AI TELLEMENT ENTENDU PARLER DE VOUS DEPUIS DES ANNÉES...
... QUE J'AI L'IMPRESSION DE VOUS CONNAÎTRE.
TU NE CONNAIS RIEN DE MOI, GROS LARD !
CERTES, MAIS ÇA NE VA PAS DURER, BUCKY.
D'ICI QUELQUES JOURS...

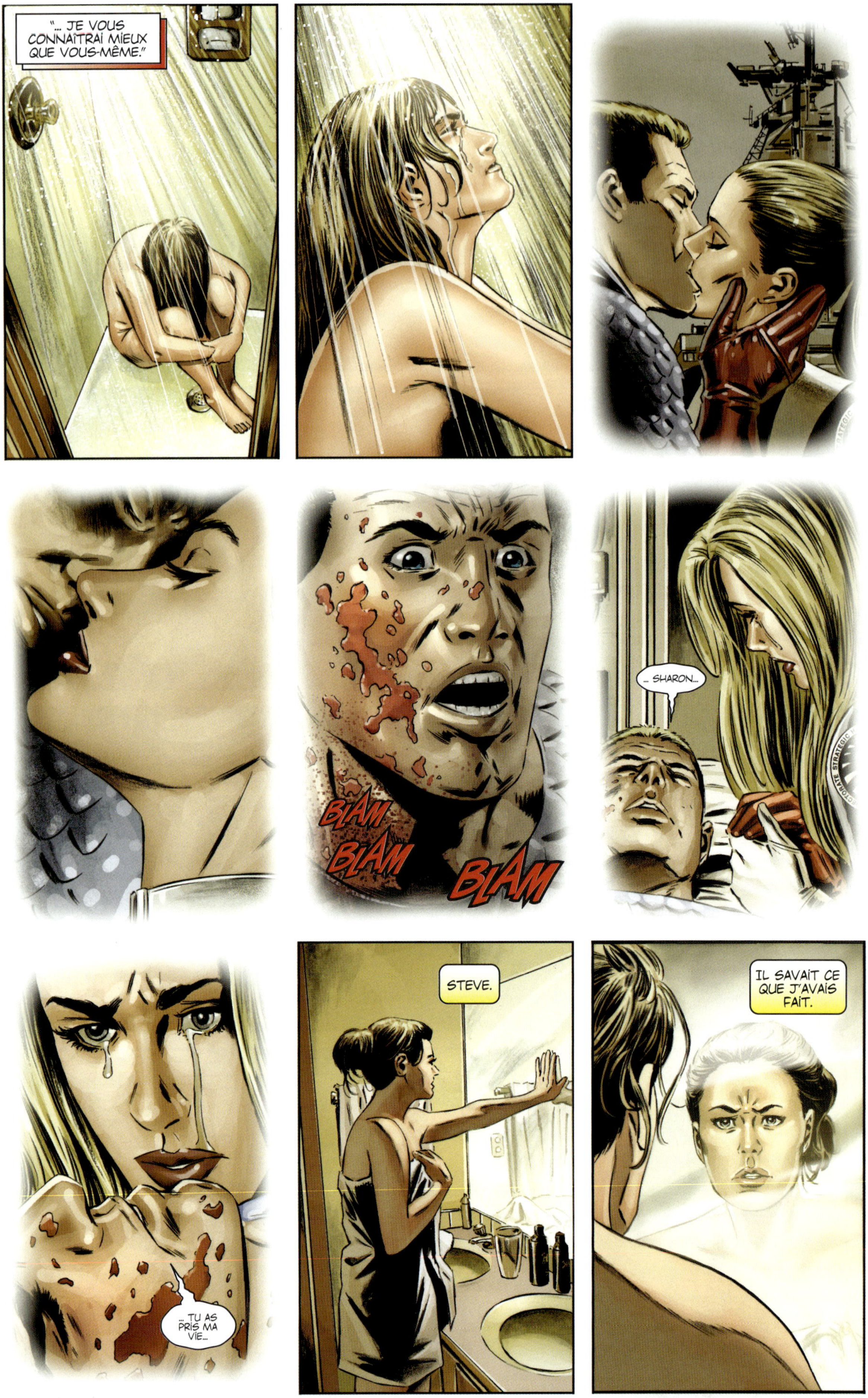
"... JE VOUS CONNAÎTRAI MIEUX QUE VOUS-MÊME."
... SHARON...
BLAM
BLAM
BLAM
... TU AS PRIS MA VIE...
STEVE.
IL SAVAIT CE QUE J'AVAIS FAIT.

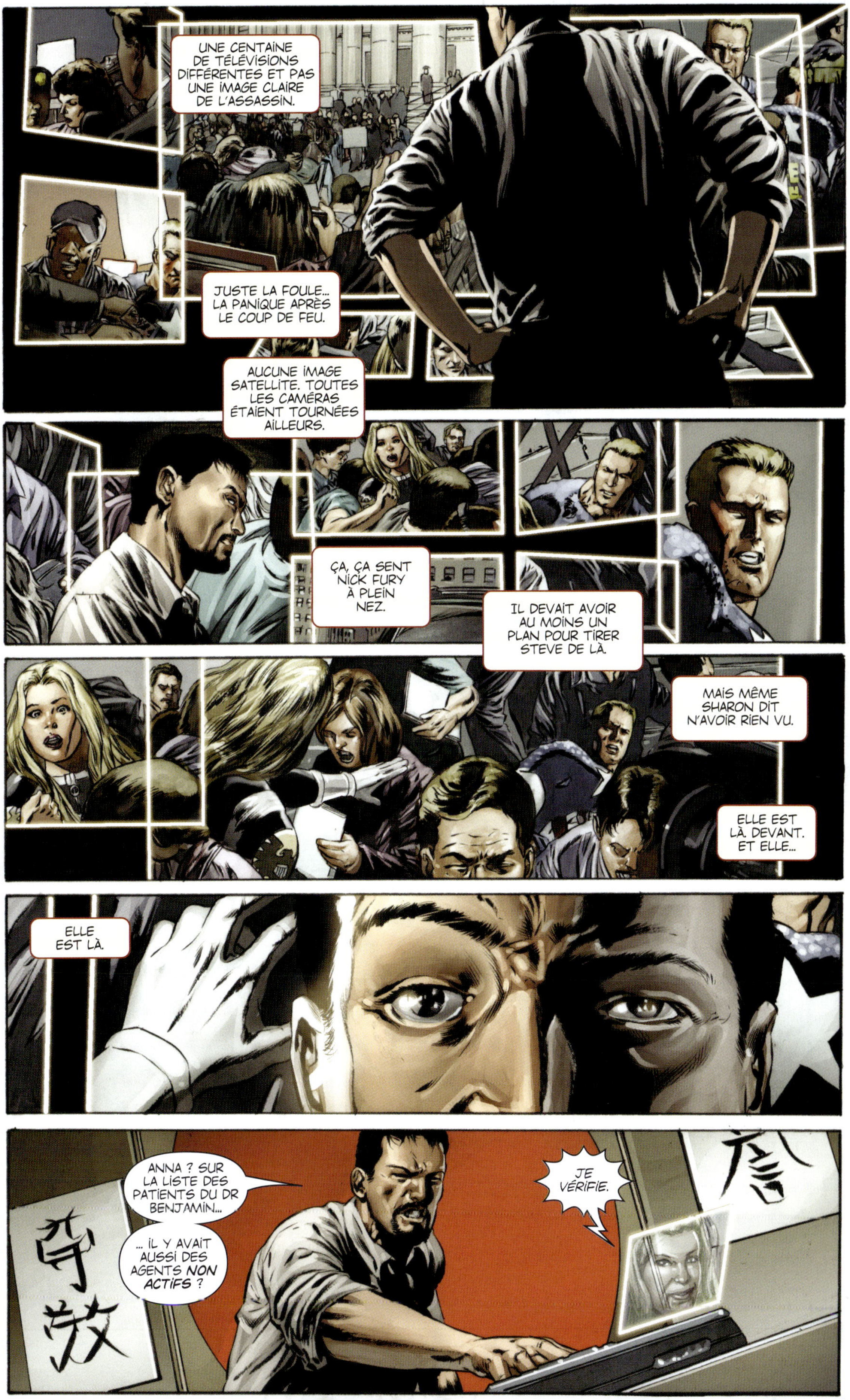
UNE CENTAINE DE TÉLÉVISIONS DIFFÉRENTES ET PAS UNE IMAGE CLAIRE DE L'ASSASSIN.
JUSTE LA FOULE... LA PANIQUE APRÈS LE COUP DE FEU.
AUCUNE IMAGE SATELLITE. TOUTES LES CAMÉRAS ÉTAIENT TOURNÉES AILLEURS.
ÇA, ÇA SENT NICK FURY À PLEIN NEZ.
IL DEVAIT AVOIR AU MOINS UN PLAN POUR TIRER STEVE DE LÀ.
MAIS MÊME SHARON DIT N'AVOIR RIEN VU.
ELLE EST LÀ. DEVANT. ET ELLE...
ELLE EST LÀ.
ANNA ? SUR LA LISTE DES PATIENTS DU DR BENJAMIN...
... IL Y AVAIT AUSSI DES AGENTS **NON ACTIFS** ?
JE VÉRIFIE.

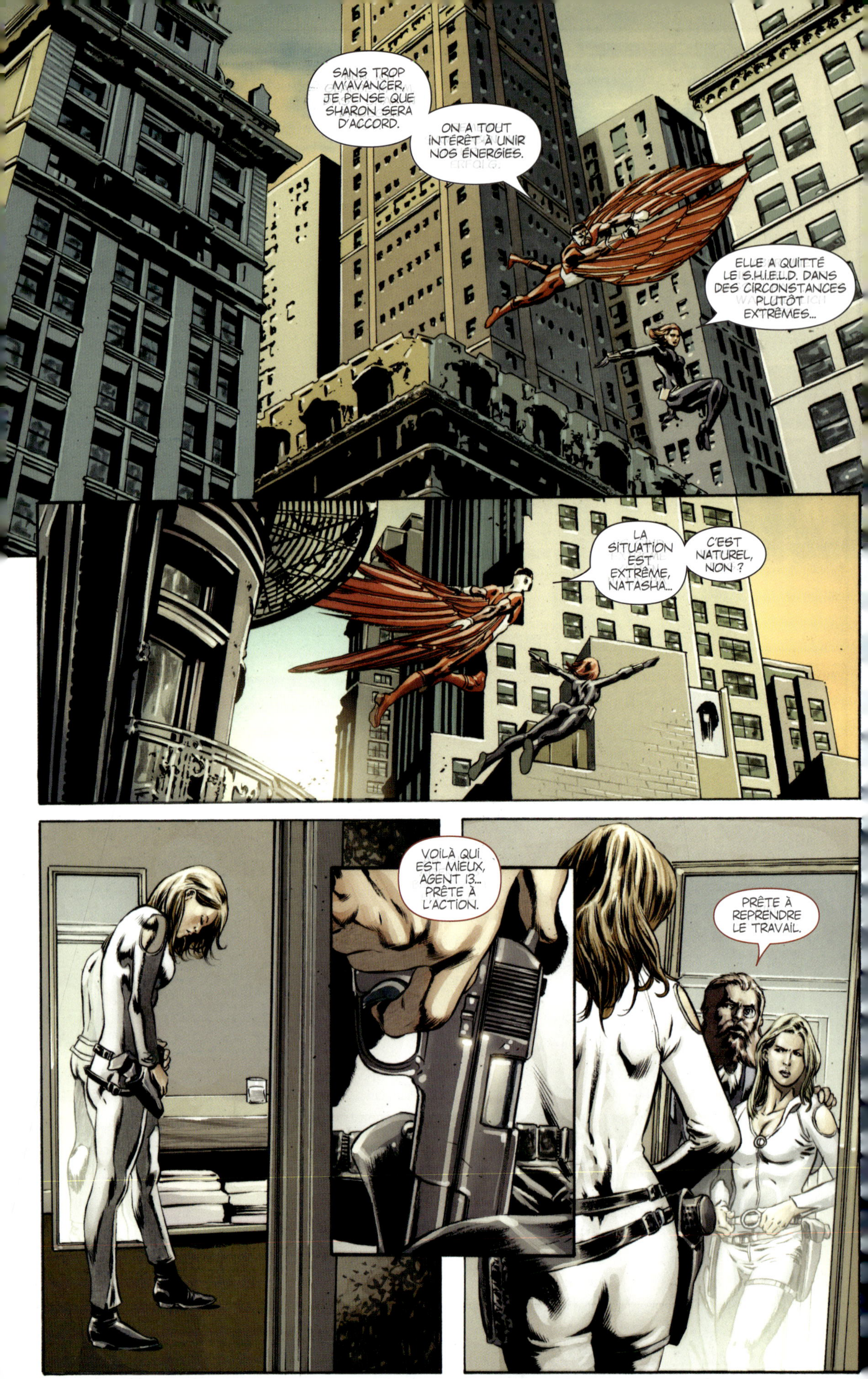
SANS TROP M'AVANCER, JE PENSE QUE SHARON SERA D'ACCORD.
ON A TOUT INTÉRÊT À UNIR NOS ÉNERGIES.
ELLE A QUITTÉ LE S.H.I.E.L.D. DANS DES CIRCONSTANCES PLUTÔT EXTRÊMES...
LA SITUATION EST EXTRÊME, NATASHA...
C'EST NATUREL, NON ?
VOILÀ QUI EST MIEUX, AGENT 13... PRÊTE À L'ACTION.
PRÊTE À REPRENDRE LE TRAVAIL.

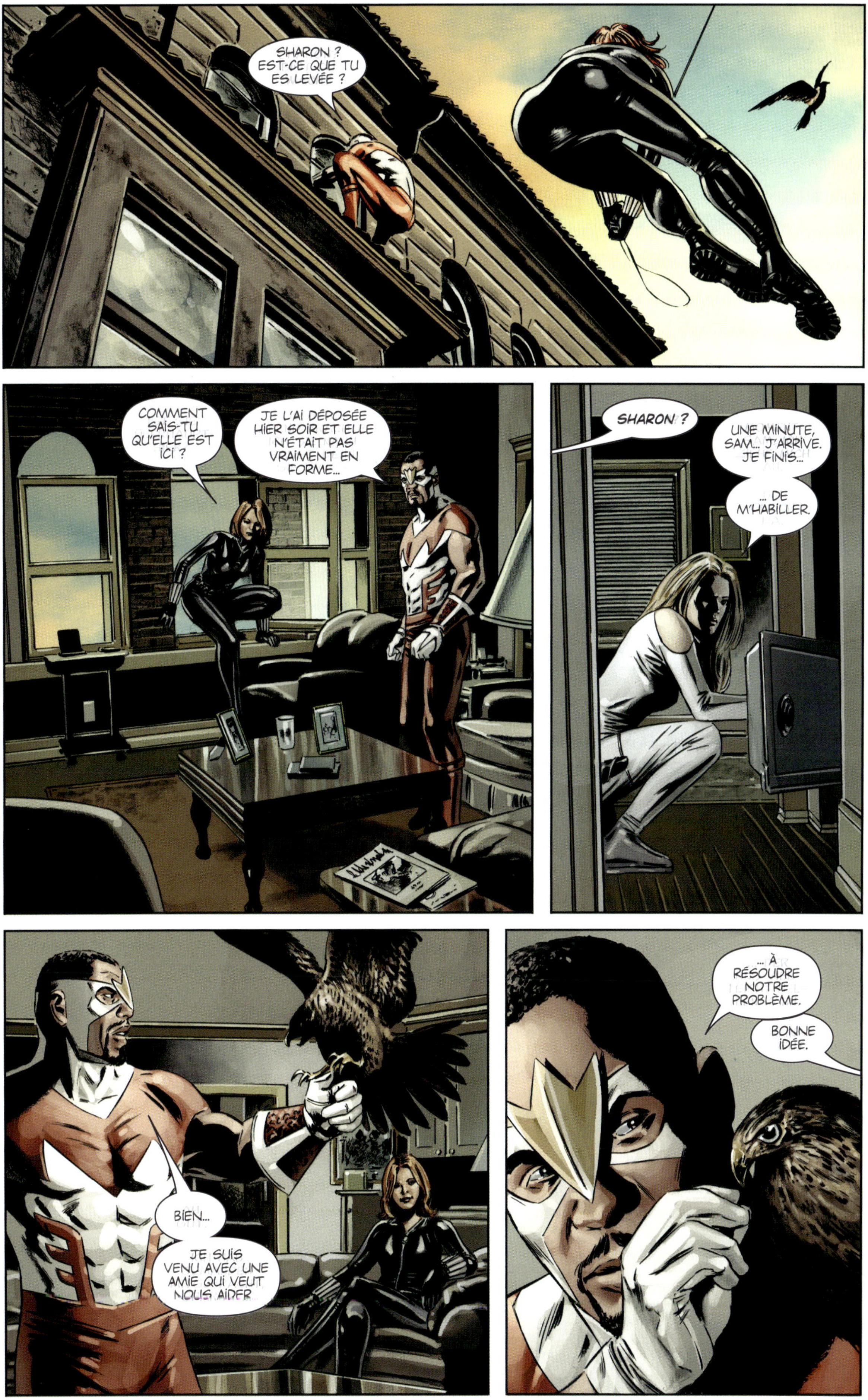
SHARON ? EST-CE QUE TU ES LEVÉE ?
COMMENT SAIS-TU QU'ELLE EST ICI ?
JE L'AI DÉPOSÉE HIER SOIR ET ELLE N'ÉTAIT PAS VRAIMENT EN FORME...
SHARON ?
UNE MINUTE, SAM... J'ARRIVE. JE FINIS...
... DE M'HABILLER.
BIEN...
JE SUIS VENU AVEC UNE AMIE QUI VEUT NOUS AIDER
... À RÉSOUDRE NOTRE PROBLÈME.
BONNE IDÉE.

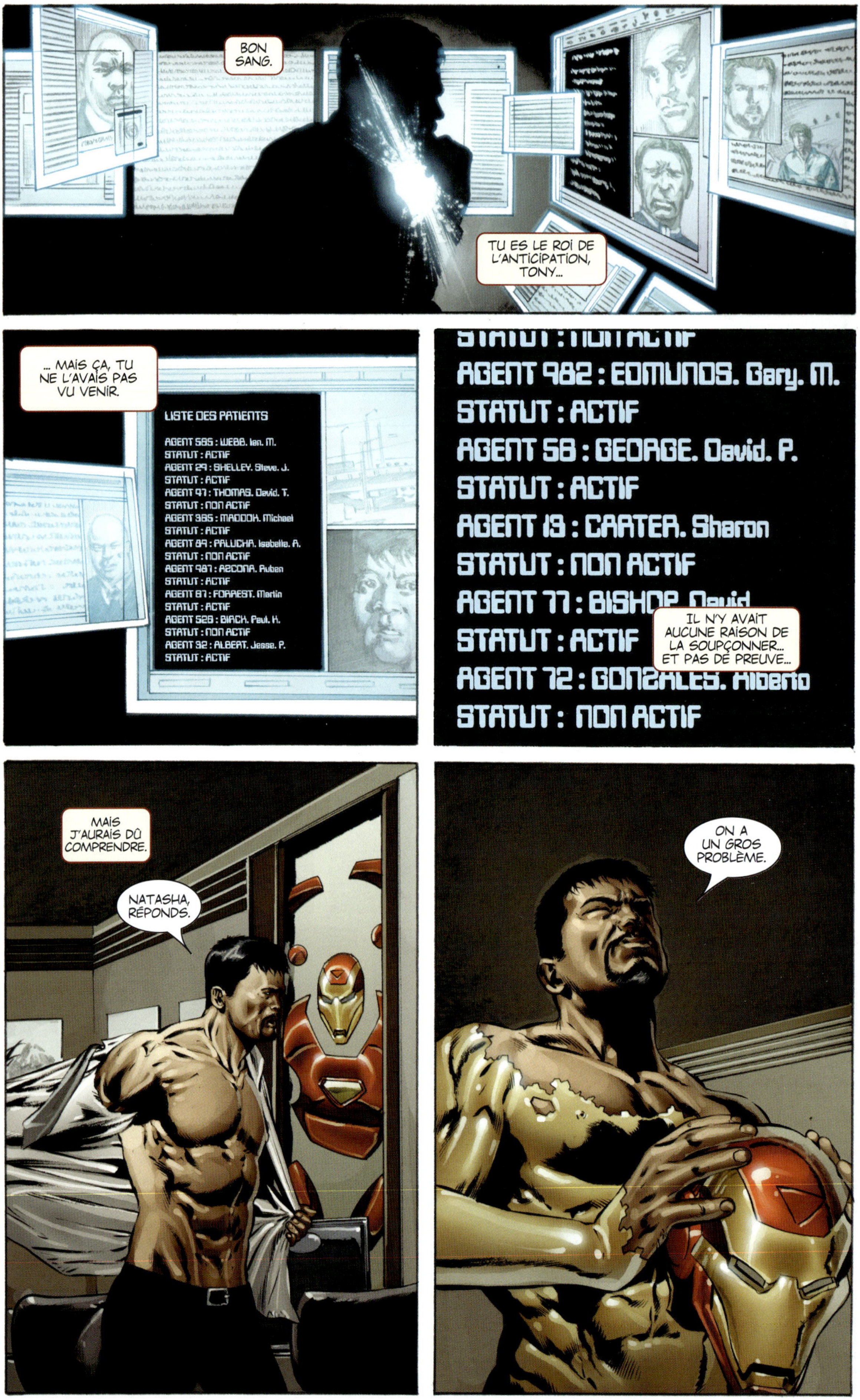
BON SANG.
TU ES LE ROI DE L'ANTICIPATION, TONY...
... MAIS ÇA, TU NE L'AVAIS PAS VU VENIR.
LISTE DES PATIENTS
AGENT 585 : WEBB. Ian. M.
STATUT : ACTIF
AGENT 29 : SHELLEY. Steve. J.
STATUT : ACTIF
AGENT 47 : THOMAS. David. T.
STATUT : NON ACTIF
AGENT 385 : MADDOX. Michael
STATUT : ACTIF
AGENT 89 : PALUCHA. Isabelle. A.
STATUT : NON ACTIF
AGENT 987 : AZCONA. Ruben
STATUT : ACTIF
AGENT 87 : FORREST. Martin
STATUT : ACTIF
AGENT 528 : BIRCH. Paul. K.
STATUT : NON ACTIF
AGENT 32 : ALBERT. Jesse. P.
STATUT : ACTIF
AGENT 982 : EDMUNDS. Gary. M.
STATUT : ACTIF
AGENT 58 : GEORGE. David. P.
STATUT : ACTIF
AGENT 13 : CARTER. Sharon
STATUT : NON ACTIF
STATUT : ACTIF
STATUT : NON ACTIF
IL N'Y AVAIT AUCUNE RAISON DE LA SOUPÇONNER... ET PAS DE PREUVE...
MAIS J'AURAIS DÛ COMPRENDRE.
NATASHA, RÉPONDS.
ON A UN GROS PROBLÈME.

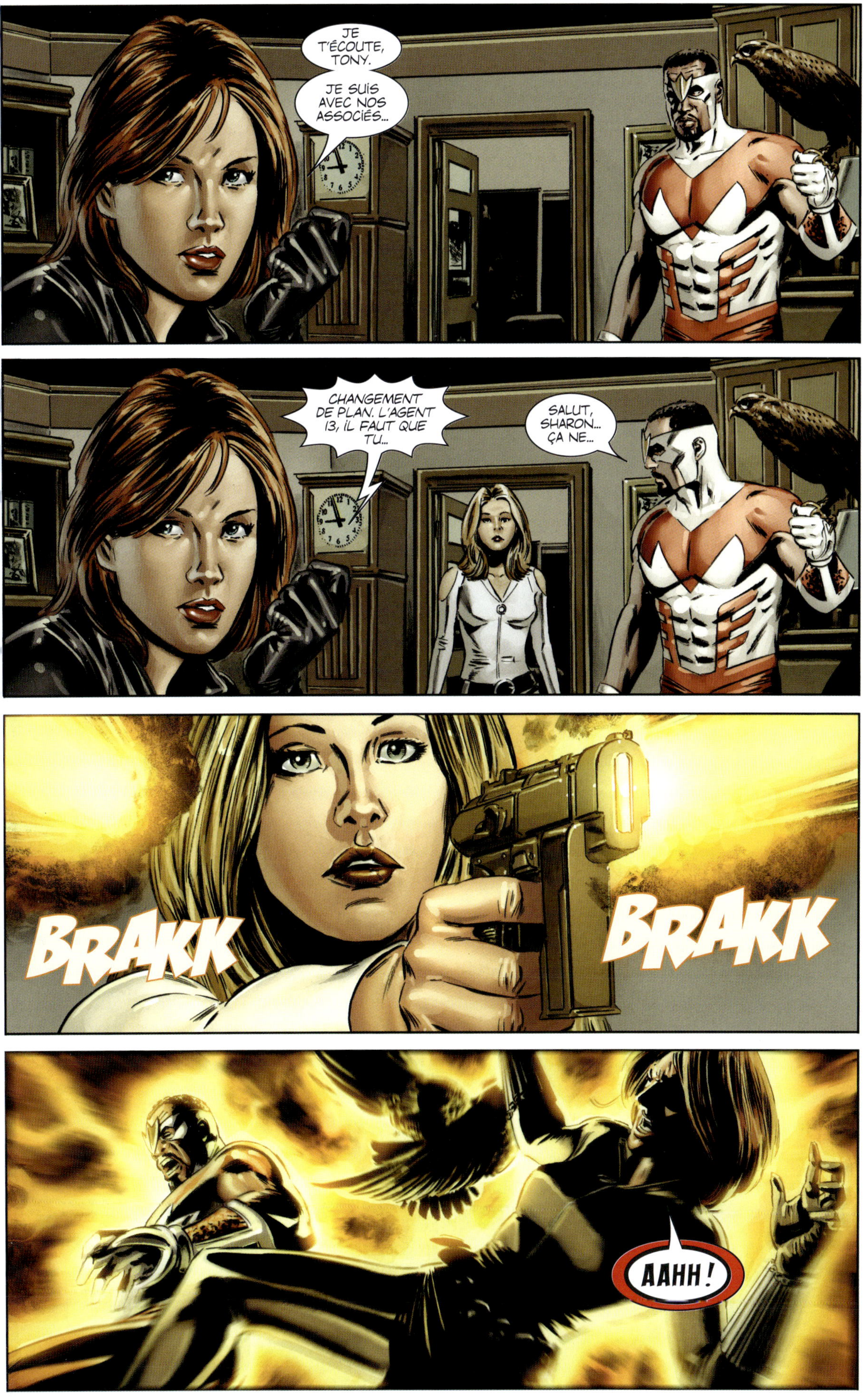
JE T'ÉCOUTE, TONY.
JE SUIS AVEC NOS ASSOCIÉS...
CHANGEMENT DE PLAN. L'AGENT 13, IL FAUT QUE TU...
SALUT, SHARON... ÇA NE...
BRAKK
BRAKK
AAHH !

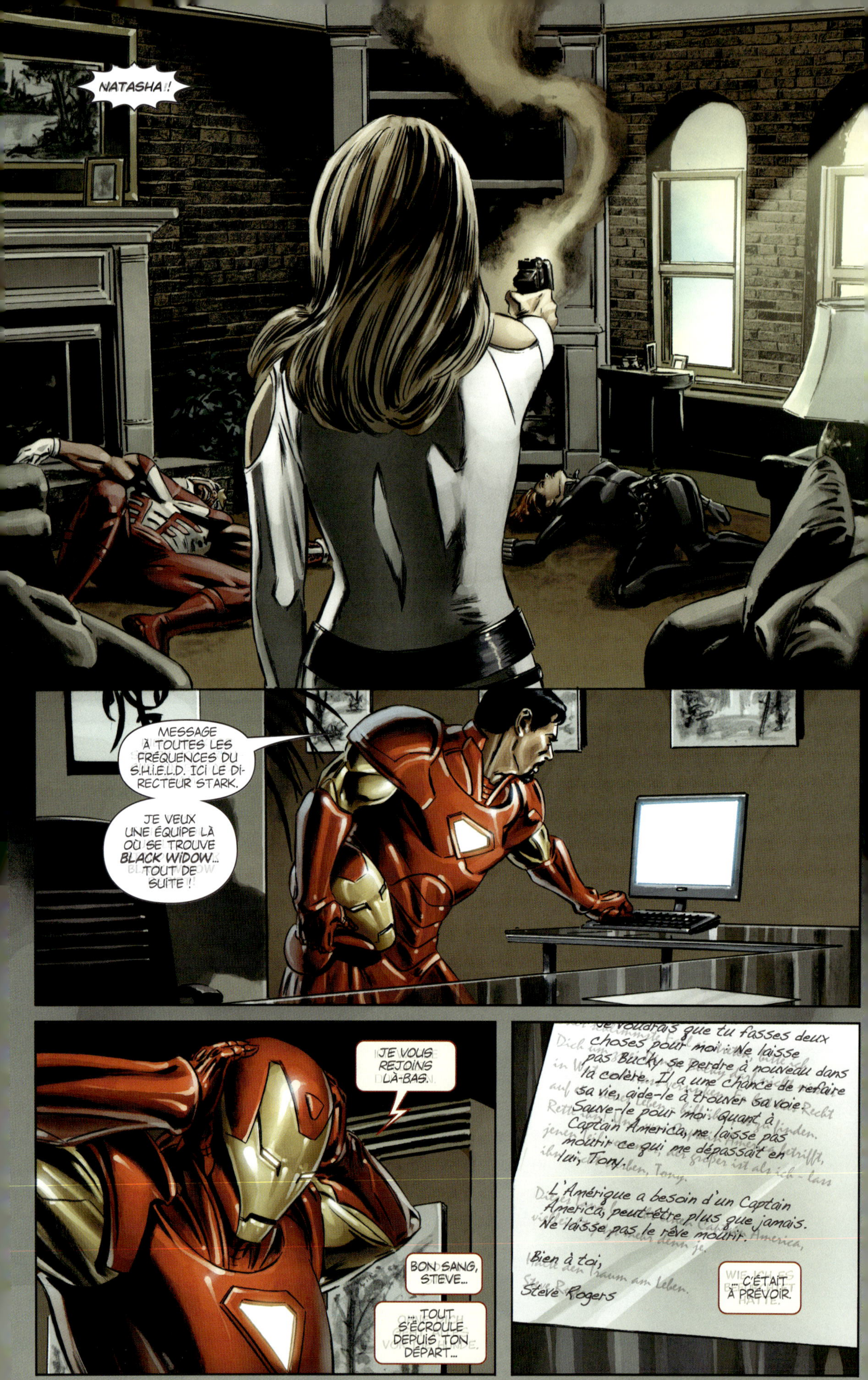
NATASHA !
MESSAGE À TOUTES LES FRÉQUENCES DU S.H.I.E.L.D. ICI LE DIRECTEUR STARK.
JE VEUX UNE ÉQUIPE LÀ OÙ SE TROUVE BLACK WIDOW... TOUT DE SUITE !
JE VOUS REJOINS LÀ-BAS.
BON SANG, STEVE...
... TOUT S'ÉCROULE DEPUIS TON DÉPART...
Je voudrais que tu fasses deux choses pour moi : Ne laisse pas Bucky se perdre à nouveau dans la colère. Il a une chance de refaire sa vie, aide-le à trouver sa voie. Sauve-le pour moi. Quant à Captain America, ne laisse pas mourir ce qui me dépassait en lui, Tony.
L'Amérique a besoin d'un Captain America, peut-être plus que jamais. Ne laisse pas le rêve mourir.
Bien à toi,
Steve Rogers
... C'ÉTAIT À PRÉVOIR.

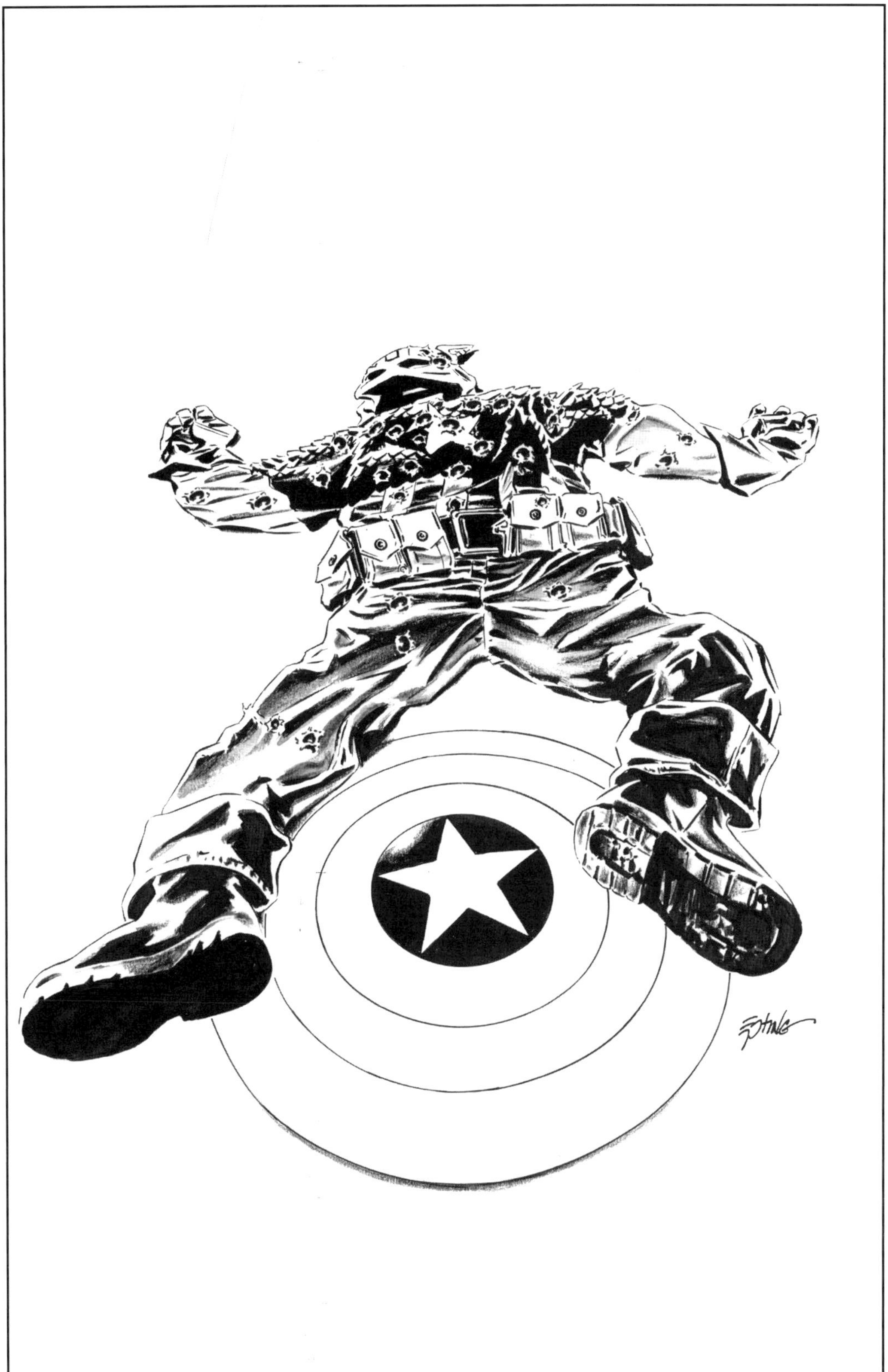

Captain America (2005) 25
Couverture inutilisée : **STEVE EPTING**

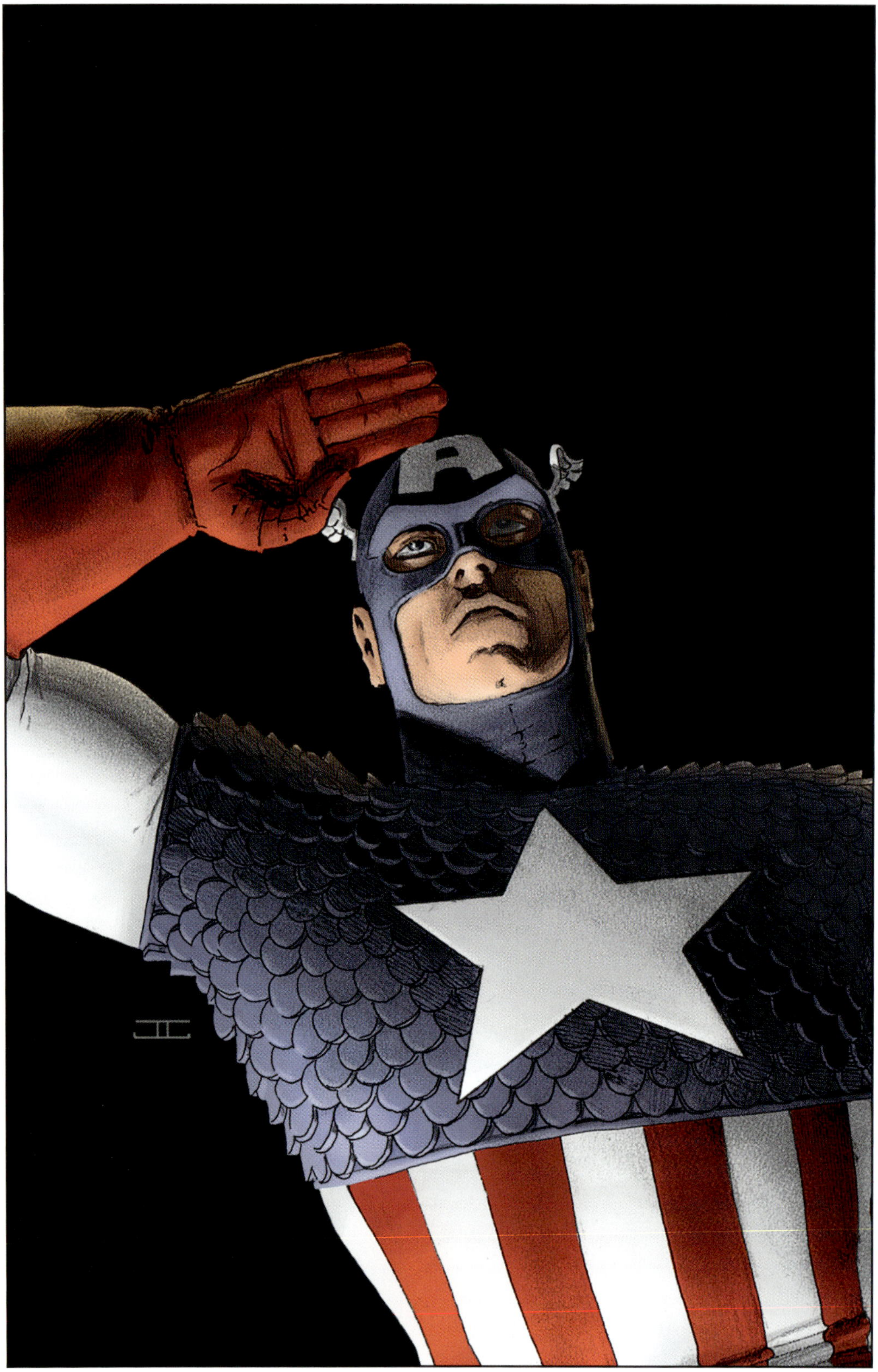

Captain America (2005) 25
Couverture variante : **JOHN CASSADAY**

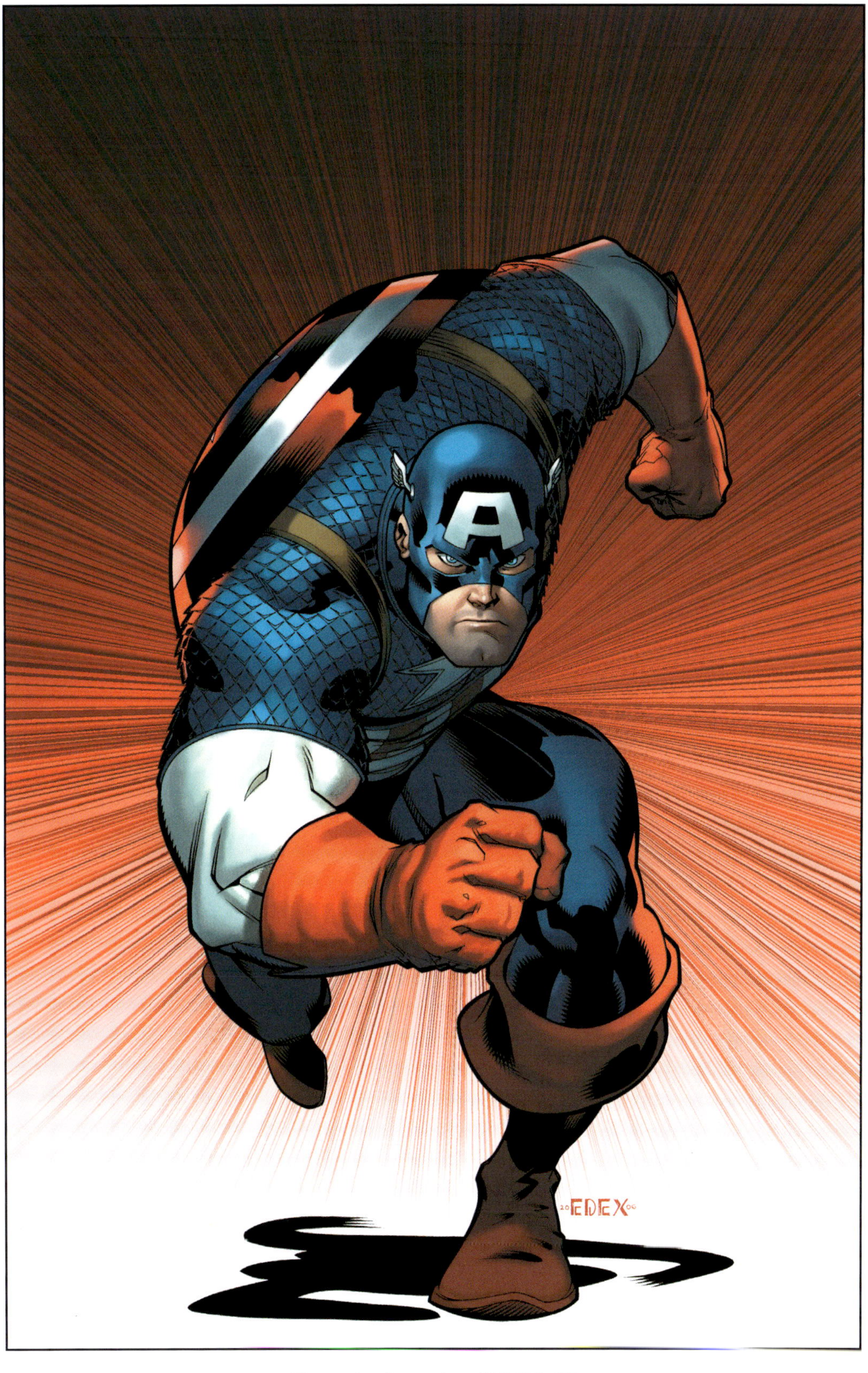

Captain America (2005) 25
Couverture variante : **ED McGUINNESS**

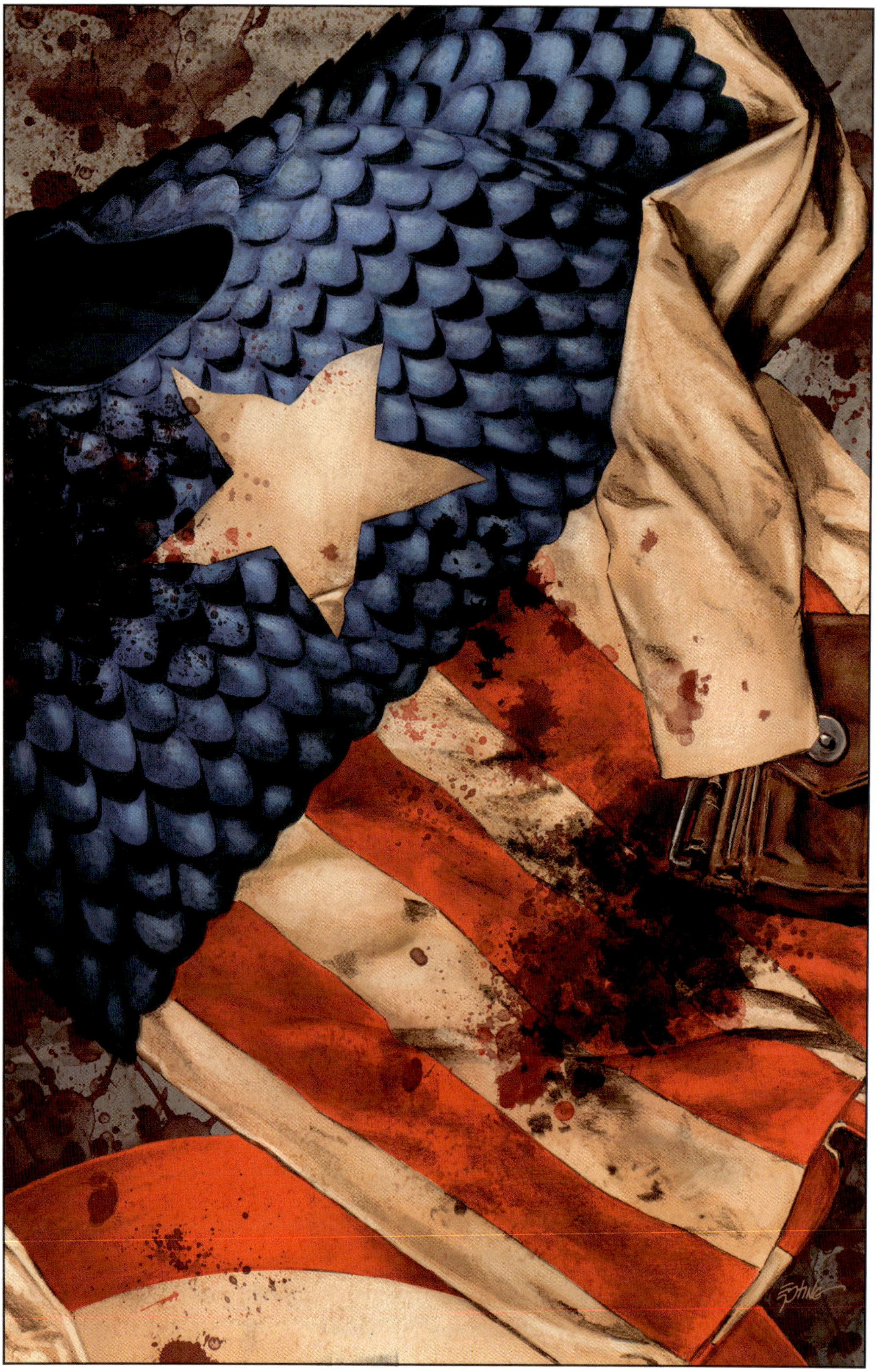

Captain America (2005) 25
Couverture variante : **STEVE EPTING**

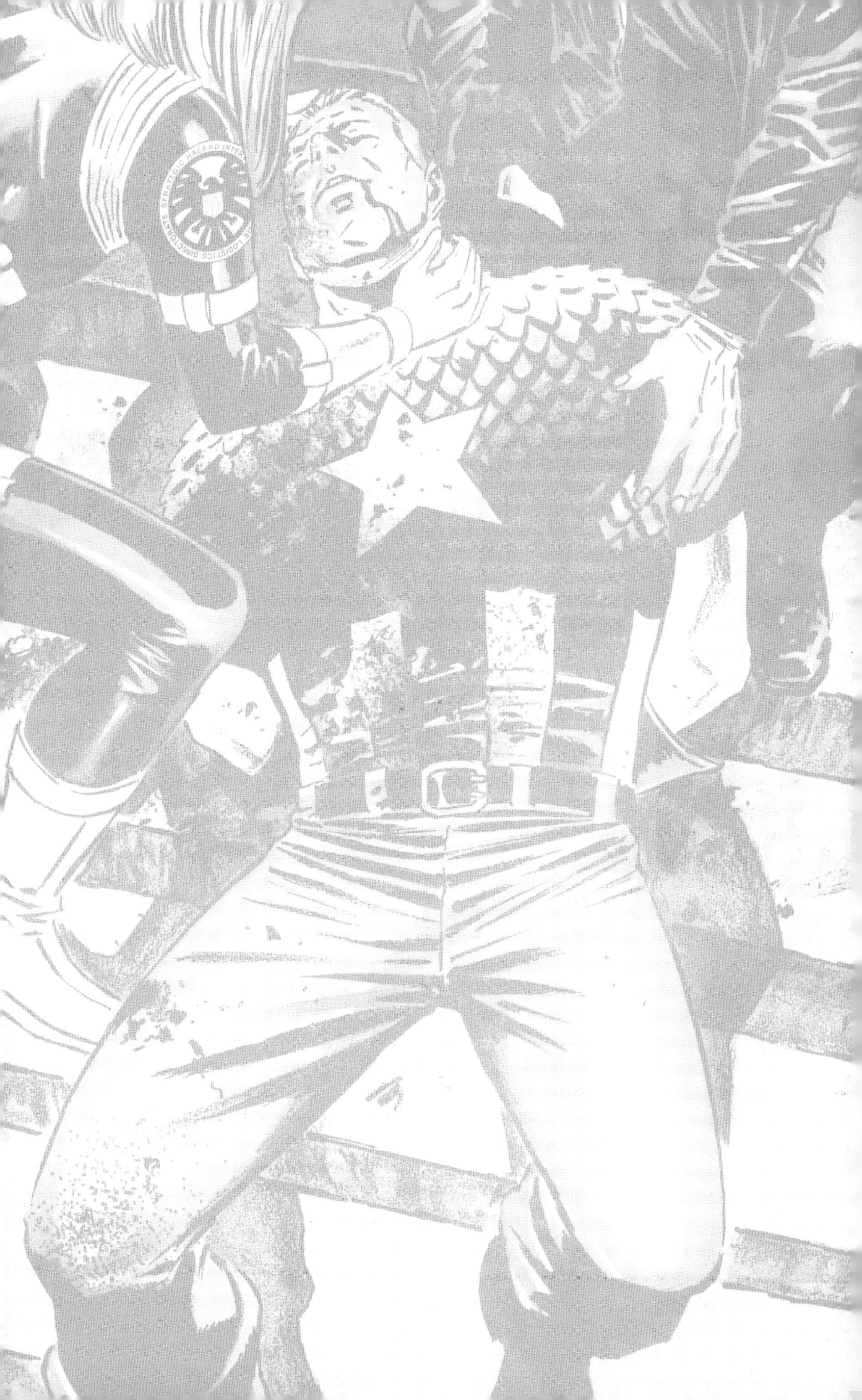

LES AUTEURS

Ed Brubaker entre dans l'industrie des comics en tant que dessinateur dans les années 90. Il dessine et écrit alors *Lowlife*, une série semi-autobiographique. Puis il arrête le dessin pour se concentrer sur l'écriture, avec un goût certain pour les polars. Il s'illustre avec la série *Catwoman* (2002-2005), pour laquelle il remporte plusieurs prix. En parallèle, il coécrit également *Gotham Central* avec Greg Rucka, un comics narrant le quotidien de la police de Gotham. Brubaker rejoint la Maison des Idées en 2004 et il devient rapidement l'un des scénaristes les plus populaires de l'éditeur. Il scénarise *Immortal Iron Fist* ainsi que *Daredevil* et *Uncanny X-Men*. Cependant, sa principale prestation chez Marvel reste l'écriture de *Captain America*. Il donne un nouvel élan au personnage et son long séjour sur la série est salué aussi bien par le public que par la critique (il est récompensé par un Harvey Award, en plus d'être nommé aux Eisner). Parmi les autres travaux de Brubaker chez Marvel, on peut citer *X-Men: Deadly Genesis*, *The Marvels Project*, *Secret Avengers* et *Avengers vs. X-Men*. En parallèle, Brubaker scénarise de nombreux récits indépendants, souvent accompagné de Sean Phillips au dessin, comme *Criminal*, *Fade Out*, *Fatale* ou encore *Kill or Be Killed*, tout en explorant l'écriture de séries télé comme *Westworld* et *Too Old to Die Young*.

Steve Epting est un dessinateur américain qui débute chez Marvel en 1991 sur *Avengers*, lorsque Bob Harras écrit le titre. Il reste sur la série jusqu'en 1994 puis participe à de nombreux titres de la franchise X-Men (*Uncanny X-Men*, *X-Factor* ou encore *Bishop*). En 1999, il passe chez DC pour qui il illustre notamment les scénarios de Dan Jurgens sur *Superman* et *Aquaman*. Après un passage chez CrossGen, il revient chez Marvel en 2004 et devient rapidement le dessinateur attitré d'Ed Brubaker (sur *Captain America* et *The Marvels Projects*). Après des épisodes de *New Avengers*, il accompagne Brubaker sur le titre *Velvet* chez Image. Plus récemment, on le retrouve sur des arcs narratifs de *Mighty Thor* (Marvel) et *Batwoman* (DC) mais aussi sur le one-shot *Sara* de Garth Ennis chez TKO Comics.

Sur la saga de *Captain America* présentée ici, Epting travaille étroitement avec **Mike Perkins**. Le dessinateur anglais encre parfois les dessins d'Epting mais réalise aussi ses propres planches dans un style très proche, ce qui rend la collaboration entre les deux hommes particulièrement fluide. Ils se voient ainsi crédités tous les deux comme dessinateurs de la saga. Perkins travaille dans le milieu des comics depuis le début des années 90. Comme Epting, il fait un temps partie de l'aventure CrossGen où il encre les dessins de Butch Guice sur la série *Ruse*. Ces dernières années, il illustre une des mini-séries Marvel s'inscrivant dans l'univers du *Fléau* de Stephen King, *The Stand: Captain Trips*.

CAPTAIN AMERICA

LE RÊVE EST MORT

LES COULISSES

CHRONOLOGIE

LECTURES ANNEXES

NOTES

MARVEL MUST-HAVE

Impossible de prendre à la légère le récit de la mort de **Captain America**, l'un des personnages les plus emblématiques de l'univers Marvel. Le scénariste **Ed Brubaker**, le dessinateur **Steve Epting** et tous ceux qui ont contribué à son élaboration avaient conscience de créer une histoire qui resterait dans les annales et qui exigeait le meilleur d'eux-mêmes pour lui rendre justice. Mais comment cette aventure devenue une référence est-elle née et quel impact a-t-elle eu sur la Sentinelle de la Liberté ? Réponses à suivre...

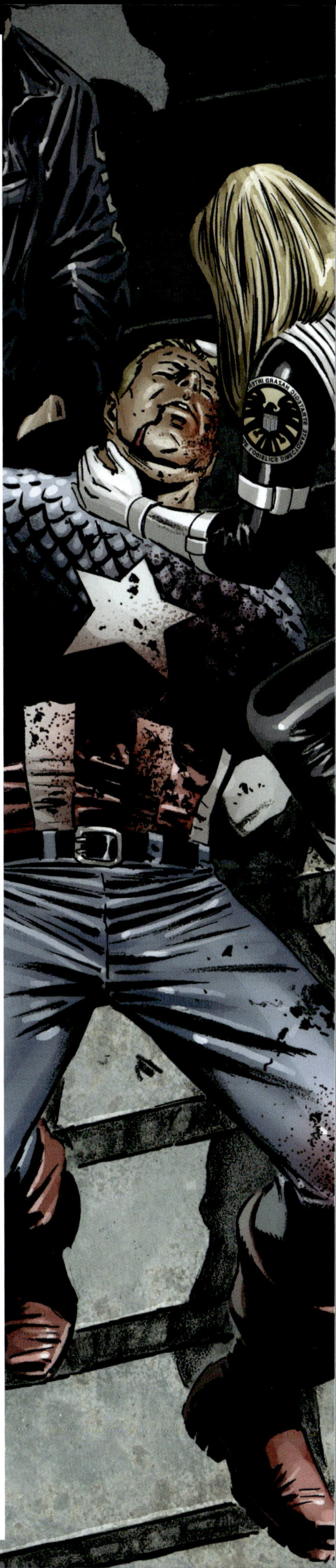

BONUS

Héros déchu

Captain America a fait du chemin depuis le jour où il est apparu en 1941 sur la couverture de *Captain America Comics* 1, où il donnait un uppercut magistral à **Hitler**. Mais, en 2007, après presque sept décennies à combattre la tyrannie et l'injustice, il semble que la Sentinelle de la Liberté arrive à un point de non-retour. S'étant livré aux autorités lors de la cataclysmique conclusion de la guerre civile, Captain America fait désormais face à un avenir incertain.

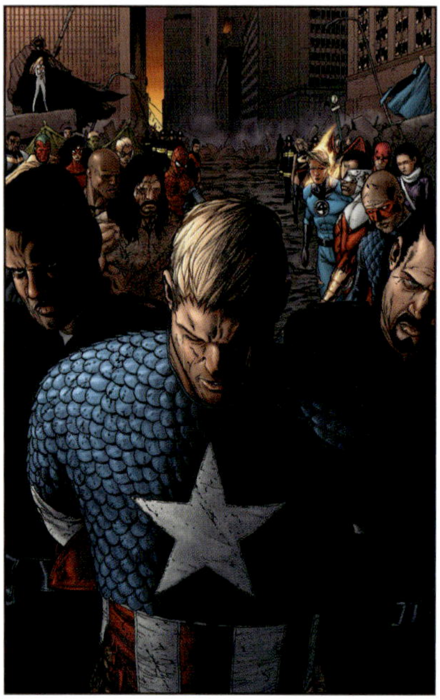

Steve Rogers reconnaît sa défaite et se rend dans la dernière partie de *Civil War*. Dessin de **Steve McNiven**.

C'est au scénariste de la série mensuelle *Captain America*, **Ed Brubaker**, d'imaginer alors ce qu'il va advenir du héros post-*Civil War*. Depuis qu'il a repris le titre en 2004, avec le dessinateur **Steve Epting**, Brubaker en a fait une lecture incontournable, non seulement grâce à la capacité des deux artistes à concocter des récits palpitants, sombres et riches en émotions, mais plus particulièrement grâce à l'épopée *Le Soldat de l'Hiver*. Cette aventure remarquable et puissante voit le retour de **Bucky**, le partenaire de Cap durant la Seconde Guerre mondiale, ressuscité et transformé en tueur durant la guerre froide. Cette entreprise audacieuse permet aux deux artistes de prouver tout leur talent de narrateurs.

Au cours de l'élaboration de *Civil War*, Brubaker rencontre le rédacteur en chef de Marvel, **Joe Quesada**, qui lui expose les grandes lignes du méga événement, devant s'achever sur un coup de théâtre spectaculaire. « Il m'a dit qu'ils voulaient une fin retentissante, qu'il arrive quelque chose d'énorme à Cap, se souvient Brubaker. Il a même peut-être mentionné l'éventualité que Cap meure ou que tel ou tel fait se produise. Donc, je ne m'en attribue pas le mérite. »

Il y a eu une longue discussion pour savoir si Cap mourrait dans *Civil War* ou dans sa série. À un moment, quelqu'un a suggéré que Cap soit abattu juste après s'être rendu à la fin du crossover. Sa meurtrière serait **Miriam Sharpe**, une des mères dont les enfants avaient été tués à Stamford, l'incident qui a déclenché la guerre civile. Si l'idée était assez poétique, ce n'est pas le scénario qu'avait envisagé Brubaker : « Au fond, j'avais la sensation que ce ne

▶ Si Brubaker a toujours considéré **Crâne Rouge** comme le responsable de la mort de Cap, l'assassin qu'il a choisi en a étonné plus d'un : « J'aimais l'idée d'ajouter un élément de surprise en faisant en sorte que ce soit Sharon qui appuie sur la gâchette. Je savais que, quoi qu'il arrive, beaucoup découvriraient avant l'heure que Cap allait mourir, mais presque personne ne devinerait qui allait le tuer. »

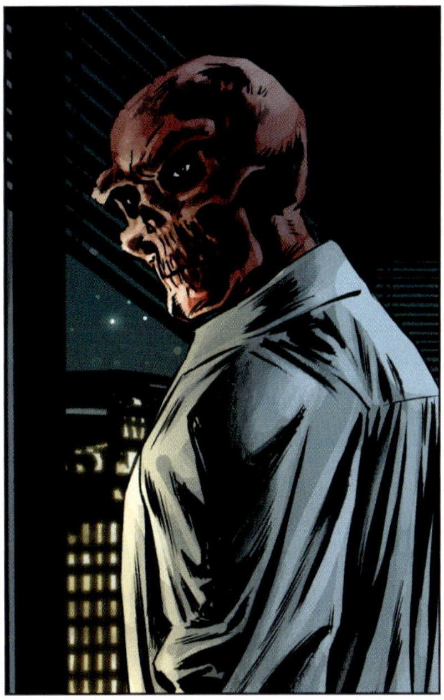

Crâne Rouge, l'éminence grise derrière le meurtre de Cap. Dessin de Steve Epting.

serait pas mauvais pour *Civil War*, mais pour *Captain America*, si. Je savais que **Crâne Rouge** devait être responsable de la mort de Cap. »

« Je me disais aussi, par instinct, que Captain America est une icône si forte qu'il devait être assassiné, comme le sont d'habitude les icônes américaines. Elles ne meurent pas comme elles sont censées mourir, elles meurent tragiquement. C'est ce que je voulais. Je voulais m'assurer que ce soit une véritable tragédie à l'américaine. »

En janvier 2006, le scénariste commence à expliquer comment il va relier les intrigues de *Civil War* à la série mensuelle de Captain America. « J'ai examiné *Civil War* et j'ai examiné mes options concernant la suite pour Cap, confie-t-il. Et, pour moi, le plus intéressant, c'était d'éloigner Cap de l'univers Marvel. Quand on a commencé à travailler sur *Civil War*, on a pensé soit envoyer Cap en prison, soit lui faire raccrocher le costume et le faire voyager en moto à travers le pays, pour qu'il découvre l'Amérique. Mais je me suis dit "Cap n'a pas besoin de découvrir l'Amérique, c'est à l'Amérique de le découvrir". Je ne crois pas que ce soit Cap qui ait dévié du chemin américain. Je ne crois pas que ne pas connaître Myspace [un des premiers réseaux sociaux] ou se ficher de **Paris Hilton** [une star de la télé-réalité, à l'époque] fassent de lui un non-Américain. Et je me suis demandé comment écrire une histoire où l'Amérique doit découvrir Captain America, et c'est de là qu'est partie l'idée d'un récit digne d'être raconté et pas celui d'un simple coup fumant. »

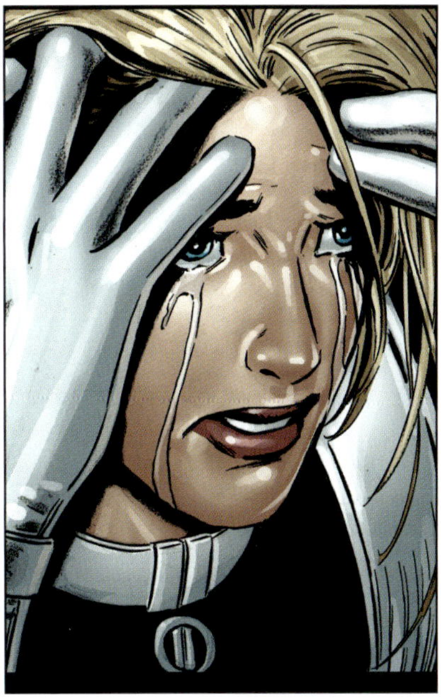

Sharon Carter jouera un rôle involontaire dans la mort de Captain America. Dessin de Steve Epting.

Même si leur héros vedette est hors jeu, Brubaker et Epting continuent de relater ses aventures en se concentrant sur son entourage et l'influence qu'il a sur les autres, à travers des histories de rédemption, de rémission et, même, de résurrection. Le dessinateur et le scénariste ont signé une série d'épisodes unanimement salués, dont *Le rêve est mort* n'est qu'un des nombreux, très nombreux temps forts.

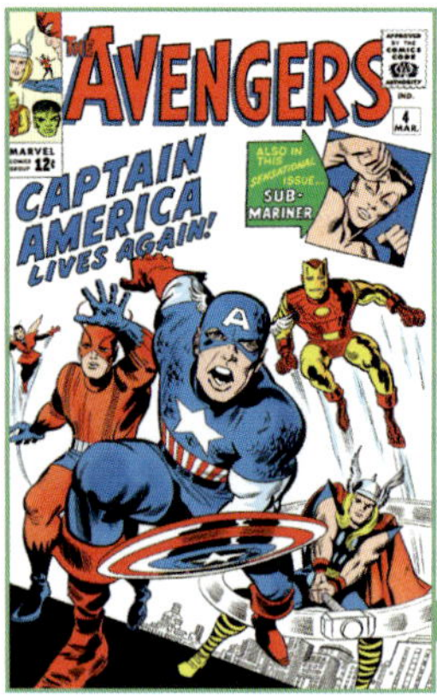

***Avengers* 4 (1964)**
STAN LEE
JACK KIRBY
Prisonnier des glaces pendant presque vingt ans, Captain America revient et rejoint les rangs des Avengers, prêt à défendre un monde bien différent de celui qu'il avait quitté.

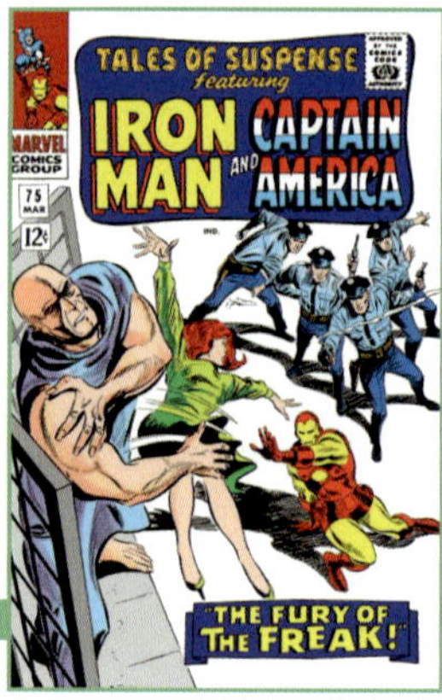

***Tales of Suspense* 75 (1966)**
STAN LEE
JACK KIRBY
La Sentinelle de la Liberté croise la route de l'Agent 13, alias Sharon Carter, pour la première fois et l'aide à échapper aux griffes de Batroc.

CAPTAIN AMERICA
LE RÊVE EST MORT

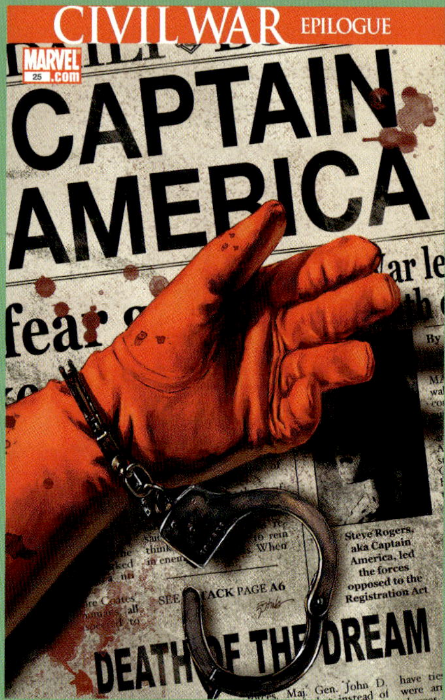

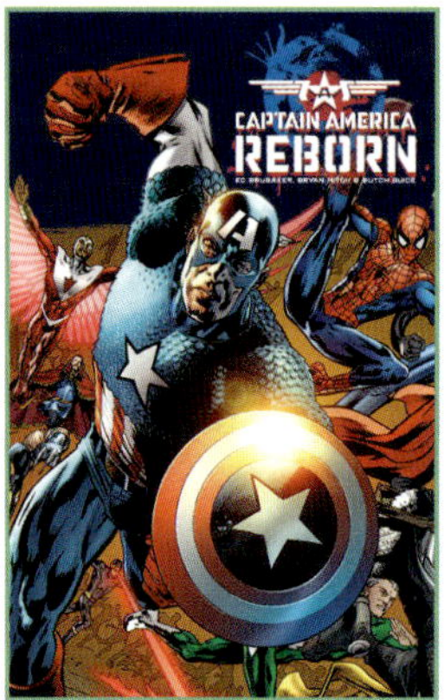

***Captain America: Reborn* 6 (2010)**
ED BRUBAKER
BRYAN HITCH
Avec toute une armée d'alliés de Cap, Sharon Carter déjoue le plan machiavélique de Crâne Rouge et parvient à ressusciter Steve Rogers.

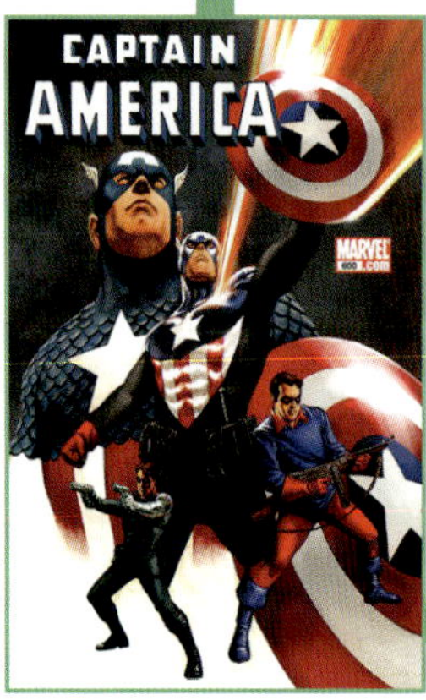

***Captain America* 600 (2009)**
ED BRUBAKER
BUTCH GUICE U. A.
Un an après la disparition de Cap, Sharon Carter a la preuve que Steve Rogers n'est pas mort et qu'il y a peut-être un moyen de le retrouver.

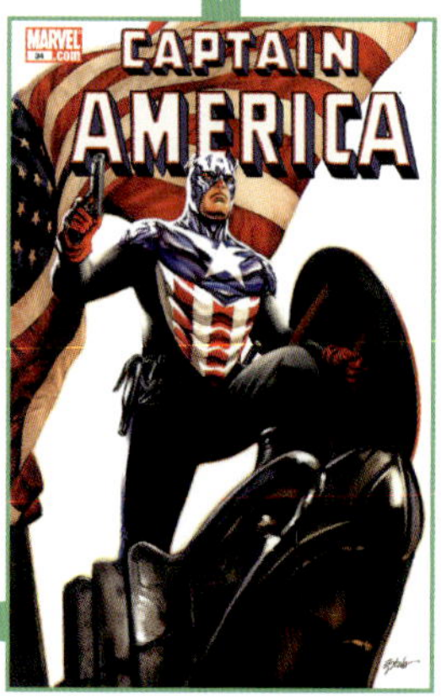

***Captain America* 34 (2008)**
ED BRUBAKER
STEVE EPTING
Suite à une conversation avec Tony Stark, Bucky accepte de remplacer Steve sous le costume de Captain America et fait sa première apparition dans cet épisode.

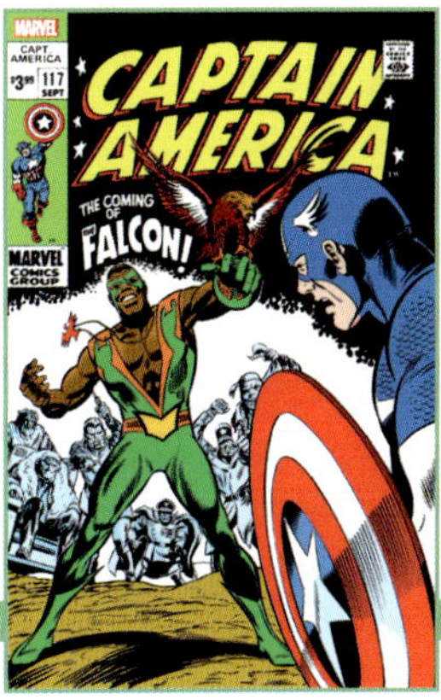

Captain America **117 (1969)**
STAN LEE
GENE COLAN
Coincé sur une lointaine île haïtienne, avec son esprit emprisonné dans le corps de Crâne Rouge, Cap ne sait pas vers qui se tourner, jusqu'à ce qu'il se découvre un nouvel allié en la personne de Sam Wilson.

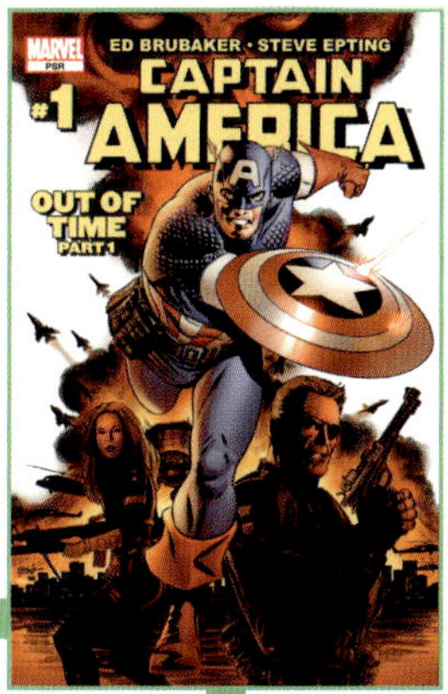

Captain America **1 (2004)**
ED BRUBAKER
STEVE EPTING
Brubaker et Epting entament leur spectaculaire collaboration sur Captain America *par un coup de théâtre retentissant : Crâne Rouge est abattu par un mystérieux assassin.*

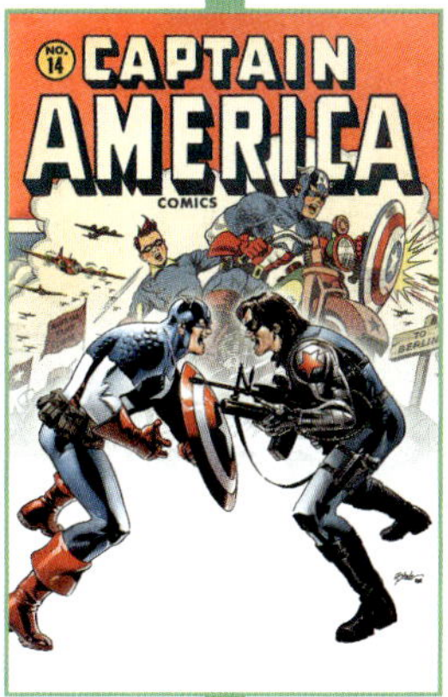

Captain America **14 (2006)**
ED BRUBAKER
STEVE EPTING
Cap récupère enfin le Cube Cosmique et s'efforce de rappeler au Soldat de l'Hiver qu'il portait auparavant le nom de Bucky Barnes.

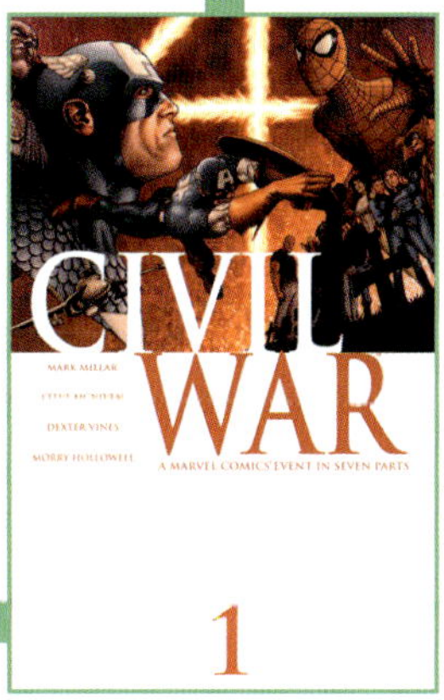

Civil War **1 (2006)**
MARK MILLAR
STEVE McNIVEN
Quand la Loi de Recensement des Surhumains divise la communauté super-héroïque, Cap choisit le camp des rebelles et mène la lutte contre les forces d'Iron Man, favorables à la loi.

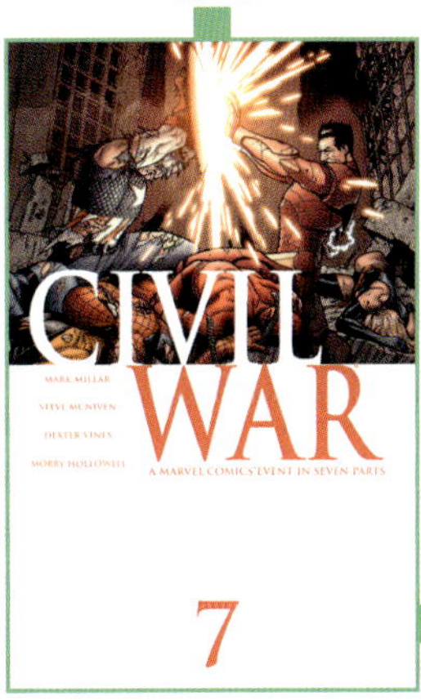

Civil War **7 (2007)**
MARK MILLAR
STEVE McNIVEN
La guerre civile entre super-héros touche à sa fin quand Captain America décide de se rendre, réalisant tous les dommages que son combat idéologique a causés.

Ce récit a ébranlé l'univers Marvel et pas seulement. Déjà derrière les barreaux pour son engagement durant la guerre civile entre super-héros, **Captain America** est assassiné et sa mort fait les gros titres de la presse mondiale. Suite à cette tragédie, les proches de **Steve Rogers** unissent leurs forces pour continuer à faire vivre l'esprit de la Légende Vivante, une nécessité absolue au moment où **Crâne Rouge** met en œuvre son plan et sème le chaos dans tout le pays.

Passage de relais

Afin de vraiment comprendre *Le rêve est mort*, il faut remonter aux premiers épisodes de *Captain America* signés **Ed Brubaker** et **Steve Epting** : *Out of Time*, récit en six chapitres de la toute nouvelle série, et *The Winter Soldier*, paru dans les numéros 8 à 14. Ces deux aventures haletantes et bourrées d'action donnent le ton pour la suite. *The Winter Soldier*, en particulier, est un chef-d'œuvre réussissant la tâche apparemment impossible de ramener **Bucky** à la vie, en respectant son passé et la tragédie que sa mort a représentée pour **Steve Rogers**, tout en introduisant un nouveau personnage incroyable.

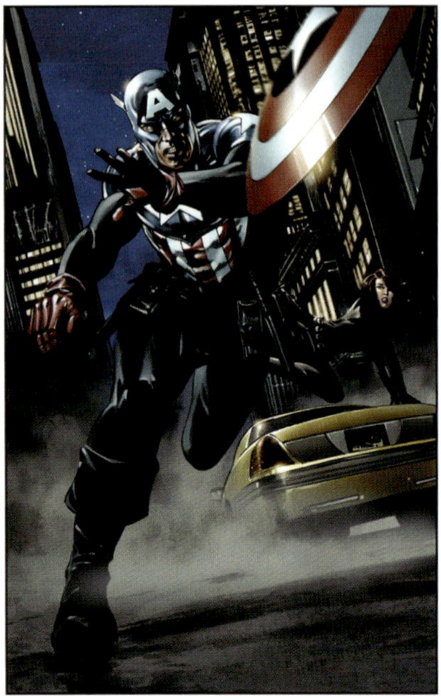

Suite à la mort de Steve Rogers, Bucky finit par le remplacer. Dessin de **Steve Epting**.

Le rêve est mort se poursuit avec *Le poids des rêves* qui voit Bucky chercher à venger la mort de Cap. Une mission qui amène l'ancien **Soldat de l'Hiver** à combattre **Tony Stark**, désormais à la tête du **S.H.I.E.L.D.** Mais leur confrontation prend un tournant inattendu quand Tony propose à Bucky le bouclier de Cap et lui dit qu'il devrait remplacer Rogers sous le costume de **Captain America** – une offre que Bucky accepte à contrecœur.

L'impact de la mort de Captain America sur le reste de la communauté super-héroïque est abordé dans la mini-série en cinq volets *Fallen Son*. Chaque épisode correspond aux différentes étapes du deuil (le déni, la colère, la négociation, la dépression et l'acceptation) et met en avant plusieurs héros, de **Wolverine** à **Spider-Man**. Écrites par **Jeph Loeb** et dessinées par **Leinil Yu**, **Ed McGuinness**, **John Romita Jr**, **David Finch** et **John Cassaday**, ces pages très fortes et lourdes en émotions s'achèvent sur les funérailles de Captain America.

Cap refait surface dans *Captain America: Reborn*, une histoire imaginée par **Ed Brubaker** et **Bryan Hitch**, dans laquelle **Sharon Carter** découvre que Captain America n'est pas mort mais s'est perdu dans le temps, un stratagème qui faisait partie du plan diabolique de **Crâne Rouge**. Avec l'aide de proches alliés de Cap et de ses amis **Avengers**, Sharon parviendra à ressusciter Steve et, ensemble, ils vaincront Crâne Rouge et ses troupes.

▶ Steve Rogers étant de retour et Bucky ayant simulé sa mort dans le crossover *Fear Itself*, Ed Brubaker lance en 2012 une nouvelle série *Winter Soldier*, illustrée par **Butch Guice** et **Michael Lark**. Revenant aux opérations secrètes, Bucky tente de réparer ses erreurs passées en neutralisant des agents qu'il avait lui-même formés lorsqu'il était au service du gouvernement russe.

Frères ennemis

Apparue en 1996 dans *Tales of Suspense* 75, **Sharon Carter** est la nièce de **Peggy Carter**, une résistante de la Seconde Guerre mondiale qui a souvent combattu aux côtés de **Captain America**, avant sa supposée mort en 1945. Inspirée par les histoires que lui avait racontées sa tante, Sharon devient un agent du **S.H.I.E.L.D.**, sous le nom de code **Agent 13**. Sharon et **Steve Rogers** ont beaucoup travaillé ensemble, dans le cadre de missions pour le S.H.I.E.L.D., et sont très proches. Ils ont même été amants, mais les circonstances leur ont été défavorables : fausses morts, lavages de cerveau ou exils dans d'autres dimensions.

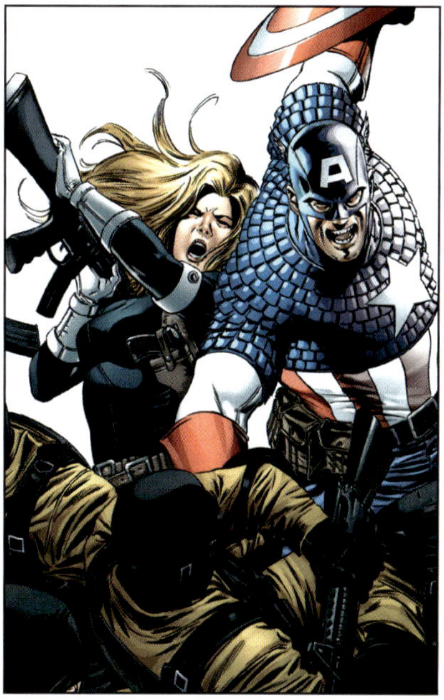

L'Agent 13, alias Sharon Carter, et Captain America combattant côte à côte. Dessin de **Steve Epting.**

James "Bucky" Buchanan est un fils de militaire qui a passé toute sa jeunesse à Camp Lehigh, la base où se trouvait posté Steve Rogers. Lorsqu'il découvre que ce dernier est en fait Captain America, Bucky suit un entraînement intensif avec le S.A.S. dans le but de devenir son partenaire. L'armée espérait que sa présence aux côtés de Cap inciterait la jeunesse américaine à participer à l'effort de guerre.

Vers la fin du conflit, Cap et Bucky tentent de déjouer le plan du **Baron Zémo** visant à lancer une fusée explosive. Agrippés à l'appareil au moment du décollage, les deux héros essaient de désamorcer l'engin mortel et provoquent son explosion en plein vol. Cap est projeté dans les eaux glacées de l'Atlantique et se retrouve en animation suspendue, tandis que Bucky est présumé mort. En réalité, son corps est récupéré par l'équipage d'un sous-marin russe qui réussit à le ramener à la vie.

Même si Bucky a perdu un bras et souffre d'amnésie, les autorités réalisent qu'il peut être un atout considérable. Le mystérieux département X équipe alors Bucky d'un bras bionique et fait de lui un assassin qu'il charge d'opérations secrètes. Entre chaque mission, Bucky est cryogénisé, ce qui lui permet de très peu vieillir durant les décennies qui suivent. Finalement, Steve Rogers retrouve son fidèle ami et lui rend ses souvenirs d'origine grâce au Cube Cosmique.

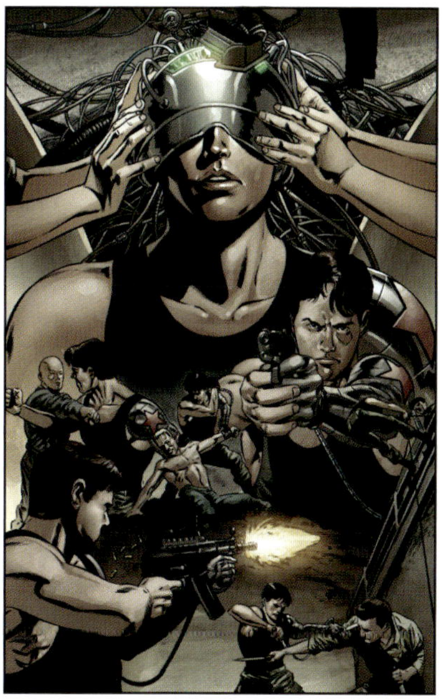

Bucky subit un lavage de cerveau et devient le Soldat de l'Hiver pour le département X. Dessin de Steve Epting.

DÉJÀ DISPONIBLES

CIVIL WAR
AVENGERS : LA SÉPARATION
SPIDER-MAN : SPIDER-VERSE
WOLVERINE : OLD MAN LOGAN
DEADPOOL : DEADPOOL MASSACRE MARVEL
THANOS : L'ASCENSION DE THANOS
DAREDEVIL : L'HOMME SANS PEUR
ULTIMATE SPIDER-MAN : QUI EST MILES MORALES ?
MISS MARVEL : MÉTAMORPHOSE
WOLVERINE : LA MORT DE WOLVERINE
LE GANT DE L'INFINI
HULK : PLANÈTE HULK
X-MEN : LA SAGA DU PHÉNIX NOIR
VENOM : LA NAISSANCE DU MAL
IRON MAN : EXTREMIS
FANTASTIC FOUR : MARVEL KNIGHTS 4
PUNISHER : BIENVENUE, FRANK !
SPIDER-MAN : LE DERNIER COMBAT
BLACK PANTHER : QUI EST LA PANTHÈRE NOIRE ?
X-MEN : GENÈSE MUTANTE 2.0
FANTASTIC FOUR : UNE SOLUTION POUR TOUT
SPIDER-MAN : VOCATION
CAPTAIN AMERICA : LE SOLDAT DE L'HIVER
ASTONISHING X-MEN : SURDOUÉS
SPIDER-MAN : LA DERNIÈRE CHASSE DE KRAVEN
HOUSE OF M
DEADPOOL : IL FAUT SOIGNER LE SOLDAT WILSON
NEW AVENGERS : ÉVASION

EN VENTE MAINTENANT

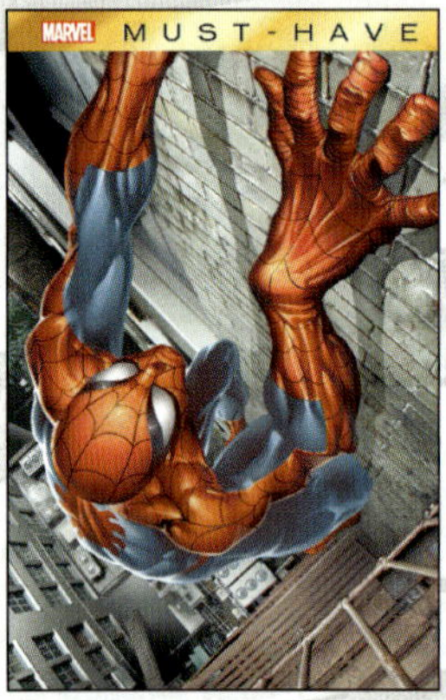

ULTIMATE SPIDER-MAN : POUVOIRS ET RESPONSABILITÉS

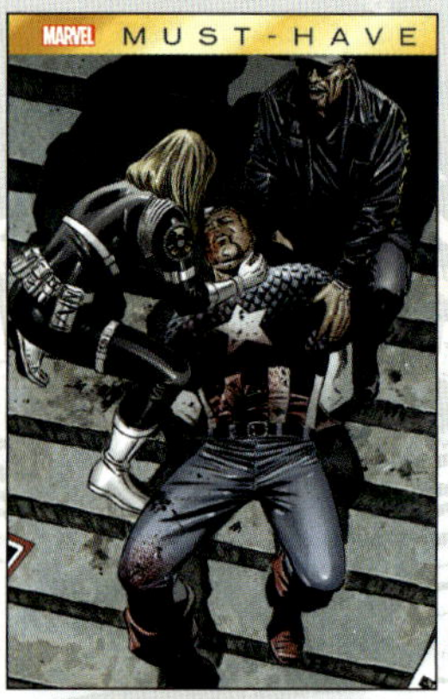

CAPTAIN AMERICA : LE RÊVE EST MORT

À PARAÎTRE

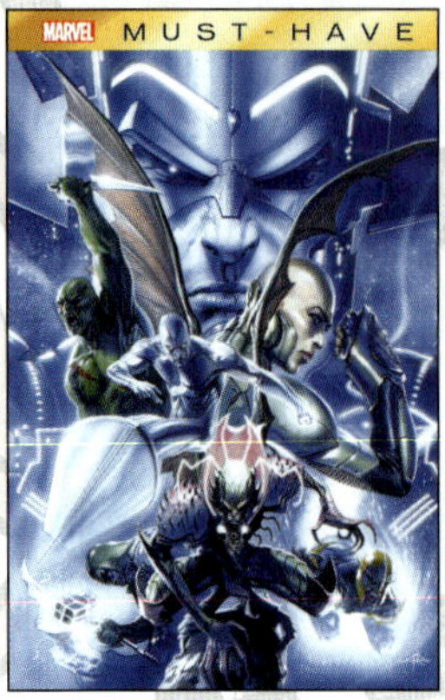

ANNIHILATION

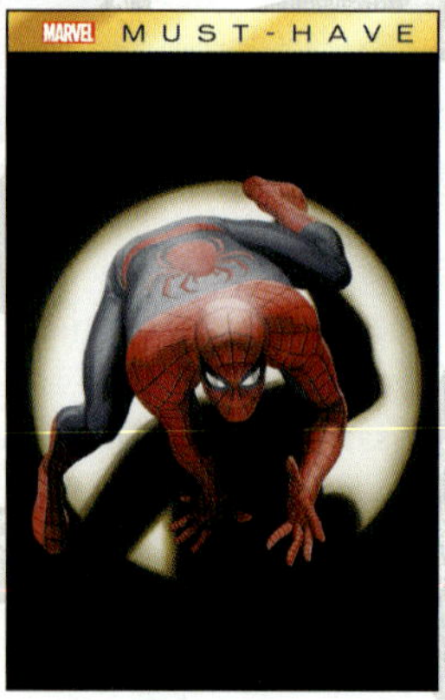

MARVELS